Simon Michalowicz

Norwegen
der Länge nach

Simon Michalowicz

Norwegen
der Länge nach

3000 Kilometer zu Fuß bis zum Nordkap

Mit 67 Abbildungen
und einer Karte

Mehr über unsere Autoren und Bücher:
www.malik.de

Das Zitat auf S. 93 stammt aus Joey Kelly, »Hysterie des Körpers. Der Lauf meines Lebens«. © 2011 Rowohlt Verlag GmbH, Reinbek bei Hamburg.

Originalausgabe
ISBN 978-3-492-40587-4
1. Auflage Juli 2015
6. Auflage Dezember 2020
© Piper Verlag GmbH, München/Berlin 2015
Redaktion: Nico Schröder, Hamburg
Umschlaggestaltung: Dorkenwald Grafik-Design, München
Fotos: Simon Michalowicz, außer im Bildteil
S. 31: Matthias Friedrich, S. 32: Christine Rosenberg
Autorenfoto: Christian Wittig
Karte: Kartengrafik.de, Mannheim
Satz: Fotosatz Amann, Memmingen
Litho: Lorenz & Zeller, Inning a.A.
Druck und Bindung: CPI books GmbH, Leck
Printed in the EU

Grau ist alle Theorie – entscheidend is auf'm Platz.
Adi Preißler

Für meine Familie, die mich immer auf allen
meinen Wegen großartig unterstützt

Mein Dank gilt allen Helfern dieser traumhaften Tour.

INHALT

Prolog
Iserlohn – Kap Lindesnes 9

Aufbruch ins Ungewisse
Kap Lindesnes – Dølemo 14

Endlich ins Fjell
Dølemo – Hovden 27

Pläne sind zum Ändern da
Hovden – Geilo 43

Der dümmste NPL-Wanderer aller Zeiten
Geilo – Tyin 58

Ostwärts durch das Heim der Riesen
Tyin – Furuhaugli 72

Zwischen Hochs und Tiefs
Dombås – Storviglen 85

Plan B und der Königsweg
Storviglen – Skurdalsporten 100

Zweifel gehen, Selbstvertrauen kommt
Skurdalsporten – Nesåsen 114

Det ordner seg – das wird schon
Nesåsen – Krutvatnet 127

Überall »Norge på langs«
Krutvatnet – Umbukta 141

Der Polarkreis ruft
Umbukta – Argalad 153

Der Herbst steht vor der Tür
Argalad – Abisko 168

Unbeschwerte Tage in Innset
Abisko – Innset 183

Ich liebe Herbsttage
Innset – Kilpis 200

Auf ins große Abenteuer
Kilpis – Badajávri 211

Alta!
Badajávri – Skaidi 229

Im Tunnel
Skaidi – Honningsvåg 245

Stürmisch dem Ziel entgegen
Honningsvåg – Nordkap 260

Epilog 267
Honningsvåg – Iserlohn

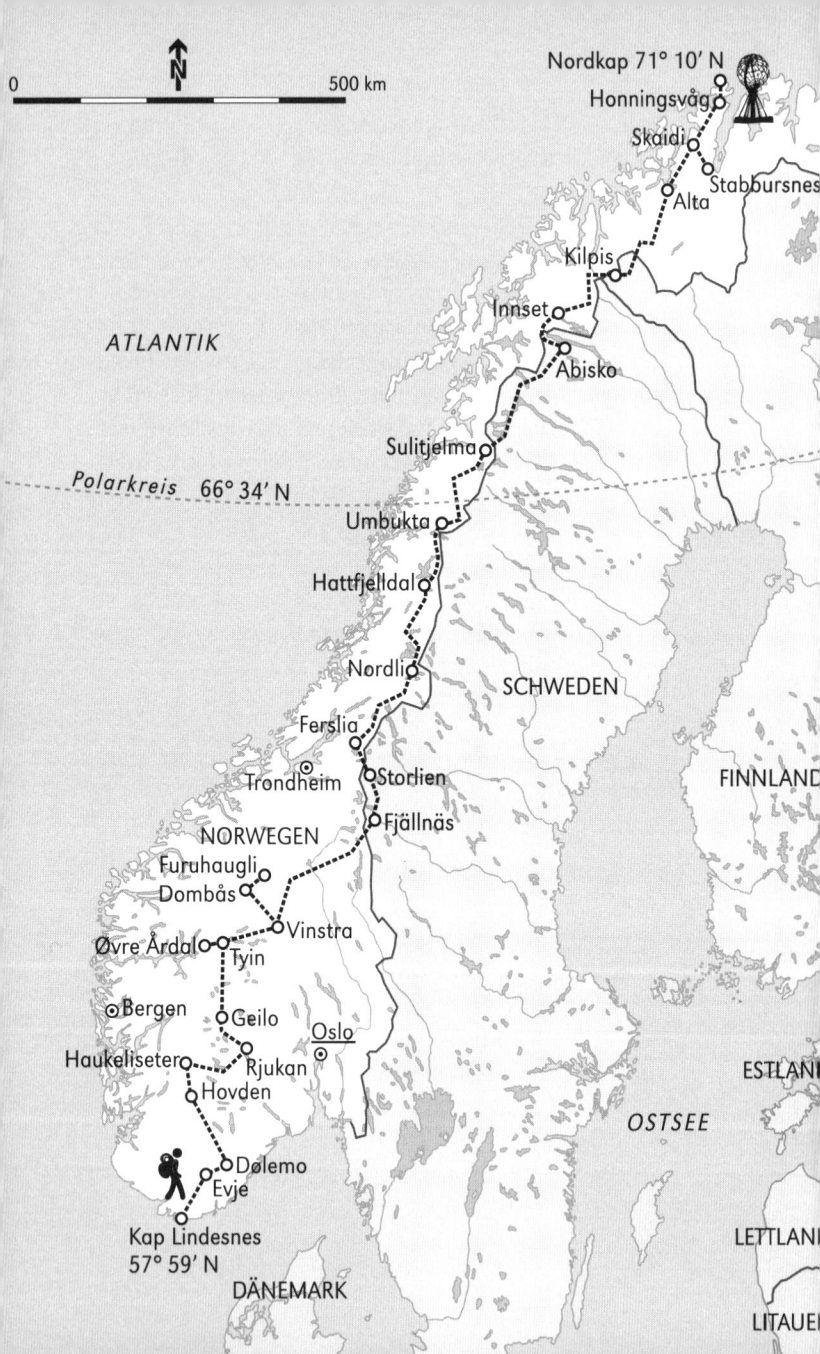

PROLOG
Iserlohn – Kap Lindesnes

Hei Marie,
ich bin es leid, immer im Konjunktiv zu leben und auf irgendwelche Chancen zu warten oder sie zu verpassen. Ich möchte nicht hinter irgendwas hertrauern und mich ärgern, weil ich es nicht gemacht habe. Ich will mit mir zufrieden sein und das Leben mit dem großen Löffel kosten. Das hört sich in deinen Ohren vielleicht ziemlich romantisch und kitschig an, doch offensichtlich haben die Reisen der letzten zwei Jahre in mir etwas in Bewegung gesetzt. Wenn man nur herumsitzt und darauf wartet, dass etwas passiert, wird nie etwas passieren. Wenn ich darüber nachdenke, einen Norwegischkurs zu machen, dann mache ich das einfach, auch wenn im Kurs vielleicht nur komische Leute sind oder ich es nicht packe. Wenigstens hab ich es dann probiert.
Das ist genau wie mit dem Reisen: Wenn man nur wartet, dass jemand mitkommt, kommt man nie raus. Ich möchte nicht mehr warten, sondern notfalls einfach allein losziehen. Man lernt dabei ja auch immer wieder interessante Menschen kennen. Wie den betrunkenen Iren, der mich im Bus fünf Stunden lang mit seiner Vorliebe für Frankfurter Würstchen nervte, oder auch die Leute vom Outdoorstammtisch, die mir viele schöne Momente und Reisen ermöglichten; oder aber jene aus Norwegen, deren Verwandte ich plötzlich im Fernsehen einen Biathlonwettkampf gewinnen sah. Und natürlich Menschen wie dich, bei denen scheinbar noch mehr passt, besser, als man es sich je erdacht und in einem VHS-Kurs vermutet hätte.
Ich will das Leben genießen, so wie es ist und so lange es geht. Es kann ja schnell zu Ende sein, ein Unfall oder eine Krankheit,

zack, das war's! Ich möchte nicht mit siebzig in einer Kammer hocken und irgendwelchen Dingen nachtrauern, die ich nie probiert habe.

Die besten Momente in diesem Jahr waren wohl die Wochen in Norwegen, als ich auf mich allein angewiesen war. Die totale Erschöpfung und auch das Wissen, es geht immer weiter und man kann fast alles schaffen, wenn man nur will, waren ein unbeschreibliches Gefühl. Der Kopf ist leer, alles sortiert, und man ist mit sich im Reinen. Selbst wenn man bis zum Bauch im Matsch steht und keinen Bock mehr hat, es geht immer weiter, auch wenn es manchmal nervt …

Ich weiß nicht, ob es eine gute Idee war, dir all das zu schreiben; mir scheint es jedenfalls zu helfen.

Liebe Grüße

Simon

Als ich diese E-Mail schrieb, hatte mich das Thema schon lange beschäftigt, meine Gefühle fuhren Achterbahn, und ich grübelte oft vor mich hin. Damals hatte ich, nachdem ich zweimal in Norwegen gewesen war, doch tatsächlich begonnen, in der Volkshochschule von Dortmund Norwegisch zu lernen. Irgendwie gefiel mir der Gedanke, mich auch sprachlich diesem besonderen Land zu nähern, das bei mir so einen bleibenden Eindruck hinterlassen hatte. Die traumhafte Natur, die netten Menschen und die hilfsbereite Art der Norweger hatten mich in ihren Bann geschlagen.

Aber ich hatte mich nicht nur in Norwegen und seine Menschen verguckt, auch im Norwegischkurs saß neben mir eine Frau, in die ich mich unsterblich verliebt hatte. Ich konnte kaum glauben, dass ich freiwillig begonnen hatte, eine fremde Sprache zu lernen, und dann anscheinend auch noch die Frau traf, auf die ich immer gewartet hatte. Am Ende war die Sache mit ihr jedenfalls nicht ganz so einfach, wie ich es mir erhofft hatte – ein Happy End mit uns gab es leider nicht. Allerdings brachte mich unsere Begegnung sehr zum Nachdenken, und mein lang gehegter Traum geriet wieder in den Vordergrund: einmal das machen, worauf ich wirklich Lust hatte – ohne groß über die Konsequenzen nachzudenken, ohne Wenn und Aber und ohne zu wissen, was danach kommt. Ich schrieb also diese E-Mail, um meine Gedanken festzuhalten und mit jemandem zu teilen. Es war Weihnachten 2011, und sie wurde zum Grundstein meines »Norge på langs«-Abenteuers.

Der Gedanke daran spukte schon lange in meinem Kopf herum. Um genau zu sein, seitdem ich meinen Kumpel Ulrich bei einem Stammtisch des Outdoorforums *www.outdoorseiten.net* getroffen hatte. Wir teilten beide die Begeisterung und Passion für Norwegen, das war schnell klar. Ulrich erzählte mir zum ersten Mal von »Norge på langs«, und ich war sofort Feuer und Flamme.

Die Idee, vom südlichsten zum nördlichsten Punkt des Landes zu laufen, war faszinierend. Eine Wanderung von etwa 2500 bis 3000 Kilometer Länge, zu der es keinen einzigen Reiseführer und keine vorgegebene Route gibt. Jeder, der sich an dieses Abenteuer wagt, kann die Tour ganz nach seinem Gusto gestalten. Man startet üblicherweise am südlichsten Festlandpunkt, dem Kap Lindesnes, oder in Halden, dem südlichsten Grenzpunkt Norwegens. Das Ziel sucht man sich ebenfalls selbst aus: zum Beispiel das berühmte Nordkap oder der auf derselben Insel etwas nördlicher gelegene Felsen Knivskjellodden. Einige Wanderer laufen auch nach Kinnarodden, dem nördlichsten Festlandpunkt Europas, oder bis nach Grense Jakobselv, dem nördlichsten Ort Norwegens entlang der Grenze zu Russland direkt an der Barentssee. Die Route dazwischen kann man frei wählen, es gibt keine Regeln für die jeweilige Wanderung oder gar einen Wanderpass, den man abstempeln lassen muss. Man macht es einfach so, wie man es für richtig hält. Für mich jedenfalls stand schnell fest, dass ich gerne am Kap Lindesnes starten und dann zum Nordkap laufen wollte, denn es muss ein unbeschreibliches Gefühl sein, zu Fuß dort anzukommen, zwischen all den staunenden Wohnmobilisten und Kreuzfahrern.

Zu meiner Faszination, Norwegen der Länge nach zu durchqueren, kam außerdem noch meine wachsende Begeisterung für das *friluftsliv* der Norweger hinzu, also das »Leben unter freiem Himmel«. Damit ist alles gemeint, was man draußen machen kann. Sei es Wandern, Skifahren, Jagen oder einfach nur eine gute Zeit an der frischen Luft zu haben. Es ist ein Lebensgefühl, bei dem man die Natur erleben soll, ganz ohne Konkurrenzdenken und ohne ihr dabei zu schaden. Das *friluftsliv* ist tief im norwegischen Alltag verwurzelt und ein selbstverständlicher Teil der hiesigen Kultur.

Für das Abenteuer »Norge på langs« habe ich mich aber erst ein gutes halbes Jahr vor der Tour endgültig entschieden. Im Mai 2012 gab ich meinen Bürojob auf, und es ergab sich für mich die Möglichkeit, in Norwegen eine fünfwöchige Wandertour zu machen. Ich wollte diese Tour als eine Art Generalprobe nutzen und meine Ausrüstung auf Herz und Nieren prüfen. Wenn ich diese Zeit ohne körperliche Probleme, Heimweh oder zu viel Einsamkeit überstehen sollte, würde mir die Tour von Kap Lindesnes bis zum Nordkap tatsächlich machbar erscheinen. Der Traum fing an, Realität zu werden. Die fünf Wochen in Norwegen vergingen wie im Flug, alles klappte wie am Schnürchen, und mein Entschluss stand fest, fester als je zu vor.

Am 19. Mai 2013 saß ich dann schließlich mit meinen Eltern im Auto Richtung Norwegen. Ich wollte ihnen eine Woche lang das Land zeigen, durch das ich wandern würde und das mich so sehr begeisterte. Wir planten eine Rundfahrt durch den Süden Norwegens, an deren Ende sie mich am Kap Lindesnes absetzen würden. Bei herrlichstem Frühlingswetter fuhren wir in den Norden Dänemarks und nahmen die Fähre nach Norwegen. Es gab unterwegs nur ein festes Ziel: Ich wollte nach Fagernes zu Julia fahren, einer Bekannten von mir, die ich über Ulrich kennengelernt hatte und die mich während meiner langen Wanderung durch Norwegen mit Paketen voller Landkarten und Essen versorgen wollte.

Von Fagernes fuhren wir unter anderem über den Sognefjellsveien, die höchstgelegene Passstraße in Nordeuropa. Sie führt hinauf bis auf über 1400 Meter, und es lagen hoch oben in den Bergen noch bis zu zwei Meter Schnee. Unten an den Fjorden in Geiranger oder Årdal wurde es bereits grün, der Frühling stand unmittelbar vor der Tür. Die steilen und kurvenreichen Straßen boten viele spektakuläre Aussichten. Nur meine Mutter war nicht ganz so angetan von diesen Abschnitten, hatte sie doch oft Angst, dass wir irgendwann in den steilen Abgrund rasen würden. Wer schon einmal mit einem Bus oder auch dem eigenen Auto durchs norwegische Gebirge gefahren ist, wird dieses Gefühl sehr gut nachvollziehen können.

Wir fuhren bis hinauf nach Ålesund und über Bergen und Stavanger die Küste hinab in Richtung Kap Lindesnes. Am Abend des 25. Mai fieberten wir dann in einer Bar in Stavanger mit dem BVB, der in London gegen die Bayern um die Krone des europäischen Vereinsfußballs kämpfte. Mit Trikot und Schal bewaffnet, nützte leider alles Daumendrücken nichts – der BVB verlor das Spiel. Aber nichtsdestotrotz, das schwarz-gelbe Trikot würde mich durch ganz Norwegen bis hinauf zum Nordkap begleiten.

AUFBRUCH INS UNGEWISSE
Kap Lindesnes – Dølemo

Ich wache mit einem komischen Gefühl nach einer unruhigen Nacht auf. Es ist der 27. Mai, der Tag meines Aufbruchs. Vorfreude und Angst ergeben an diesem Morgen eine verwirrende Mischung. So lange habe ich diesem Tag entgegengefiebert, auf diesen Tag hingearbeitet. Alle Vorbereitungen sind erledigt und alle Hürden bis hierher überwunden. Gleich fahren wir das kurze Stück vom Campingplatz zum Leuchtturm am Kap Lindesnes. Dort möchte ich mich gerne mit dem Leuchtturmwärter treffen und mich in das große »Norge på langs«-Buch eintragen, das dort für alle Wanderer ausliegt, die wie ich vom südlichsten bis zum nördlichsten Punkt von Norwegen laufen wollen. Ich habe schon so viel von dem Buch gehört und freue mich wie ein kleines Kind darauf, mich nun ebenfalls darin verewigen zu dürfen. Das goldene Buch der Wanderung, der feierliche Start der Tour!

Bereits am Vorabend habe ich mich im Besucherzentrum angemeldet. »Natürlich wird morgen früh jemand da sein, mit dir ein kurzes Interview für unsere Internetseite führen und dir dann das große Buch zeigen!«, versprach die junge Frau am Eingang und gab mir noch die Telefonnummer des Leuchtturmwärters. »Für alle Fälle«, sagte sie.

Um neun Uhr bin ich am Besucherzentrum – niemand da. Ich rufe die Nummer des Leuchtturmwärters an. Der will von dem Termin plötzlich nichts mehr wissen und meint, es gebe einfach zu viele Leute, die die Tour »Norge på langs« laufen wollen, sich in das Buch eintragen und dann mit Bus, Bahn oder wie auch immer abkürzen. Ich diskutiere mit ihm und bitte ihn, ein Einsehen zu haben, allerdings ohne Erfolg. Ich solle mich nach der Tour melden, wenn ich es tatsächlich geschafft hätte. Für mich bricht eine

Welt zusammen. Ich habe mich so sehr auf diesen Moment gefreut, und nun das.

Flüche, böse Worte und Gedanken kommen mir in den Sinn – noch bevor es überhaupt richtig losgegangen ist. Aber es nützt nichts, der Mann lässt einfach nicht mit sich reden. Zudem müssen meine Eltern langsam nach Kristiansand aufbrechen, um rechtzeitig die Fähre zurück nach Dänemark zu erreichen. Also geht es mit gehörigem Groll zum Straßenschild »Nordkapp – 2518 km«, um wenigstens ein anständiges Startfoto zu schießen. Doch als wäre das alles nicht schon genug, herrscht auch noch Schmuddelwetter. Es nieselt, und der Wind bläst mir um die Ohren.

Ich posiere vor dem Schild mit meinem riesigen unförmigen Rucksack, und wir machen schnell einige Fotos. Der große Startmoment könnte unromantischer und ernüchternder nicht sein. Worauf habe ich mich da bloß eingelassen? Gefühlschaos und Panik machen sich in mir breit. Ich versuche den Abschied möglichst kurz zu halten, doch schon bald fließen die ersten Tränen. Ich wende mich ab, und meine Eltern steigen in ihr Auto. Ihnen ist anzusehen, wie schwer es ihnen fällt, mich gehen zu lassen. Wenn alles nach Plan verläuft, werden wir uns erst Ende September wiedersehen – also in vier Monaten. Die Strapazen und Gefahren, die mich in der nächsten Zeit erwarten, kann keiner von uns richtig abschätzen. Für meine Eltern ist es sichtlich schwer, sich vorzustellen, was ich demnächst wohl zu meistern haben werde. Von ihnen habe ich jedenfalls nicht den Drang, die Welt wandernd zu entdecken. Ich kann mich als Kind nur an einen richtigen Wanderurlaub im Schwarzwald erinnern, damals haben wir zusammen mit meiner jüngeren Schwester das beschauliche Örtchen Ottenhöfen und dessen Umgebung zu Fuß erkundet. Uns zog es allerdings schon immer in den Norden, oft fuhren wir bis zu dreimal im Jahr nach Dänemark, verbrachten den Urlaub in gemütlichen Ferienhäusern und lernten so die skandinavische Lebensart kennen.

Langsam setze ich mich in Bewegung. Das Auto meiner Eltern verschwindet schnell um eine Kurve. Beim Anblick der Rücklichter komme ich mir vor wie ein ausgesetzter Hund. Meine Emotionen stehen kopf. Fühlt sich so der große Traum an? Aber gut, ich habe es ja so gewollt, und da muss ich jetzt durch. Etwas widerwillig trotte ich an einem Straßenschild vorbei: 27 Kilometer sind es bis nach Vigeland, wo ich die erste Nacht verbringen möchte. Die Aussicht auf die endlosen Kilometer Straße hebt nicht gerade meine Stimmung, ganz im Gegenteil.

Die ersten beiden Stunden vergehen mit vielen Tränen und unkontrollierten Gedanken. Die reinste Achterbahn. Ich habe es tatsächlich geschafft, meinen großen Traum wahr werden zu lassen, aber im Moment bin ich nur unendlich einsam und traurig, hier allein zu sein. So habe ich das bisher noch nicht erlebt, auch wenn ich schon häufiger allein auf Tour war. Denn meist hatte niemand Zeit oder Lust, mit mir zusammen den Rucksack zu packen, da bin ich dann oft allein losgezogen. Es gibt allerdings einen ziemlich großen Unterschied zwischen zwei Wochen Urlaub und vier Monaten Abenteuer mit offenem Ausgang – das wird mir gerade sehr schmerzlich bewusst.

Die hügelige Straße führt mich immer wieder an einzelnen bunten Häusern aus Holz vorbei, die mit ihren großen Gärten und Blumen vor der Tür so typisch für Norwegen sind. Verlief sie anfangs noch parallel zur Küstenlinie der Lindesnes-Halbinsel, kann ich das Meer mittlerweile nicht mehr sehen. Auf meinem Weg komme ich an einer großen Fabrik für Kontrastmittel, die beim Röntgen eingesetzt werden, vorbei – in der idyllischen Landschaft so weitab vom Schuss wirkt sie seltsam deplatziert. Als ich Spangereid, den ersten Ort meiner Reise, endlich erreiche, regnet es immer noch. Also entschließe ich mich, in einer Tankstelle Zuflucht zu suchen und eine Pause einzulegen. Ich kaufe eine Solo-Limonade, die norwegische Variante der Fanta, und setze mich an einen der Tische. Draußen fährt ein Pick-up vor, und ein Handwerker kommt herein, um seine Mittagspause zu machen. Mit einer großen Mahlzeit nähert er sich einem der Tische neben mir. Der Mann ist so um die fünfzig, trägt eine Hose mit verstärkten Knien und ein Flanellhemd, das mit Mörtel besprenkelt ist. Er sieht meinen Rucksack mit dem BVB-Aufnäher und fragt mich, sichtlich erstaunt, auf Deutsch: »Was machst du denn hier bei dem Wetter?«

»Ich laufe zum Nordkap«, antworte ich, selbst etwas über mich und mein Vorhaben verwundert.

»Mensch, du hast ja Humor! Wie kommt man denn auf so eine Schnapsidee?«

Eine durchaus gute Frage! Schnell komme ich mit dem Deutschen ins Gespräch, der vor ein paar Jahren nach Norwegen ausgewandert ist und hier als Fliesenleger arbeitet. Seine Geschichte interessiert mich, ich träume auch immer mal wieder davon, nach Norwegen auszuwandern. Die Natur und die gelassene Art der Norweger haben es mir angetan. Außerdem liefert mir unsere Unterhaltung eine gute Ausrede, um bei dem Wetter – es regnet mittlerweile Bindfäden – meine Pause zu verlängern.

Jürgen schwärmt mir von den Arbeitsbedingungen, dem Lohn und den Sozialleistungen in Norwegen vor. Für ihn scheint das Land das Paradies auf Erden zu sein. Ursprünglich stammt er aus der ehemaligen DDR. Nach der Wende hat er zweimal mit vielen Hundert unbezahlten Überstunden seinen Job verloren. Da hat er seinen Mut zusammengenommen und in Norwegen einen Neuanfang gewagt, zunächst ohne Familie, die erst später nachkam. Am Anfang dachte er, die Kollegen würden ihn foppen, wenn sie früh Feierabend machten oder begonnene Arbeiten einfach am nächsten oder übernächsten Tag vollendeten. Mittlerweile besitzt Jürgen hier ein schmuckes Eigenheim, spricht fließend Norwegisch und hat viele neue Freunde gefunden, seine Familie fühlt sich wohl. Er bereut es, den Schritt nicht schon viel früher gemacht zu haben.

Unsere Pause ist nun schon sehr viel länger ausgefallen als geplant. Wir verabschieden uns herzlich, und Jürgen wiederholt kopfschüttelnd: »Mensch Junge, viel Glück, du hast echt Humor!« Schon ist er weg, und ich stehe wieder im Regen. Ich folge weiter der Landstraße, mache unzählige Pausen und passiere eine große Straßenbaustelle. Auch hier fragen mich die Arbeiter, warum ich so schwer bepackt zwischen den Baggern und Kippern herumlaufe. »Ich laufe zum NORDKAP!«, brülle ich durch den Lärm und ernte erst Kopfschütteln und dann nach oben gereckte Daumen. Ich kann mir schon vorstellen, was die sich denken. Aber was soll's, die Jungs müssen arbeiten, und ich versuche gerade, meinen Lebenstraum zu verwirklichen. Schon irgendwie merkwürdig.

Am späten Nachmittag erreiche ich völlig fertig und mit schmerzenden Füßen den Ort Vigeland. Das erste Etappenziel wird mit einer eiskalten Cola gefeiert. Ich sitze auf dem Boden vor dem Kiwi-Supermarkt und bin echt froh, es bis hierher geschafft zu haben. Nur eine Unterkunft für heute fehlt mir noch. Der Campingplatz kommt nicht infrage, der liegt ein paar Kilometer außerhalb und würde einen Umweg bedeuten. Ich kaufe noch kurz für das Abendessen ein und begebe mich dann wieder auf die Straße. Ich hoffe, auf irgendeiner Viehweide oder bei einem Bauern auf der Wiese übernachten zu können. Doch leichter gesagt als getan.

Nach einer Stunde, in der die Verzweiflung immer größer wird, finde ich im Vorgarten einer jungen Familie ein Plätzchen, wo ich mein Zelt aufstellen darf. Mein tolles neues Zelt, das ziemlich leicht ist und das ich mir extra für diese Tour zugelegt habe, bietet mir einen grandiosen Ausblick auf die Garagen des Hauses, malerisch untermalt vom Brausen der vorbeirasenden Lkw. Sauber, lebe deinen Traum, denke ich mir so, nur noch 119 weitere Tage! Aber hey, ich habe den ersten Tag mit ungefähr dreißig gewanderten Kilometern geschafft, und auch das Improvisieren scheint ganz gut zu klappen.

Nachdem ich meinen Kocher aufgebaut habe, bereite ich die wohl ekeligsten Nudeln der gesamten Reise zu. Die Soße aus Käsepulver hat die Konsistenz von Tapetenkleister, und der Geschmack nach alten Socken ist kaum zu ertragen! Das Zeug kann man nur mit viel Chilipulver in etwas einigermaßen Genießbares verwandeln. Was habe ich mir nur beim Kauf dieser Nudeln für läppische acht Norwegische Kronen gedacht? Nie wieder! Diese Lektion habe ich gelernt!

Eine weitere Lektion gibt es dann am nächsten Morgen. Bis zum Fjell, so nennt man in Skandinavien die in der Regel baumlosen Gebirgsregionen, also bis ich die Berge erreicht habe, muss ich noch mindestens fünf Tage lang auf Straßen und Schotterpisten laufen. Da werden wohl oder übel vor allem Durchhaltevermögen, Geduld und Schmerztoleranz von mir gefragt sein. In Dølemo werde ich dann – nach etwa 120 Kilometern – endlich den Einstieg in die Berge und das Wegenetz des Norwegischen Wandervereins finden.

Aber erst mal geht es über Schotterpisten durch die Wälder. Nieselregen und einsam gelegene Häuser begleiten mich bis nach Marnardal. Die Leute leben hier weitab vom Schuss. Ohne Auto geht da gar nichts. Es gibt einige große Bauernhöfe und Schrottplätze, und die Spuren in den Kurven deuten darauf hin, dass hier gerne Rallyes gefahren werden. Wenig später muss ich an einer unübersichtlichen Stelle plötzlich zur Seite springen, weil mich ein driftendes Auto fast von der Straße fegt. Ich bin jedenfalls froh, als ich völlig erschöpft und mit schmerzenden Füßen vor einem kleinen Joker-Supermarkt stehe. Eine kurze Pause kommt jetzt gerade recht, und das Vordach bietet Schutz vor dem Nieselregen. Ich habe Lust, mich für die heutige Leistung wieder mit einer Cola zu belohnen, also betrete ich den Supermarkt. An der Kasse frage ich die Verkäuferin nach dem Campingplatz im Ort. Leider sei der im Moment geschlossen, sagt sie. Aber im Nachbarort gebe es einen, versichert sie mir. Also muss ich noch ein gutes Stück laufen, bevor ich in Mjåland dann endlich Unterschlupf in einem Campingwagen auf dem dazugehörigen Campingplatz finde. Die Blasen an meinen Füßen sind nicht gerade erbaulich. Aber ich freue mich über einen weiteren geschafften Tag.

Die Tage auf der Landstraße sind hart. Ich zähle die Kilometermarkierungen und habe das Gefühl, nicht von der Stelle zu kommen. Die Blasen an den Füßen verstärken diesen Eindruck mit einem ständigen dumpfen Schmerz, der sich besonders nach den vielen langen Pausen immer wieder in den Vordergrund drängt. Schmerz müsse man genießen, oder so ähnlich, sagte mir mal ein Mitspieler während der ungeliebten Laufeinheiten zur Saisonvorbereitung, als ich noch beim SC Hennen Fußball gespielt habe. Der ständige Regen macht es jedoch nicht einfacher. So fühlt sich der große Traum also an. Gut zu wissen.

Heute haben meine Schwester und mein Kumpel Kai Geburtstag. In Gedanken bin ich bei ihnen in der Heimat. Seitdem ich Kai von meinen Plänen erzählt habe, ist er mit Feuereifer dabei, spricht mir Mut zu und kann es noch immer nicht fassen. So eine lange Reise zu Fuß ist für ihn unvorstellbar. Ich kann mich an eine gemeinsame Wanderung erinnern, da hatte er bereits nach fünf Kilometern Blasen an den Fersen, die so groß waren wie Zweieurostücke. Wir kennen uns schon lange, sind seit Kindesbeinen an zusammen in der katholischen Kolpingjugend – bezeichnenderweise heißt Kais Gruppe »Die Bären« und meine »Die Wikinger« –, haben uns oft beim Pöhlen, wie man im Ruhrpott sagt, auf dem Bolzplatz beharkt und auch schon das ein oder andere Bier zusammen getrunken. Vor der Tour standen wir bei meiner Abschiedsfeier vor einer großen Norwegenkarte und haben gewettet: Wenn ich mich bis zum Nordkap nicht rasiere, kommt er mit dem Flieger hochgeflogen und nimmt mich am Nordkap mit einer Kiste Bier in Empfang – sein Meilenkonto gibt das problemlos her. Ich schlug ein, die Wette gilt.

Als ich mit meinen Eltern schon fast im Auto Richtung Norden saß, bekam ich auch noch eine E-Mail von Kai, die nun ausgedruckt in meinem Reisetagebuch im Rucksack steckt:

*Hei Simon,
ich wünsche euch eine sichere und gute Fahrt nach Norge und dann dort oben noch ein paar schöne Urlaubstage. Falls du irgendetwas vergessen hast, musst du halt ein bisschen improvisieren, aber das wird schon klappen! Lass dich unterwegs nicht unterkriegen. Wenn du mal ein Tief hast, musst du einfach nur weiterlaufen, denn ich bin mir ziemlich sicher, dass die guten Momente überwiegen und du wahnsinnig tolle Erfahrungen und Eindrücke auf deinem Weg einsammeln kannst. Ich drücke dir alle Daumen, dass du dein Ziel erreichst!
Ach so, noch was: Falls es ein Grizzlybär bis nach Norge geschafft hat und dir über den Weg läuft, such dir einen Baum, die können nicht klettern. Krokodile können auch an Land sehr schnell werden, und wenn du einen hungrigen Löwen triffst, opfere dein Beef Jerky! Also in diesem Sinne noch mal: God tur und komm heil wieder!
Gruß Kai*

Jetzt stehe ich mitten im dicksten Regen in Norwegen auf einer abgelegenen Landstraße. Meine Hose ist völlig durchnässt und klebt mir an den Beinen. Wasser läuft mir in die Schuhe. Frust macht sich breit. Aber ausgerechnet in diesem Moment piept irgendwo hinten im Rucksack mein Handy. Dank des Klingeltons weiß ich, dass mir jemand eine SMS geschickt hat. Es ist die Antwort von Kai auf meine Geburtstagswünsche: »Danke für die Glückwünsche! Hau rein, und wehe, du ziehst das nicht durch! Ich habe allen meinen Arbeitskollegen von dir erzählt und von deiner Wanderung vorgeschwärmt! Ich will da jetzt nicht als Trottel dastehen!« Ein Lächeln huscht über mein Gesicht. Genau so eine Antwort habe ich von Kai erwartet. Meine unterschwellige schlechte Laune war ihm natürlich in meiner Geburtstags-SMS nicht entgangen. Die Nachricht motiviert mich, und ich bringe den Tag zu Ende. Selbst Autofahrer, die im starken Regen anhalten und mir eine Mitfahrgelegenheit anbieten, können mich nicht umstimmen. Ich laufe einfach weiter und ernte von ihnen einerseits Unverständnis, aber andererseits auch Anerkennung – »Norge på langs« zählt in Norwegen eben etwas. Die Leute wissen einfach, wie lang ihr Land ist.

Weil ich keine Alternative sehe, schlage ich heute mein Zelt in dem wunderschönen Garten eines Ferienhauses auf. Die direkte Aussicht auf einen See und der Rollrasen gefallen mir ganz gut. Eigentlich macht man das ja nicht. Zu Hause möchte ich auch nicht, dass bei mir im Garten plötzlich jemand Wildfremdes zeltet. Aber für heute schiebe ich meine Bedenken beiseite und setze mich auf die Terrasse, um mein Abendessen zu verdrücken. Gott sei Dank kommt niemand. Die Hütte ist ziemlich feudal und neu, wer weiß, wie die hier ihr Eigentum schützen und überwachen. Vielleicht beobachten mich die Besitzer in diesem Moment per Videokamera von Oslo aus über ihren Tablet-PC und bekommen auf ihrem Sofa gerade einen Herzanfall, weil sie einen Landstreicher auf ihrer Terrasse sehen.

Am nächsten Morgen muss ich mich wirklich zusammenreißen. Bereits beim Losgehen sind die Schmerzen fast unerträglich, und ich quäle mich die paar Kilometer bis zum nächsten Supermarkt in Hægeland. Vor dem Eingang komme ich mit einem Jungen und seiner Lehrerin ins Gespräch, die sich gerade mit Fahrrädern auf Klassenfahrt befinden. Erst in einfachstem Norwegisch, dann auf Englisch erzähle ich ihnen von meinem »Norge på langs«-Plan. Ungläubig schaut der wohlgenährte Grundschüler in Jogginghose und Gummistiefeln – Bewegung scheint nicht sein größtes Hobby zu sein – von seiner Chipstüte auf und fragt mich: »Warum?«

»Hä?«, ist alles, was mir darauf einfällt.

»Ja, warum machst du das?«

»Weil es Spaß macht und ich Norwegen toll finde.«

»Zieh doch hierher, dann musst du zum Wandern nicht immer nach hier oben reisen und brauchst dir jetzt nicht so einen Stress zu machen!«

»Das wäre aber nicht dasselbe, ich will ja gerade diese extrem lange Tour wandern, mich verausgaben, die Anstrengung erleben. Darin besteht doch der Reiz!«

»Es ist toll, wenn man sich große Ziele steckt und diese dann auch versucht zu erreichen. Umso größer ist am Ende der Stolz auf das Erreichte!«, pflichtet mir die Lehrerin bei.

Der Junge ist sichtlich irritiert, nimmt die Finger aus der Chipstüte und wischt sie sich langsam an der Jogginghose ab. Offenbar ist der amerikanische Einfluss auf die junge Generation hier größer, als ich erwartet hatte. Vor allem Fast Food wird in Norwegen immer beliebter. In jungen Familien gibt es am Freitag oft Tacos, den sogenannten Taco Friday, und in den Supermärkten findet man ganze Regale voller Taco-Zutaten – die Kinder lieben es. Auch der Schüler würde vermutlich gerne die Tacos der Fahrradtour vorziehen. Und irgendwie kann ich es ihm gerade nicht verdenken …

Auf dem Weg Richtung Dølemo machen mir heute und auch in den nächsten Tagen nach den Regengüssen Hitze und das Laufen auf dem Asphalt zu schaffen. An der RV9, die durch das bei Touristen beliebte Setesdal führt, brausen Lkw und Wohnmobile mit einem Affenzahn im Sekundentakt dicht an mir vorbei. Ich sehe auch mein erstes wildes Tier: einen Biber. Allerdings fiel er dem Verkehr zum Opfer und sieht nicht mehr ganz so possierlich dort am Straßenrand aus. Alle fünf Kilometer mache ich Pause, ziehe die Schuhe aus, massiere meine Füße und fluche wie ein Rohrspatz über die Straße, die Kilometerschilder, das Wetter, einfach über alles.

Als ich am Abend endlich in Evje auf dem Odden-Campingplatz ankomme, gehe ich auf dem Zahnfleisch. Ich entschließe mich, nach vier Tagen einen ersten Ruhetag einzulegen. Noch mal zum Mitschreiben: nach vier Tagen! Die Blasen an den Füßen weisen mich vehement darauf hin, dass diese dringend eine Pause brauchen. Und so füge ich mich. Der Odden-Campingplatz ist ziemlich groß und ziemlich modern. Es gibt drahtloses Internet und heiße Duschen. Der Supermarkt ist in zweihundert Metern zu erreichen, was nicht ganz unwichtig in meiner Situation ist. So verbringe ich also meinen ersten Ruhetag ausschließlich mit Schlafen und Essen im Zelt.

Der Weg nach Vegusdal am darauffolgenden Tag bietet viel Abwechslung in Form von Hitze, Gewitter und einem satten Regenguss. Ich bin nass bis auf die Knochen und wechsle erst dann zur Regenhose, als die Sonne wieder herauskommt. Wie in einem Bratenschlauch koche ich jetzt in meinem eigenen Saft – ein unbezahlbarer Moment dieser langen Wanderung. Genauso wie der Moment, als auf offener Straße plötzlich ein Jeep neben mir hält, die Scheibe heruntergekurbelt wird und ein cooler Norweger mit Sonnenbrille und einem Dreitagebart mir ein eiskaltes Dosenbier entgegenstreckt. Er ist sichtlich amüsiert über mein verdutztes Gesicht. Ich zögere kurz und freue mich dann wie Bolle über diese Überraschung. »Bin im selben Business wie du«, antwortet der Norweger, nachdem ich ihm berichtet habe, warum ich in diesem Aufzug auf der Landstraße stehe. Er sei auch gerne in der Natur unterwegs und gerade drei Stunden von seiner Hütte im Wald abgestiegen, um sich einen Sechserpack Bier im Supermarkt zu holen. Gleich läuft er wieder drei Stunden hoch zur Hütte – allerdings mit einem Bier weniger. Und schon sehe ich nur noch die Rücklichter seines Jeeps.

Bei der nächsten Rast ist das Bier fällig. Was für eine Wohltat! Mir ist völlig egal, dass noch nicht mal Mittag ist. Als das kalte Bier meine Kehle herunterrinnt, zählt nur der Moment. Wahnsinn, wie gut das schmeckt! Die Stimmung steigt wieder etwas. Leider auch das Thermometer. Aber dank der Kombination aus getrunkenem

Bier und steigenden Temperaturen laufe ich jetzt etwas beschwingter. Trotzdem zwingen mich die Blasen zu unzähligen Pausen am Straßenrand. Immerhin kommt die Natur jetzt so richtig in Fahrt. Riesige Wiesen mit Wildblumen bringen Abwechslung in die schier endlosen Wälder Südnorwegens. Und so liege ich öfter mal im Schatten am Rand einer Wiese und nicke kurz ein. Ich genieße diese kleinen Pausen. Zu Hause käme mir das nicht in den Sinn, aber gerade gibt es nichts Schöneres, als die Augen für ein paar Minuten zu schließen, die Erschöpfung und den Moment trotz der Schmerzen in den Füßen zu genießen. Bis es dann weitergeht und alles wieder von vorn beginnt – bis zur nächsten Pause, die schon bald, nach weiteren fünf Kilometern, folgen wird. Das weiß ich so genau, weil es an den Straßen hier alle fünfhundert Meter ein kleines Schild mit der genauen Kilometerangabe gibt. So zähle ich Schild für Schild und sammle Kilometer für Kilometer, bis ich mich wieder im Schatten erholen kann.

Irgendwann gelange ich völlig fertig nach Vegusdal, wo es außer einer Kreuzung, ein paar Häusern und einem Friedhof nicht viel gibt. An Letzterem erhalte ich wie fast überall auf Friedhöfen trinkbares Leitungswasser aus dem Hahn. Eine ältere Frau nähert sich dem Parkplatz, und ich spreche sie einfach an, denn einen besseren Plan, um an eine Unterkunft für die Nacht zu kommen, habe ich gerade nicht. Sie selbst kann mich nicht beherbergen, aber ich soll es mal bei einem Bauernhof zweihundert Meter die Straße zurück probieren, da würde ich sicher Unterschlupf finden. Da ich zu kaputt für weitere Überlegungen bin, laufe ich dorthin. Ich klopfe an die Tür des großen weißen Hauses, und ein Mann Mitte vierzig in Karohemd und Jeans öffnet mir. Ich trage mein Anliegen vor, erzähle, dass ich »Norge på langs« laufe und eine Unterkunft suche. Er runzelt die Stirn, überlegt kurz und bittet mich, ihm zu folgen. Neben dem Bauernhaus und einer großen Scheune gibt es hier in einem Blockhaus auch noch eine Art Gruppenunterkunft.

Ole Morten Vegusdal erzählt mir, dass dies hier auch eine Therapieunterkunft für Jugendliche und junge Erwachsene sei, die im Leben nicht zurechtkommen, die Drogen nehmen oder psychische Probleme haben. Sie finden hier einen ruhigen Ort, um sich da wieder herauszukämpfen, eine Therapie zu machen und sich im Alltag auf dem Bauernhof einzubringen. Ich bin überrascht, hier auf so eine Einrichtung zu treffen. Etwas weiter den Weg hinauf steht noch eine weitere Hütte, die meine Unterkunft für die Nacht werden soll. Perfekt: mit Küche und Bad. Zwar etwas renovierungsbedürftig und eher vorgestern geputzt, aber für mich und für eine Nacht genau das Richtige. Besonders als später am Abend Regen einsetzt, bin ich froh, ein festes Dach über dem Kopf zu haben.

Auch am folgenden Abend bin ich wieder mit unverschämtem Glück gesegnet. Nach endlosen Kilometern auf der Straße – heute allerdings mit toller Fernsicht – komme ich endlich in Dølemo an. Hier werde ich morgen in das Wanderwegnetz des Norwegischen Wandervereins (DNT, *Den Norske Turistforening*) einsteigen. Und hier gibt es den letzten Supermarkt, bevor es für eine Woche in die Berge geht. Oder besser gesagt, gab es. Während der Reiseplanung hatte der Supermarkt noch geöffnet, jetzt stehe ich vor verriegelten Türen. Wie ich später erfahre, hat er vor Kurzem für immer geschlossen. Also laufe ich intuitiv zum Dorfgemeindehaus am großen Sportplatz. Viele Autos stehen vor dem Gebäude und wecken meine Neugier. Ich trete ein und platze mitten in einen Bingonachmittag. Alle Augen mustern mich, und ich frage mich schließlich bis zum Vereinsvorsitzenden durch, einem Kerl Mitte vierzig, der hier alles im Griff zu haben scheint. Nach einem kurzen Plausch bekomme ich Kaffee, Kuchen und Getränke serviert. Man wird später die Tür offen lassen, und ich darf die Duschen benutzen sowie am Sportplatz mein Zelt aufschlagen. Langsam versöhne ich mich mit den endlosen Straßenkilometern, und ich freue mich unglaublich darauf, dass das richtige Wandern in den Bergen am nächsten Tag losgehen wird.

ENDLICH INS FJELL
Dølemo – Hovden

Heute geht es endlich weg von der Straße, schießt es mir beim Aufwachen durch den Kopf. Ein Abschied, der mir leichtfällt. In der Natur kann ich die Monotonie der endlosen Landstraße endlich hinter mir lassen. Auch die Vorfreude auf die erste DNT-Hütte steigt. Darin möchte ich heute unbedingt übernachten, denn ich mag diese gemütlichen und gepflegten Hütten, die immer an besonders malerischen Flecken mitten in der Natur zu finden sind. Auf früheren Touren in Norwegen habe ich hier die Abende bei Kerzenschein sehr zu schätzen gelernt.

Der Zustieg zum Wanderweg ist im Dorf schnell gefunden. Ein rotes »T« markiert die Wanderwege des DNT. Die Freude über den Anblick ist riesig. Die Häuser von Dølemo verschwinden hinter mir, und ich folge einem sandigen Weg durch einen lichten Nadelwald. Es riecht nach blühenden Bäumen und nach gutem Wetter. Sieben Wanderstunden gibt der DNT für die heutige Tour an. Das ist viel, aber gut machbar. Strahlender Sonnenschein und blauer Himmel begleiten mich. Es geht durch den Wald bergan, und bei den warmen Temperaturen komme ich bald ins Schwitzen. Richtig fit und eingelaufen bin ich nach den paar Tagen auf der Landstraße noch nicht, aber das wird sich hoffentlich bald ändern.

Nach zwei Stunden Aufstieg ins Fjell mache ich die erste Pause im Schatten einer Birke. Den Kopf auf dem Rucksack, lege ich mich rücklings auf eine große Felsplatte. Langsam schwant mir, dass das heute doch anstrengender wird als gedacht. Beim Blick in den wolkenlosen Himmel verliere ich mich in Gedanken, und für einen kurzen Moment dämmere ich weg. Als ich wenig später hochschrecke, beschließe ich, zügig weiterzulaufen, bevor ich noch ganz einschlafe.

Von nun an geht es ständig auf und ab. Immer wieder passiere ich kleinere Seen und Gruppen von Birken, die bereits das erste Grün tragen. Die Wege im offenen Gelände sind allerdings eher begehbare Sümpfe, bedeckt von kniehohen Gräsern und niedrigen Sträuchern. Bei bestem Wanderwetter quäle ich mich da durch, und das Schmatzen der Stiefel wird zum Soundtrack des Tages. Das wird eine harte Zeit, falls die Wege allesamt bis Hovden so sind. Neun Tage durch diese Schlammhölle können ziemlich zäh werden. Willkommen in der Zeit kurz nach der Schneeschmelze! Davor haben mich alle gewarnt, und davor hatte ich schon vor der Tour mächtigen Respekt.

Es gibt berechtigte Gründe, warum kein Norweger so früh im Jahr ins Fjell gehen würde. Mit etwas Pech gerät man nämlich noch mitten hinein in die Schneeschmelze. Viele Gegenden im Süden Norwegens sind dann nahezu unpassierbar, und man muss große Umwege in Kauf nehmen. In der Hardangervidda zum Beispiel – sie ist das größte Hochplateau Europas – werden einige Flussbrücken erst Ende Juni beziehungsweise Anfang Juli aufgebaut, weil das Wasser sonst die Brücken mit sich reißen würde. Und ohne Brücken kann die Überquerung dieser Flüsse schnell lebensgefährlich werden, besonders wenn man allein wandert. Dass ich hier trotzdem schon so früh durchlaufe, liegt allerdings nicht daran, dass mich die Todessehnsucht antreibt, ganz im Gegenteil! Aber wenn man für so eine lange Tour, wie ich sie vorhabe, zu spät startet, kann es stattdessen zum Ende hin sehr ungemütlich werden. Der Winter beginnt ganz im Norden schon früh, und dann wird es bald unmöglich, ohne Skier ans Ziel zu gelangen.

Die Entscheidung, wann man für »Norge på langs« am besten losgeht, ist also eine schwierige Gratwanderung. Ich habe mich an meinen Vorgängern orientiert und schließlich Ende Mai als Starttermin gewählt. Alles andere ergab in meinen Augen auch keinen Sinn. Ich konnte nur hoffen, dass sich der Schnee in Grenzen hält und die große Schneeschmelze schon überstanden ist. Trotz der sumpfigen Strecke scheine ich bis jetzt durchaus Glück gehabt zu haben – auch wenn die Folgen der Schneeschmelze an einigen Stellen deutlich zu spüren sind.

Und dann muss ich mir zu allem Übel auch noch eingestehen, dass ich heute zu wenig gefrühstückt habe: Ein einzelnes Snickers ist eben kein richtiges Frühstück. Die Anstrengung saugt mir langsam die Kraft aus dem Körper, ich schwitze unglaublich und werde von der Sonne ordentlich in die Mangel genommen. Vor Jahren habe ich einmal bei der Tour de France gesehen, wie Jan Ullrich auf einer Bergetappe mit einem Hungerast fast vom Fahrrad gefallen ist. Genau das Gleiche passiert mir gerade, ich bekomme einen Hungerast vom Allerfeinsten: Nachdem ich heute bisher nur den Schokoriegel gegessen habe, ist mein Blutzuckerspiegel nun so weit unten, dass mir zwar noch nicht ständig schwarz vor Augen wird, ich mich aber nur noch unkonzentriert und müde vorwärtsschleppen kann. Leider läuft niemand wie Udo Bölts, der ehemalige Radrennfahrer und Teamkollege von Jan Ullrich, neben mir her, der mich motivierend anschreit und mir dauernd »Quäl dich, du Sau!« ins Ohr brüllt, so wie er es bei der Tour de France mit Ullrich gemacht hat, als der am Berg schwächelte. Das muss ich jetzt wohl oder übel selbst übernehmen – leichter gesagt als getan. Willkommen in der schönen Welt des Solo-Weitwanderns!

Bevor ich allerdings auch nur einen Meter weitergehe und es irgendwann tatsächlich zu spät ist, beschließe ich, an einem netten kleinen See eine Pause einzulegen und erst mal eins meiner Fertiggerichte zu essen. Ganz raus aus der Sonne komme ich leider nicht, denn Bäume sind hier Mangelware. Doch das Essen bringt mich wieder einigermaßen in die Spur. Und so kann es bald weitergehen durch die Sümpfe des Grauens.

Was für ein fieser Tag! Ich habe mich so sehr darauf gefreut, aber jetzt sehne ich mich tatsächlich nach der ungeliebten Straße! Ein Königreich für einen schönen, trocknen Wanderweg! Was tue ich mir hier bloß an? Die Gedanken kreisen nur noch ums Ankommen. Wann erreiche ich endlich diese verfluchte Hütte? Ich will einfach nur raus aus der sengenden Sonne und eine Dose mit köstlichen Ananasscheiben in mich hineinschaufeln. Pause an Pause reiht sich aneinander. Für die weitläufige Landschaft und die tolle Fernsicht habe ich keinen Blick mehr.

Schließlich kommt der See Skarsvatnet in Sicht. Die Hütte liegt irgendwo genau auf der anderen Seite. Ich höre nur noch Stimmen in meinem Kopf: »Quäl dich, du Sau! Stell dich nicht so an!«, und das in schneller Wiederholung, Heavy Rotation wie früher auf MTV. »Einfach ankommen!« und »Quäl dich!« werden zu meinen Mantras. Dann torkele ich Richtung Hütte.

Endlich die Erlösung: Es ist 19.15 Uhr, als ich eintrete. Da niemand anders hier ist, habe ich die Hütte ganz für mich allein. Der erste Weg führt mich direkt in die Speisekammer, wo ich mir eine große Dose mit Ananasscheiben greife. Die Stiefel fliegen in die Ecke, und mehr liegend als sitzend löffele ich im Schatten des Eingangs kraftlos den Inhalt der Dose in mich hinein. Es ist der höchste Genuss, den ich mir in diesem Moment vorstellen kann. Das Zuckerwasser, die Süße der Frucht! Es ist unbeschreiblich, wie gut das schmeckt.

Später mache ich mir noch eine riesige Portion Spaghetti mit Makrelen aus der Dose. Da ich mein Limit heute deutlich überschritten habe – statt sieben war ich über neun Stunden unterwegs –, will ich danach nur noch ins Bett, wo ich sofort in einen komatösen Tiefschlaf falle.

Am nächsten Morgen fühle ich mich einigermaßen erholt. Nach der Lehre von gestern frühstücke ich eine große Portion Porridge. Dann geht es weiter: Sechs Stunden sind für heute am Wegweiser ausgewiesen. Das Wetter ist zwar ganz gut, und es ist schön, endlich in der Natur unterwegs zu sein, aber der nasse Untergrund bleibt eine echte Herausforderung.

Die Setesdals-Austheiane ist ein tolles Wandergebiet, das viel zu wenig Beachtung findet. Man ist hier auf einer Höhe zwischen fünfhundert und tausend Metern unterwegs, wo sich weite offene Flächen mit lichtem Birkenwald abwechseln. Mal ist man weit oben und hat grandiose Aussichten, dann geht es wieder hinab in den Wald. Es gibt unendlich viele kleine Seen und glasklare Bäche. An manchen Stellen fühlt man sich wie in einem kleinen Urwald: moosbewachsene Bäume und Felsen, viel Farn, und an jeder Ecke vermutet man einen Elch, der einen über den Haufen rennen könnte. Biber haben ihre Spuren an den Bäumen hinterlassen. Man taucht richtig ab in die vermeintliche Wildnis.

Einen Nachteil hat diese Landschaft allerdings zu dieser Jahreszeit. Es sieht hier oft ziemlich gleich aus, und viele Wegmarkierungen sind an Bäumen angebracht, die durch den Winter in Mitleidenschaft gezogen wurden. Die Bäume sind umgeknickt, morsch und zerbrochen, oder die Rinde mit der Markierung hat sich abgeschält. So erkenne ich manche rote Markierung nicht sofort und verlaufe mich ein paarmal. Hat man hier den Weg verloren, fällt die Orientierung wirklich schwer. Verloren gehen ohne Kompass, Karte oder GPS möchte ich hier jedenfalls nicht. Der Umgang mit diesen Hilfsmitteln zählt zwar nicht zu meinen Stärken, aber mein Ziel erreiche ich doch immer. Um ehrlich zu sein, reicht ein einfacher Kompass meist schon aus, um zumindest die richtige Richtung einzuschlagen. Ein GPS-Gerät mit aufgespielter topografischer Karte ist dagegen eher Luxus. Per Zufall konnte ich mir so ein Gerät von einem Kumpel borgen. Mit der Vielzahl an Funktionen, die dieses schicke Teil hat, bin ich allerdings eher überfordert. Nur im äußersten Notfall wird es zum Einsatz kommen, um mich wieder auf den nächsten Wanderweg zurückzuleiten.

An der höchsten Stelle auf dem Weg zur Granbustøyl-Hütte zieht ein Gewitter auf. Das ist in so exponiertem Gelände nicht nur ziemlich gefährlich, die düstere Kulisse und das dumpfe Grollen machen es auch zu einem Angst einflößenden Erlebnis, auf das ich nach Möglichkeit gerne verzichten würde. Außerdem sind die Wege ohnehin schon Bäche und Schlammbäder. Und meine Wanderstiefel, die bereits von vorherigen Touren viele Kilometer auf dem Buckel haben, werden langsam undicht. Nasse Füße sind nun neben dem ewigen Schmatzen des Matsches meine unliebsamen Begleiter.

Am späten Nachmittag erreiche ich schließlich die Hütte in Granbustøyl. Das Gewitter hat mir zum Glück nur die Krallen gezeigt und mich vor großen Sturzbächen von oben verschont. Die vom Matsch völlig durchnässten Stiefel stelle ich, wie es sich gehört, in die Ecke des Vorraumes. Die Klinke knarzt ordentlich, als ich die Tür zum Wohnraum öffne und eine gemütlich eingerichtete Hütte vorfinde. Es ist niemand da, und auch den ganzen Tag über habe ich keine Menschenseele getroffen. Diese Hütten des Norwegischen Wandervereins sind einzigartig auf der Welt. Insgesamt gibt es ungefähr fünfhundert von ihnen, die über das ganze Land verteilt sind. Sie stehen jedem zur Verfügung und werden in drei Kategorien eingeteilt:

- Unbediente Hütten, in denen Gas und Feuerholz vorrätig sind
- Selbstbediente Hütten, in denen sich neben Gas und Feuerholz auch eine Vorratskammer oder ein Regal mit Vorräten wie Konserven befindet, die man gegen Bezahlung verbrauchen kann
- Bediente Hütten, die denen des Deutschen Alpenvereins ähneln. Sie sind im Sommer und zu bestimmten Zeiten im Winter bewirtschaftet und bieten neben der Unterkunft auch Mahlzeiten an, bei deren Zubereitung viel Wert auf lokale Produkte gelegt wird.

Die Hütten liegen oft so weitab vom Schuss, dass sie nur per Hubschrauber oder im Winter per Snowscooter versorgt werden können. Dementsprechend teuer ist der Transport von Holz, Gas und Lebensmitteln. Die Unterkünfte werden von lokalen DNT-Sektionen betrieben und unterhalten, sodass sich die angebotenen Lebensmittel zuweilen etwas unterscheiden können. Viele der Hütten sind mit einem einheitlichen Messingschloss gesichert, den passenden Standardschlüssel für all diese Hütten bekommt man beim DNT gegen eine Kaution. Nutzt man eine der selbst- oder unbedienten Häuser, so trägt man sich in ein Hüttenprotokoll ein und findet ein separates Formular vor, in das man seinen Namen sowie die entstandenen Kosten für die Übernachtung und verbrauchten Vorräten einträgt. Eine entsprechende Preisliste liegt aus, die Preise unterscheiden sich etwas für Mitglieder und Nichtmitglieder des DNT. Meistens kann man ganz bequem per Kreditkarte bezahlen, wofür man einfach nur die Daten seiner Kreditkarte eintragen muss, und wenn man die Hütte verlässt, wirft man das *engangsfullmakt* genannte Formular in einen dafür vorgesehenen Tresor oder gesicherten Kasten, der von Zeit zu Zeit geleert wird.

Das ganze System dieser Hütten basiert auf gegenseitigem Vertrauen, und ich kann nur an jeden appellieren, dieses nicht zu missbrauchen. Ich habe selbst schon erlebt, wie Gäste einer solchen Hütte dieses Vertrauensprinzip umgangen und unter dem Vorwand, zu kaputt zum Ausfüllen zu sein, diese Formalität auf den nächsten Morgen vertagt haben. Bevor ich wach war, waren sie verschwunden, hatten sich nicht ins Protokoll eingetragen, aber dennoch Gas, Feuerholz und Lebensmittel verbraucht. Am liebsten wäre ich hinterhergelaufen und hätte sie zur Rede gestellt. Wer dieses wunderbare System ausnutzt, sollte lieber gleich daheim bleiben, ansonsten wird es das irgendwann nicht mehr geben.

Die kleine Speisekammer direkt neben dem Vorraum ist randvoll mit Lebensmitteln, und auch meine geliebten Ananasscheiben gibt es noch – das ist nicht selbstverständlich, die eingelegten süßen Früchte sind bei den Wanderern immer sehr begehrt. Der Wandertag hat mich so sehr ausgezehrt, dass ich sofort den Ofen anheize. Ich zittere richtig. Ist das ein Hitzschlag, oder bin ich einfach nur kaputt? Bald schon bollert der große gusseiserne Jøtul-Ofen, der so typisch für die Hütten und Häuser in Norwegen ist, und die klitschnassen Socken sowie die total verschlammte Hose hängen zum Trocknen auf dem Gestell darüber. Ich mache mir mit einer großen Portion Spaghetti in Corned-Beef-Tomatensoße, die ich in der randvoll gefüllten Vorratskammer gefunden habe, einen gemütlichen Abend vor dem warmen Ofen.

Am nächsten Morgen regnet es Bindfäden, und meine Motivation sinkt in den Keller. Nicht nur Wasser von unten, nein, jetzt auch noch von oben. Und zwar reichlich. Darauf habe ich heute überhaupt keine Lust, ich möchte mich nicht wieder quälen. Und so fällt mir die Entscheidung ziemlich leicht: Ich lege einen weiteren Ruhetag ein. Das Gewissen plagt mich zwar, so früh schon so viele Ruhetage einzulegen, aber mein Körper sehnt sich danach. Trotzdem frage ich mich ständig, ob ich es bei dem Tempo wohl je bis zum Nordkap schaffen werde, weit mehr als 2000 Kilometer liegen noch vor mir.

Während der ersten Woche auf der Straße stand ich ein paarmal per SMS in Kontakt mit Martin aus der Schweiz, der eine Woche vor mir in sein »Norge på langs«-Abenteuer gestartet ist. Wir haben uns vor der Tour oft E-Mails geschrieben und zahlreiche Informationen ausgetauscht. Martin kommt unfassbar schnell voran. Er macht richtig Kilometer, obwohl bei ihm die Verhältnisse noch schlechter sind als bei mir, bisweilen versinkt er bis über die Knie im Matsch. Ich bin weit hinter ihm zurückgefallen, so aber hatte das Fjell etwas mehr Zeit, um zu trocknen. Ein Glück für mich, aber bin ich der ganzen Sache überhaupt gewachsen? Immer wieder kommen mir Zweifel, die an meinem Selbstvertrauen nagen. Wie es Martin wohl gerade ergeht?

Am frühen Nachmittag fliegt plötzlich die Tür auf, und ich bekomme unerwartet Besuch: Pål aus Oslo ist hier in der Gegend für eine Woche unterwegs. Er müsste so um die vierzig sein und sieht aus wie eine extrem sportliche Ausgabe von Morten Harket, dem »a-ha«-Sänger. Er scheint nur aus Muskeln zu bestehen und mit seiner gebräunten Haut auch viel Zeit auf seinem Boot im Oslofjord zu verbringen. Wir kommen in einer Mischung aus Englisch und Norwegisch ins Plaudern und reden den ganzen Tag lang über Touren, Erlebnisse und fachsimpeln über unsere Ausrüstung. Wir haben zum Beispiel beide dasselbe Zeltmodell dabei. Es ist schön, mit jemandem zu reden, der zu ebenso verrückten Zeiten im Fjell unterwegs ist wie ich. Den einen oder anderen Tipp gibt es obendrauf von ihm, da er als Soldat hoch im Norden in der Finnmark viele Erfahrungen in der Natur – insbesondere im Winter – gesammelt hat. Fett sei das Wichtigste, wenn es draußen richtig kalt werde, gibt er mir mit auf den Weg. Viel Butter im Essen kann dann wahre Wunder bewirken. Wenn ich mich so ansehe, muss die viele Butter im Essen aber noch etwas warten.

Nach diesem entspannten Tag finde ich am nächsten Morgen trotz Matsch langsam Gefallen an der Tour. Der folgende Abschnitt ist abwechslungsreich und herausfordernd. Wenn ich das hier überstehe, werde ich auf jeden Fall in der nächsten Woche fitter und mit einer soliden körperlichen Grundlage in die Hardangervidda starten.

Auf einer Anhöhe genieße ich die spektakuläre Aussicht nach Norden. Die großen Seen Grøssæ und Mjåvatnet liegen, eingefasst von einem schmalen Ufersaum aus Bäumen, vor mir. So habe ich mir das seit Monaten in Gedanken ausgemalt. Jetzt erhalte ich die Belohnung für die Anstrengungen der letzten Tage.

Da ich hier Handyempfang habe, rufe ich Julia an. Wir kennen uns über Ulrich von einer früheren Norwegentour, sie stammt aus Deutschland und lebt hier in Norwegen. Während der Tour versorgt sie mich netterweise mit Paketen, die Lebensmittel und Landkarten für den jeweils nächsten Wanderabschnitt enthalten. Wir reden über die bisherige Tour, und ich bitte sie, mir neben den normalen Lebensmitteln und den Landkarten auch mein Paar Ersatzstiefel nach Haukeliseter in die DNT-Hütte zu schicken. Dort ist der erste geplante Nachschubpunkt für mich. Die alten Schuhe werden es bis dahin gerade so schaffen, aber vermutlich keinen Schritt weiter. So früh hatte ich nicht damit gerechnet, aber zum Glück habe ich vor meiner Tour für diesen Fall die Ersatzstiefel bei Julia deponiert.

Die ersten Rentiere laufen mir am Nachmittag über den Weg: eine kleine Gruppe mit einigen Jungtieren. Es ist für mich immer wieder spannend, die Tiere frei umherlaufen zu sehen. Ich weiß nicht genau, was diese Begegnungen so besonders für mich macht, aber vielleicht sind die Rentiere neben den Elchen in meinen Augen einfach das Symbol des Nordens.

Am 10. Juni stehe ich gegen Mittag wieder auf einer befestigten Straße. Es ist der Riksveg 45, die Straße, die von Dalen in Telemark hinab nach Valle im Setesdal führt. Ich folge ihr ungefähr fünf Kilometer lang bis zur Bjørnevass-Hütte. Es ist schon ein komisches Gefühl, plötzlich wieder auf einer richtigen Straße zu laufen. Das Schmatzen des Sumpfes vermisse ich überhaupt nicht, aber schnell sind die altbekannten Fußschmerzen wieder da. Pest oder Cholera, die Auswahl ist nicht besonders groß.

Während ich die Straße entlanglaufe, kommt mir der Gedanke, dass ich vielleicht hinab ins Setesdal trampen könnte. Es ist noch früh am Tag, die Hütte ist nah, und wirklich weit scheint es mir hinab ins Tal nicht zu sein. Jedenfalls hatte ich das so vom letzten Kartenstudium im Kopf… Meine Gedanken verselbstständigen sich. In Valle gibt es einen Supermarkt, das weiß ich ganz sicher. Cola, Chips, ein Apfel, Joghurt! Das wäre mal etwas anderes als das Tütenessen im Rucksack. Mir läuft sofort das Wasser im Mund zusammen. Bald darauf erreiche ich die Hütte. Sie ist riesig und liegt direkt an der Straße. Nach kurzer Suche finde ich den Winterraum für Wanderer in der Nebensaison und lasse mein Gepäck dort zurück.

Wenig später stehe ich tatsächlich mit dem Daumen nach oben am Straßenrand. Ich will mein Glück probieren, die Versuchung ist einfach zu groß – der Frust bald aber auch. Es fährt kaum ein Auto vorbei, geschweige denn, dass eins anhält. Mein toller Plan scheint doch nicht so toll zu sein. Ich sitze am Straßenrand auf einem Stein und überlege, ob ich nicht besser wieder vernünftig werden und mich neben der Hütte in die Sonne legen soll. Doch in dem Moment kommt ein Passat-Kombi angefahren. Silbern, etwas zerbeult und mit einem Fahrrad im Kofferraum. Zwei junge Frauen mit Sonnenbrille sitzen darin und halten tatsächlich an. Ich frage, ob sie mich mitnehmen können.

»Wohin denn?«, antworten sie interessiert.

»Ach, ich will nur hinab ins Tal nach Valle, kurz einkaufen und dann zurück.«

Sie gucken mich an, als wäre ich verrückt. »Klar, spring rein, wir können dich gerne mitnehmen, aber du wirst heute nicht mehr zurückkommen. Es fährt einfach niemand hier hoch!«

Kurzes Zögern, aber dann sage ich entschlossen: »Ach, mal sehen, das bekomme ich schon irgendwie hin, ich will es wenigstens probieren.«

Und schon sitze ich im Auto. Die beiden Frauen kommen aus Oslo, pendeln wegen der Arbeit wöchentlich auf dieser Strecke und haben nur dank meiner grün-braunen Kleidung gestoppt, denn sie dachten, ich wäre von der Polizei oder ein Ranger. Glück und das richtige Outfit muss man haben! Wir unterhalten uns eine Weile über meine Tour, und mir dämmert so langsam, was sie wohl vorhin meinten: Die Fahrt wird lang und länger, es geht steil hinab ins Setesdal. Was habe ich da bloß wieder für eine Schnapsidee gehabt?! Jetzt sitze ich im Auto, und es gibt kein Zurück mehr. Ich lehne mich nach hinten, schaue aus dem Fenster und staune über die vorbeiziehende Landschaft. Um Viertel nach drei sind wir in Valle, ich bedanke mich und laufe rasch hinüber zum Coop-Supermarkt. Schließlich will ich keine Zeit verlieren, die ungewisse Rückfahrt setzt mich ordentlich unter Druck.

Mir gehen die Augen über bei den ganzen Leckereien in den Regalen. So ist das immer, wenn man nach ein paar Tagen Wildnis wieder in einen Supermarkt kommt: Man kann sich einfach nicht entscheiden! Also gibt es das, worauf ich mich am meisten gefreut habe: Cola, Chips, Joghurt und Äpfel.

Schnell eile ich zurück an die Straße und recke den Daumen in die Luft. Hoffentlich wird das etwas, ein komisches Gefühl beschleicht mich. Auto um Auto fährt vorbei, anhalten möchte keins. Frust macht sich breit – wie komme ich aus dieser blöden Situation wieder heraus? »Selbst schuld, du bist manchmal einfach viel zu blauäugig, und heute bekommst du die Quittung!«, rede ich mit mir selbst und ärgere mich über meinen kindischen Plan.

Ein verbeulter Subaru fährt die Straße entlang. Der war doch gerade schon einmal vorbeigefahren? Die Scheinwerfer blenden auf, und der Wagen hält neben mir. Ich öffne die Tür und schildere mein Anliegen. »Steig ein!«, sagt der junge Fahrer. Lars hat es aus Tromsø hierher verschlagen, und er arbeitet in Valle als Lehrer. Aus Langeweile fährt er gerne ein wenig in der Gegend herum. Nachdem er beim ersten Mal, ohne anzuhalten, an mir vorbeigefahren war, dachte er sich beim zweiten Mal, dass er nun wirklich an der Reihe sei. Ich staune und freue mich gleichzeitig. Die Bjørnevass-Hütte kennt er nicht. Das ist ihm aber auch nicht so wichtig, er macht das gerne, selbst wenn er dafür vierzig Kilometer fahren muss. Zeit hat er jedenfalls genug. Er erzählt mir, dass er sogar schon mal ein paar Mädels stundenlang von hier aus bis nach Bergen gefahren habe. Irgendwie verrückt, aber ich bin ihm unendlich dankbar. Erleichterung macht sich breit, als wir uns wieder aus dem Setesdal hoch in die Berge schrauben. Während der Fahrt erzählt mir Lars, wie sehr er das Meer und den hohen Norden vermisst. So oft es geht, kehrt er in seine Heimat zurück, die so gegensätzlich zum Süden Norwegens sein muss. Er schwärmt mir regelrecht davon vor.

Ich kann es kaum fassen, nachdem ich mich von Lars fröhlich an der Hütte verabschiedet habe: Nach Valle und zurück habe ich letztendlich keine zwei Stunden gebraucht. Danach setze ich mich in die Sonne und lasse es mir gut gehen. Von der Terrasse der Hütte aus hat man eine tolle Aussicht auf den See und die schneebedeckten Gipfel auf der anderen Seite des Setesdals. Ich esse eine riesige Portion Nudeln und verdrücke die mitgebrachten Leckereien. Was für eine kühne und irgendwie auch sinnlose Aktion, denke ich für mich. Doch irgendwie bin ich auch ein klein wenig stolz darauf, dass ich es gewagt habe und mein Plan aufgegangen ist.

Von der Bjørnevasshytta aus trennen mich nur noch wenige Kilometer und zwei oder drei Wandertage von Hovden. Hier will ich einen Ruhetag einlegen. Hovden ist ein Wintersportzentrum am nördlichen Ende des Setesdals, es gibt dort allerhand Supermärkte, Sportläden und vor allem eine Jugendherberge. Das verspricht für norwegische Verhältnisse eine günstige und komfortable Unterkunft.

Zwei unglaublich schöne und zugleich anstrengende Wandertage folgen. Es gibt reichlich Höhenmeter, die ich überwinden muss. Die Landschaft wird anspruchsvoller, Felsen und Steine bestimmen nun das raue Bild. Weiter oben liegt sogar noch Schnee, und die großen Seen sind zum Teil mit Eis bedeckt. Ich überwinde große Schneefelder in weiten Hochebenen und freue mich richtig über die Schönheit der Landschaft. Grandiose Aussichten entlohnen mich für die Anstrengungen, in der Ferne sehe ich sogar die Gipfel der Setesdals-Vestheiane. Das ist das Norwegen, das ich so liebe. Ein richtiger Wanderhochgenuss stellt sich ein, als ich durch das menschenleere und noch im Erwachen aus dem Winterschlaf begriffene Fjell streife.

Da es so gut läuft, entschließe ich mich, bereits am zweiten Tag direkt nach Hovden zu marschieren. In der Tjørnbrotbu-Hütte genehmige ich mir eine kurze Rast. Ich schlummere kurz auf der Eckbank ein, als mich plötzlich Schreie von draußen wecken. Was zum Henker ist das? Mein Herz rast, bis ich langsam begreife: Ein paar Jungs des hiesigen Skiklubs sind von Hovden aus hier hoch zur Hütte gelaufen. Für ihr Sommertraining haben sie mal eben zehn Kilometer ins Fjell zurückgelegt, um sich gleich wieder auf den Rückweg zu begeben.

Typisch Norweger, denke ich mir und schultere um 16 Uhr wieder meinen Rucksack. Es ist schon spät und noch ein gutes Stück bis hinunter nach Hovden. Ausgerechnet jetzt fängt es an zu regnen. Ich ziehe meine Regenhose an und laufe nun durch die nicht mehr so freundliche Landschaft. Es ist grau, und ich fühle mich wie in einer Waschküche. Der Regen läuft mir über meine Brille, sodass ich kaum etwas sehen kann. Der Untergrund wird glitschig, und der Schlamm holt mich wieder ein.

Die Wegmarkierungen führen immer weiter hinab. Die Vegetation verändert sich langsam, es gibt wieder kleine Birken und Sträucher. Schließlich erreiche ich den Børtemansbekken, einen Bach, der zu dieser Jahreszeit eher ein reißender Fluss ist. Er hat sich tief in die Felsen gefressen und rauscht jetzt mit unfassbarer Wucht talwärts. Eine kleine Brücke über einen Nebenarm des Baches hat die Wassermassen nicht schadlos überstanden, sie ist in der Mitte wie ein Klappmesser zusammengesackt. Vorsichtig steige ich über die glitschigen Holzbohlen. Nach einer zweiten, stabileren Brücke erreiche ich die andere Uferseite, wo es auf glatten Felsplatten weitergeht. Wenn ich hier ausrutsche, lande ich direkt im eiskalten Wasser, das sich an dieser Stelle in einem tosenden Strudel sammelt, bevor es kraftvoll brodelnd weiter hinab ins Tal rauscht.

Meine Stimmung ist mittlerweile auf dem Tiefpunkt, das Wetter setzt mir ziemlich zu. Außerdem wird es immer später, und es ist noch lange kein Ende des Tages abzusehen. Ich bin froh, als nach einer gefühlten Ewigkeit ein gigantisches Hüttenfeld in Sicht kommt. Na endlich, denke ich, als ich kurz nach sechs Uhr auf einem Schotterweg zwischen den Hütten hindurchlaufe und eine halbe Stunde später die Hauptstraße erreiche. Ich bin fix und fertig, meine Klamotten sind von innen und außen nass, und ich habe immer noch keine Ahnung, wo ich übernachten werde.

Ich halte an und schaue mich kurz um: Auf der rechten Seite liegt ein Campingplatz, aber das wird wohl nicht die erhoffte Jugendherberge sein. Nach kurzer Bedenkzeit entschließe ich mich, links der Straße nach Hovden hinein zu folgen, und setze mich langsam wieder in Bewegung. Es geht hinab in den Ort, von der Jugendherberge ist allerdings weit und breit nichts zu sehen. Im Ortszentrum angekommen, frage ich im Coop-Supermarkt nach. »Die Jugendherberge liegt etwa drei Kilometer die Straße hoch, da wo auch der Campingplatz ist, das gehört alles zusammen.« Ich muss mich erst mal setzen, dann entgleiten mir die Gesichtszüge. Vor ungefähr einer halben Stunde war ich genau da. »Ich Depp, ich Depp, ich Depp!«, fluche ich vor mich hin, und der junge Kassierer wundert sich über mich. Für große Pläne und langes Nachdenken habe ich jetzt keine Nerven mehr. Der Rucksack fliegt in die Ecke, und ich kaufe schnell ein paar Kleinigkeiten für das Abendessen. Direkt danach mache ich mich widerwillig daran, im Nieselregen die drei Kilometer zurückzulaufen. Mittlerweile ist es fast acht Uhr. Ein paar Autos fahren die Straße hinauf, aber niemand reagiert auf die traurige Gestalt am Straßenrand und den mühselig gereckten Daumen. Selbst schuld, wie blöd bist du eigentlich?, denke ich mir. Dann hält auf einmal ein VW-Bulli neben mir: »Wo willst du hin?«, fragt mich eine Mutter, die mit ihren zwei Kindern unterwegs ist.

»Zur Jugendherberge«, antworte ich völlig fertig.

»Spring rein, da fahre ich auch gerade hin!«

Kaum drei Minuten später bin ich am Ziel – so schnell kann es gehen.

Ich habe die ganze Jugendherbergswohnung für mich allein. Rasch hänge ich meine Ausrüstung und meine nassen Klamotten im großen Wohnzimmer zum Trocknen auf. Danach steige ich endlich unter die heiße Dusche. Normalerweise gibt es auf den Hütten nur das eiskalte Wasser vom Bach zum Waschen. Man springt einfach hinein oder kann das Wasser auf dem Ofen oder Herd erwärmen und sich dann mit dem guten alten Waschlappen und einer Waschschüssel ans Werk machen. Man gewöhnt sich daran, dass es heiße Duschen nur in unregelmäßigen Abständen gibt. Umso schöner ist dann das Gefühl, wenn man sie wie heute nach einem anstrengenden und nasskalten Wandertag genießen kann!

PLÄNE SIND ZUM ÄNDERN DA
Hovden – Geilo

Heute ist Ausschlafen und Ausruhen angesagt. Draußen schüttet es. Nichts auf der Welt kann mich an diesem Tag motivieren weiterzuziehen. Die Wäsche landet zum ersten Mal auf der Wanderung in einer Waschmaschine, manche Kleidungsstücke verströmen bereits eine deutliche Duftmarke. Gegen 13 Uhr ist das Waschprogramm erledigt, und ich sehe mich in Hovden um. Ich möchte mich in der Touristeninformation schlaumachen, ob ich, wie geplant, durch die westliche Hardangervidda laufen kann oder mir doch eine andere Variante überlegen muss. Es scheint leider immer noch sehr viel Schnee da oben zu liegen, und die Gefahr, dort auf einer Schneebrücke einzubrechen oder einen der mit Schmelzwasser randvoll angeschwollenen Flüsse zu furten, ist mir einfach zu groß. Ich bin schließlich allein unterwegs, und wenn das Risiko für meine Begriffe zu groß wird, stecke ich lieber zurück und komme am Ende heil wieder nach Hause.

Ich würde schon sagen, dass ich von Natur aus unnötige Gefahren meide und eher ein Typ bin, der auf Nummer sicher geht. Dafür bin ich vielleicht einfach zu sehr ein Kopfmensch. Normalerweise denke ich über alle Eventualitäten tausendmal nach, bevor ich eine Entscheidung treffe. Schon als Kind war ich zwar immer mit dabei, wenn wir als Freunde zusammen eine Schneise der Verwüstung durch unsere Nachbarschaft schlugen, doch wenn Ärger im Anmarsch war, machte ich mich oft als Erster aus dem Staub.

Auf meiner ersten Tour in Norwegen bin ich einmal – ich war allein unterwegs – in einem tiefen Schlammloch bis zur Hüfte versunken. Der Boden tat sich plötzlich auf und verschluckte mich. Nur mit Mühe konnte ich mich damals wieder herauskämpfen. Das hat mir vor Augen geführt, wie schnell man allein ziemlich hilflos sein kann. Übermut und Leichtsinn sind deshalb im Fjell nicht angebracht. Nur wer mit einer Portion Demut an die Sache herangeht, wird auch wohlbehalten wieder heimkehren. So eine lange Wanderung bis zum Nordkap ist eben immer noch ein Abenteuer, auch wenn es dabei nicht darum geht, für meinen Heimatort Iserlohn den großen weißen Flecken »Terra incognita Norge på langs« von der Landkarte zu tilgen und am vermeintlichen Nordkap die Fahne mit dem Stadtwappen in den Boden zu pflanzen, um das Land im Namen des Bürgermeisters in Besitz zu nehmen. Es ist einfach eine moderne Herausforderung, der ich mich stelle, um meinen Traum zu leben und Freude zu haben. Wobei sich meine Grenzen mit zunehmender Erfahrung auch immer ein bisschen weiter verschoben haben. Trotzdem gilt für mich: Habe ich ein ungutes Gefühl, dann mache ich es nicht. Das heißt ja nicht, dass ich deswegen gleich nach Hause fahre. Es gibt schließlich immer noch die Möglichkeit, sich einen Plan B oder C zu überlegen und weiterzumachen.

In der Touristeninformation treffe ich meine Fahrerin von gestern wieder – was für ein Zufall, Kirsten arbeitet hier. Es stellt sich heraus, dass wir schon per E-Mail Kontakt hatten, als ich nachgefragt hatte, ob ich eventuell ein Versorgungspaket hierher schicken darf. Wir unterhalten uns eine Weile, und ich darf sogar einen Computer benutzen. Das erste Mal kann ich mehr als drei Fotos auf meinen Blog zur Tour hochladen und den Leuten daheim einen besseren Eindruck von den vergangenen Tagen vermitteln. Bei einem heißen Kaffee schreibe ich kurz die DNT-Hütte in Haukeliseter – die eher einem Berghotel gleicht – an, ob das Paket von Julia dort angekommen ist. In der Hütte von Litlos frage ich noch per E-Mail nach, wie dort die Schneeverhältnisse sind. Mein Plan sieht vor, in zwei Tagen über das Fjell nach Haukeliseter zu wandern, um dort mein Paket einzusammeln. Anschließend möchte ich durch die westliche Hardangervidda laufen.

Kirsten zeigt mir auf der Karte noch verschiedene Abkürzungen für meine Route nach Haukeliseter, und plötzlich liegt ein Paar Schneeschuhe vor mir. »Nimm sie mit, ich leihe sie dir. Momentan brauchen wir die hier eh nicht. Du wirst sie aber ganz bestimmt im Fjell benötigen. Lass sie einfach irgendwo in der Hardangervidda auf einer bewirtschafteten Hütte oder in Haukeliseter zurück. Wir sammeln sie bei Gelegenheit wieder ein.«

Sollte ich auf große Schneefelder treffen, sind die Schneeschuhe auf jeden Fall sehr hilfreich. Die Dinger kosten bestimmt um die 200 Euro, und ich bekomme sie von Kirsten einfach so geliehen. Wieder einmal erhalte ich einen Vertrauensbeweis, den ich mir nur mit der Anerkennung der Norweger für die »Norge på langs«-Wanderung (oder kurz NPL-Wanderung) erklären kann. Ich bedanke mich tausendmal bei ihr und gehe rüber ins gemütliche »Food For Your Mood«-Bistro. Bei dem Regenwetter ist das für meine Stimmung sehr passend. Als ich durch die Tür eintrete, fallen mir sofort die spektakulären Bilder an den Wänden auf, die Mountainbiker auf ihren Abfahrten in den Bergen rund um das Bike-Eldorado Hovden zeigen. In der warmen Stube riecht es ziemlich verführerisch nach leckerem Essen, die Wahl fällt aber nur auf einen Kaffee, da in der Jugendherberge eine große Portion Nudeln auf mich wartet. Ich schreibe Tagebuch und Postkarten und überlege, wie es weitergeht. Erste Landkarten, die ich nicht mehr benötige, schicke ich anschließend vom Supermarkt aus mit der Post zurück nach Deutschland. Dann trampe ich mit einem Lkw wieder zur Jugendherberge.

Dort muss ich zu meinem Entsetzen feststellen, dass es mit der guten Aussicht aus meinem Zimmerfenster leider vorbei ist: Ein Motorrad mit dem Kennzeichen der verbotenen Stadt »Herne-West« – Gelsenkirchen darf ich als Dortmunder ja nicht sagen – verstellt mir den Blick nach draußen. Gut, dass es Gardinen gibt. »Blau-Weiße« und »Schwarz-Gelbe«, immer und überall, egal wo man auch hinkommt.

Abends liege ich unruhig im Bett. Ich mache mir viele Gedanken. Die Verhältnisse in der Hardangervidda waren während der ganzen Planung der Tour immer wieder ein großes Thema, das mir oft schlaflose Nächte bereitet hat. Und der Blick auf die schneebedeckten Berge und die Schneeschuhe am Rucksack machen mich nervös.

Am nächsten Morgen laufe ich erneut nach Hovden und von dort zum Skizentrum, wo der Wanderweg zur Sloaros-Hütte abgeht. Es nieselt, ist windig und ungemütlich. Das Skigebiet sieht zu dieser Jahreszeit trostlos aus. Es fehlen nur noch die Steppenläufer, die in Wildwestfilmen immer über die Straßen geweht werden. Unfassbar viele Hütten und Wohnkomplexe für Wintersportler sind hier aus dem Boden gestampft worden. Jetzt in der Nebensaison sind die allerdings verlassen. Ich laufe den breiten und felsigen Weg entlang und stoße, wie befürchtet, bald auf die ersten großen Schneefelder.

Zweifel kommen auf, als ich am Fuß des ersten Schneefeldes versuche, die Schneeschuhe anzulegen. Ich bin völlig ungeübt darin und bekomme es nur mühsam hin. Die ersten Meter den Berg hoch stelle ich mich derart dämlich an, dass ich immer wieder ein Stück zurückrutsche. Außerdem breche ich ständig im Schnee ein, der unter der Oberfläche teilweise schon weggetaut ist. Es macht weder Spaß, noch ergibt es für mich einen Sinn. Klar, ich könnte mich unter großem Aufwand und mit viel Anstrengung durchschlagen und es bis zur Hütte in Sloaros beziehungsweise bis nach Haukeliseter schaffen. Aber will ich das? Will ich dieses Risiko wirklich eingehen und unnötig viel Energie verschwenden?

Die Entscheidung, nach Hovden zurückzugehen, fälle ich ziemlich schnell und ohne innere Widerstände. Einen Plan B habe ich mir in Gedanken bereits zurechtgelegt: Ich werde die Schneeschuhe zurückbringen, eine weitere Nacht in der Jugendherberge schlafen und über die Straße nach Haukeli laufen. Dort werde ich versuchen, per Anhalter einen Abstecher nach Haukeliseter zu unternehmen, da mich meine Alternativroute nicht mehr direkt dort vorbeiführen wird, ich in der Hütte aber meine neuen Schuhe abholen muss. Ebenso werde ich den westlichen Teil der Hardangervidda bei diesen Schneeverhältnissen meiden und lieber auf der Straße die neunzig Kilometer von Haukeli nach Rjukan zurücklegen. Von da aus sollte es möglich sein, über das Fjell bis nach Geilo zu gelangen. Laut Internet liegt dort kein Schnee mehr.

Das ist also der neue Plan. Es ist immer gut, wenn man schnell alle Optionen im Kopf parat hat und improvisieren kann. Die ausführliche Vorbereitung meiner Reise zahlt sich jetzt aus. Bereits lange vor der Tour habe ich viele Stunden am Computer verbracht und mich mit der Route beschäftigt. Man kann nicht einfach wie bei anderen europäischen Fernwanderwegen oder dem mittlerweile populären Appalachian Trail in den USA den nächsten Buchladen aufsuchen und nach dem passenden Wanderführer fragen. Den gibt es für »Norge på langs« schlicht und ergreifend nicht. Es existiert zwar im Internet ein norwegischer Wikipedia-Eintrag zur Route, die am häufigsten gegangen wird, nur ist das eher eine grobe Orientierung. Eine detaillierte Beschreibung findet man lediglich auf den Internetseiten einzelner »Norge på langs«-Veteranen. Die Streckenabschnitte ergeben sich zum Beispiel aus den landschaftlichen Gegebenheiten, andere wiederum werden auf höchst unterschiedliche Weise begangen. Quasi jeder Läufer nimmt einen anderen Weg, das macht die Sache enorm spannend – aber auch sehr aufwendig in der Vorbereitung.

Auf der inoffiziellen Internetseite *www.norgepaalangs.info* sammelt der Norweger Odd Vinje die Namen aller Personen, die die Tour jemals gelaufen sind und von denen er weiß. Dort finden sich auch Links zu den Internetseiten vieler anderer NPLer. Die Informationen über die jeweilige Route sind aber fast immer auf Norwegisch verfasst. Ich hätte gerne vor meiner Tour mal mit einem deutschen NPLer, der sich an der Strecke im Sommer versucht hat, gesprochen, nur habe ich leider keinen gefunden. Man muss also einige Internetseiten und Blogs durchwühlen, um an die erforderlichen Infos zu gelangen. Das Ganze ähnelt einem Puzzle, bei dem die einzelnen Teile aus verschiedenen Puzzlesets stammen und zu allem Überfluss mal auf Norwegisch, Englisch oder – vielleicht – auf Deutsch beschriftet sind.

Zudem habe ich mir »Norwegen zu Fuß und auf Ski« von Björn Klauer gekauft, das einzige Buch, das es zu diesem Thema auf Deutsch gibt. Es wurde bereits 1987 veröffentlicht und ist nur noch gebraucht und ziemlich schwer zu bekommen. Zum Glück konnte ich mich darüber hinaus auch mit meinem Kumpel Ulrich austauschen, der die Tour seit einigen Jahren in Etappen geht und mich überhaupt erst auf die Idee zu »Norge på langs« gebracht hat.

Zum Einstieg habe ich mir dann die Planungskarten vom Norwegischen Wanderverein besorgt, auf denen ganz Norwegen mit den jeweiligen DNT-Routen und -Hütten abgebildet ist. Auch ein Blattschnitt der dazugehörigen Landkarten ist darauf zu finden. Man bekommt diese Planungskarten beim DNT in Oslo (*www.turistforeningen.no*).

Die größte Unsicherheit war für mich der Beginn der Tour. Je nachdem, wie die Schneeverhältnisse eben sind, kommt man im Süden schlecht zu Fuß durch die Setesdalsheiane und die westliche Hardangervidda. Deshalb musste ich sehr genau überlegen, wo ich langgehen wollte und wo ich vielleicht auf Straßen ausweichen musste. Dafür zeichnete ich zunächst die grobe Route mit einem Filzstift auf die Planungskarten vom DNT und machte mich daran, die Details hinzuzufügen. Danach zog ich eine große Straßenkarte, die ich mir über *www.visitnorway.com* besorgt hatte, auf Pappe und stellte sie mir neben den Schreibtisch. So konnte ich die Strecke mit verschiedenen Nadeln markieren und behielt stets den Überblick über den Stand meiner Routenplanung. Schließlich besorgte ich mir die detaillierten Wanderkarten für die gesamte Strecke. Einige hatte ich noch von meinen vorherigen Wanderungen in Norwegen, andere konnte ich mir von Ulrich borgen, und ziemlich viele der nicht ganz günstigen Karten musste ich bestellen. Der Nordeca-Verlag in Norwegen gab mir zum Glück einen netten Mengenrabatt darauf, nachdem ich freundlich per E-Mail bei ihm angefragt hatte.

Ein halbes Jahr vor der Tour begann ich dann, die Versorgungsmöglichkeiten entlang der Strecke, also die Öffnungszeiten von Supermärkten, Postfilialen und Unterkünften zu recherchieren. Jede DNT-Hütte entlang der Strecke wurde mit ihren GPS-Koordinaten notiert. Die Internetseite *www.ut.no/kart* des DNT lässt dabei kaum einen Wunsch offen. Abend für Abend wuchs meine Liste, das Internet gibt bei genauer Recherche erstaunlich viel dazu her. Jedenfalls wenn man lange genug an den richtigen Stellen sucht: Dienste wie »Street View« bei Google Maps oder auch »Norge i Bilder« können da sehr hilfreich sein. Aus allen Daten, Koordinaten und Öffnungszeiten ergab sich dann eine lange Excel-Liste, die alle Informationen inklusive Routenalternativen enthielt. Mein ganz persönliches Roadbook war entstanden.

Zu guter Letzt suchte ich über das Internet noch den Kontakt zu einigen Veteranen und zu Martin in der Schweiz, der gerade vor denselben Hürden stand wie ich. Er plante ebenfalls, »Norge på langs« zu laufen, nur wollte er etwas früher starten und binnen neunzig Tagen am Nordkap sein. Er war der einzige andere deutschsprachige Wanderer, den ich aktuell dazu finden konnte. Überraschenderweise hatte er in seiner Kindheit viele Ferien bei seiner Verwandtschaft in meinem Heimatort Iserlohn verbracht, wodurch wir gleich einen guten Draht zueinander fanden.

Schweren Herzens gebe ich also die Schneeschuhe in der Touristeninformation wieder zurück. Kirsten hat Verständnis für meine Entscheidung. Inzwischen habe ich auch eine E-Mail aus der Hardangervidda beziehungsweise von der DNT-Hütte in Litlos bekommen:

There is still much snow in the area, and hiking without ski or snowshoes can be difficult in the highest part before and after Hellevassbu. You will also have problems with crossing the many streams and rivers, because the bridges are not put out yet. Do you have the possibility to wait another week, it will be much better! Good luck! Hilsen Jarle

In meiner Entscheidung bestärkt, stehe ich am nächsten Morgen um 9.30 Uhr wieder auf der ungeliebten Straße. Ein bisschen traurig bin ich schon, da die westliche Hardangervidda wunderschön ist. Vor drei Jahren führte mich meine erste Wanderung in Norwegen dorthin. Doch auch mein Kumpel Ulrich, der sich am Abend davor noch kurz per E-Mail gemeldet hat, ist froh über meine Entscheidung und findet noch ein paar motivierende Worte:

Hallo Simon, ich habe gerade von deiner Entscheidung gelesen, nicht durch die Vidda zu gehen – das beruhigt mich ungemein. Nach allem, was ich gelesen und selbst erlebt habe, hätte es gut gehen können oder aber auch nicht – und das ist die Sache echt nicht wert. Bis Rjukan ist es jetzt etwas dröge, aber danach geht es wieder direkt ab ins Fjell.

Die 25 Kilometer bis Haukeli verlaufen recht ereignislos. Alle fünf Kilometer oder einmal pro Stunde lege ich eine Pause ein, und meine schmerzenden Füße treiben mich, wie gewohnt, schon nach kurzer Zeit in den Wahnsinn. Schmerz muss man eben genießen – oder einfach aushalten. Die letzten zwei Kilometer nach Haukeli werden dann besonders schlimm, da es hier mit einem Gefälle von zwölf Prozent bergab geht. Als ich um halb drei völlig fertig in Haukeli vor dem kleinen Joker-Supermarkt stehe, sehe ich an der Bushaltestelle davor einen Bus von Nor-Way Bussekspress stehen. Ich laufe rüber zum Fahrplan und entdecke zu meiner

Freude, dass er gleich in Richtung Haukeliseter abfährt – Glück muss der Mensch haben! Eine halbe Stunde später nehme ich erleichtert mein erstes Paket auf dieser Reise in der DNT-Hütte aus den Händen der reizenden Rezeptionistin in Empfang.

In Haukeliseter ist richtig was los, denn an diesem Wochenende findet hier ein Folk-Music-Festival statt. Überall laufen Musiker in unterschiedlichsten Trachten mit ihren Instrumenten umher. Autos aus England, Irland und sogar von den Färöer-Inseln stehen vor der Tür, und am Abend finden verschiedene Konzerte im großen Saal statt. Ich verkrümele mich in den Schlafsaal und packe das Paket aus: Fertiggerichte, Schokolade, Müsliriegel, Schokoriegel, Trockenobst – viel zu viel Essen für den weiteren Weg auf der Straße, wo es reichlich Einkaufsmöglichkeiten geben wird. Am meisten freue ich mich über die neuen Stiefel. Sie sehen so schön sauber aus und riechen noch nach neuem Leder. Man möchte sie am liebsten ins Regal stellen und gar nicht benutzen. Die alten Stiefel werfe ich nicht einfach in den Müll, sondern gebe sie an der Rezeption ab. Sie kommen ins Lager für Wanderer, die eventuell mal einen Ersatzstiefel brauchen. Nachdem ich die Lebensmittel so verpackt habe, dass sie in den Rucksack passen, beschließe ich den Tag in der ruhigen Stube – mit einem grandiosen Blick auf den von schneebedeckten Bergen umgebenen See.

Am nächsten Morgen stehe ich schon sehr zeitig – mal wieder bei Nieselregen – an der Straße. Der Bus würde erst am Nachmittag zurück nach Haukeli fahren, deshalb habe ich beschlossen, es per Anhalter dorthin zu versuchen und von dort aus so schnell wie möglich weiterzulaufen. Die Sache hat nur einen Haken: Es ist früher Sonntagmorgen! Nicht unbedingt der perfekte Wochentag und die beste Tageszeit, um in Norwegen an der Landstraße zu stehen und auf eine Mitfahrgelegenheit zu spekulieren. Und erwartungsgemäß hält auch keines der wenigen Autos an. Kälte und Feuchtigkeit kriechen mir mittlerweile unter die Kleidung, und ich bin schon kurz davor aufzugeben, als ein Jeep mit gesetztem Blinker langsam neben mir ausrollt. Laut Nummernschild kommt er aus Paderborn, fast aus meiner westfälischen Heimat. Marcus vertreibt in Deutschland Echolote einer amerikanischen Firma und ist gerade auf der Rückreise vom Hardangerfjord, wo er zudem Angelreisen veranstaltet und betreut. Wieder einmal habe ich großes Glück – und noch dazu die Gelegenheit, mich mal wieder länger auf Deutsch zu unterhalten.

Wenig später stehe ich in Haukeli. Was heute und die nächsten Tage folgt, kenne ich schon: neunzig Kilometer beziehungsweise neun skandinavische Meilen auf der Straße in drei Etappen. Die Vorstellung gefällt mir gar nicht, besonders wenn ich den prall gefüllten Rucksack neben mir stehen sehe. Er platzt beinahe aus allen Nähten, als ich ihn mir auf den Rücken wuchte. Die Straße steigt steil an, und schon komme ich wieder ins Schwitzen. Wie eine Schnecke krieche ich zum Totak-See, der riesig ist und sich über fast zwanzig Kilometer Länge erstreckt. Eine gefühlte Ewigkeit laufe ich an seinem Ufer entlang und genieße die unglaublich schöne Landschaft. Auf der Wasseroberfläche glitzert die Sonne, der See ist von Wald und duftenden Wiesen umgeben. Überall blüht es, und das Wetter zeigt sich nach dem nassen Start heute Morgen nun wieder von seiner besten Seite. An einem Bootssteg mit Grillplatz, unweit der Straße, lasse ich mich nach dem langen Tag mit acht Wanderstunden für die Nacht nieder.

Noch ungefähr sechzig Kilometer liegen bis Rjukan vor mir. Da das Wetter auch am folgenden Tag traumhaft ist, rechne ich mir beim Frühstücken insgeheim aus, dass ich mit viel Glück und Durchhaltewillen schon morgen dort sein könnte. Das werde ich aber nur schaffen, wenn ich heute einen Marathon von etwa vierzig Kilometern hinlege. Nach einigen Kilometern schicke ich gegen Mittag in Rauland wieder ein paar Dinge nach Deutschland: Die Gamaschen und das Angelzeug benötige ich einfach nicht. An der Strecke gibt es außerdem mehrere Möglichkeiten zum Einkaufen, und so trinke ich insgesamt zweieinhalb Liter Cola. Das ist ein absoluter Rekord für mich und sicherlich nicht unbedingt gesund, dennoch kann ich mir im Augenblick nichts Besseres vorstellen. Selbst Profiradfahrer nutzen das oft kritisierte Getränk, um auf den letzten Kilometern vor dem Ziel noch einmal Energie zu tanken. Die große Menge an Zucker, die in der Cola enthalten ist, geht direkt ins Blut, und zusammen mit dem Koffein bekommt man einen richtigen Schub.

Trotz sengender Hitze und schmerzender Füße laufe ich wie in Trance die Straße entlang. Das Hotel in Skinnarbu habe ich mir als Tagesziel gesetzt, und da muss ich jetzt hin. Ausreden zählen nicht. Ob ich die Karte bewusst falsch gelesen habe oder einfach die Distanz nicht wahrhaben wollte – keine Ahnung. Vor allem die letzten Kilometer sind total frustrierend: Es geht immer nur geradeaus, und das Straßenende will einfach nicht näher kommen. Doch wieder einmal besiegt der Kopf den Körper. Die Aussicht auf Cola, frisches Wasser und vernünftige Toiletten treibt mich an. Es sind diese Brücken, die man sich in Gedanken baut, um so lange Tage zu überstehen. Als ich am Abend am Hotel in Skinnarbu mein Zelt aufschlage, bin ich total geschafft und will einfach nur noch schlafen.

Gegen Nachmittag erreiche ich am nächsten Tag endlich Rjukan, wo ich gleich mit der Besonderheit dieses Ortes konfrontiert werde. Der 1883 Meter hohe Gaustatoppen ragt weithin sichtbar über der Stadt auf. Der Berg ist mit seiner unverwechselbaren Kegelform eine echte Landmarke. Die Stadt Rjukan liegt tief in einem engen Tal, in das die Sonne von Oktober bis März nicht vordringt. Hier steht nicht nur die erste Hütte des DNT, die 1871 eröffnete Krokan Turisthytte, sondern hier entstand außerdem Anfang des 20. Jahrhunderts mit dem Vemork-Kraftwerk das seinerzeit größte Wasserkraftwerk der Welt. Deshalb siedelte sich ein großes Chemiewerk, die Norsk-Hydro-Werke, an, und aus einem kleinen Dorf, in dem nur einige Bauern lebten, wurde schnell eine Stadt mit 10 000 Einwohnern.

Im Zweiten Weltkrieg und durch den späteren britischen Spielfilm »Kennwort ›Schweres Wasser‹« erlangte der Ort einige Berühmtheit, denn hier befand sich die einzige europäische Fabrik, die vor dem Krieg dank des großen Wasserkraftwerkes schweres Wasser in größeren Mengen produzieren konnte, das man für die Forschung zur Kernspaltung benötigte. Somit hatten es die Deutschen, die ja mit Hochdruck an der Entwicklung der Atombombe arbeiteten, nach der Besetzung Norwegens natürlich auf diese Produktionsstätte abgesehen. Während des Krieges wurde das Werk dann von Amerikanern und Briten bombardiert und schließlich von Norwegern erfolgreich sabotiert, um zu verhindern, dass die Deutschen an das schwere Wasser gelangten. Einer der Saboteure war der Norweger Claus Helberg, der nach dem Krieg für den DNT gearbeitet hat. In vielen Hütten des DNT liegen deshalb seine Bücher aus, und jeder, der sich mit Wandern in Norwegen beschäftigt, wird unweigerlich über den Namen Claus Helberg stolpern. So auch in der Büchersammlung des Rjukan Gjestegård, des Hostels, in dem ich heute übernachte, bevor es morgen endlich wieder ins Fjell gehen soll.

Mein Plan sieht vor, durch die östliche Hardangervidda zu laufen. Das Problem daran ist, dass Rjukan im Tal liegt, die Wanderwege aber fünfhundert Höhenmeter weiter oben starten. Ich laufe also schon früh am Morgen zur Krossobanen. Die älteste Seilbahn Nordeuropas braucht für die Bergfahrt genau viereinhalb Minuten. Doch mogeln gilt nicht, und so überwinde ich die fünfhundert Höhenmeter über die 21 Serpentinen und den vier Kilometer langen Pfad in neunzig Minuten zu Fuß. Zwischendurch, als ich immer wieder die Kabel der Seilbahn unterquere und zu den Gondeln aufschaue, zweifle ich ernsthaft an meiner Zurechnungsfähigkeit. Aber oben angekommen, genieße ich die Aussicht über das Tal und das Gefühl, aus eigener Kraft hier hochgekommen zu sein.

Weiter geht es durch eine tolle Fjelllandschaft zur Helberghytta, den Namensgeber dieser DNT-Hütte erwähnte ich ja bereits. Meine Füße schmerzen wieder fürchterlich, und irgendwie läuft es heute nicht so richtig rund. Deshalb entscheide ich mich für ein bewährtes Rezept: Ich bleibe einfach hier, esse eine Dose Ananas und mache es mir in der Hütte gemütlich.

Sonne und leichter Wind machen den nächsten Tag zu einem angenehmen Wandertag. Mein Plan geht auf, von Schnee ist in dieser Gegend nichts mehr zu sehen. Die Landschaft ist offen und weit, große Seen liegen am Weg, der hier gut zu gehen ist. Die Nacht möchte ich in der DNT-Hütte Kalhovd verbringen. Diese Hütte wird im Sommer bewirtschaftet und kann mit dem Auto über einen Schotterfahrweg erreicht werden. Zu meiner Überraschung treffe ich dort einige Norweger, die die Hütte für die Saison vorbereiten, welche am nächsten Tag beginnt.

Als ich am Abend mit meinem Telefon Empfang habe, checke ich kurz die Internetseite von Martin – er müsste ja in der Zwischenzeit schon wieder einige Kilometer zurückgelegt haben. Doch seit ein paar Tagen scheint er ernste Probleme zu haben. Die Bedingungen sind wohl extrem schwierig, und zu allem Überfluss hat er sich noch eine Entzündung im Bein eingehandelt, die nicht abklingen will. Martin hat sich deshalb dazu durchgerungen, seine Tour abzubrechen. Er kommt einfach nicht mehr weiter, die Gesundheit geht vor. So viel Vorbereitung und Anstrengungen sind also offenbar ziemlich für die Katz gewesen! Es tut mir unendlich leid für ihn, die Nachricht wühlt mich innerlich auf. Zweifel kommen wieder hoch. Mache ich alles richtig? Habe ich die passende Strategie? Den nötigen Durchhaltewillen? Und vor allem, das notwendige Quäntchen Glück mit der Gesundheit? Es dauert lange, bis ich endlich einschlafe und das Ende von Martins »Norge på langs«-Traum mich einigermaßen loslässt.

Als ich am nächsten Morgen Kalhovd nach einem leckeren Frühstück als erster Gast der Saison verlasse, habe ich mich ein wenig von der Nachricht erholt. Es geht von nun an weiter hinein in die Hardangervidda. Das Wetter bietet eine dramatische Kulisse: Der Himmel hängt voller Wolken, es ist recht kühl, und von Zeit zu Zeit fällt Regen. Die Bäche führen wie erwartet reichlich Wasser, doch alle Furten sind problemlos zu durchqueren, ich muss nicht einmal die Stiefel ausziehen. Auch eine der Sommerbrücken ist noch nicht aufgebaut, von Stein zu Stein hüpfend, komme ich aber gut über diesen Bach. Mit Zwischenstopp in der DNT-Hütte Mårbu, in der ich übernachte, laufe ich nach Rauhelleren. Diese große und im Sommer bewirtschaftete Hütte liegt am riesigen lang gezogenen Langsjøen und ist weithin sichtbar. Etwas gemein: Direkt nach einer Pause sehe ich die Hütte bereits, doch ich benötige noch über zwei Stunden, bis ich dort ankomme. Allerdings verkürzt mir der Ausblick auf den See die Zeit: Die Landschaft ist einfach überwältigend, und mit der weiten Sicht habe ich das Gefühl, mal so richtig durchatmen zu können. Ich genieße diesen Moment und bin einfach nur glücklich. Solche Empfindungen, die diese Landschaft bei mir auslöst, werden mich nie loslassen, ganz im Gegenteil, sie machen mich süchtig.

Von Rauhelleren geht es in den nächsten beiden Tagen über die noch geschlossene Heinseter-Hütte nach Tuva und weiter bis zum Wintersportort Geilo. In Heinseter bin ich kurz versucht, zu bleiben, denn die Betreiber haben vergessen, nach der Ostersaison den Getränkevorratsraum abzuschließen. Dort stapeln sich Cola und Bier im Überfluss. Doch mein Gewissen und meine gute Erziehung erlauben mir nur einen kurzen Gedanken daran, mir dort einen schönen Abend zu machen, schließlich lockt der unter Wintersportlern sehr beliebte Ort Geilo, wo ich in der Jugendherberge einen Ruhetag einlegen will.

In Geilo entdecke ich zu meiner Überraschung eine bekannte norwegische Pizzakette, die mittags mit einem günstigen All-you-can-eat-Buffet lockt. Ich nehme mir vor, mir dort am nächsten Tag ein reichhaltiges Mittagessen zu gönnen – schon allein bei dem

Gedanken daran läuft mir das Wasser im Mund zusammen! Zwei Kilometer weiter, etwas außerhalb von Geilo, erreiche ich schließlich die Jugendherberge. Mit einer heißen Dusche und Cola, Chips und Spaghetti zum Abendessen fülle ich meinen leergelaufenen Tank wieder auf. Die neu gewonnene Energie zaubert mir ein zufriedenes Lächeln ins Gesicht. Später treffe ich im Waschraum auf Nico aus Kiel, der zusammen mit einer Freundin in der Hardangervidda unterwegs war. Spontan laden sie mich zu Dosenbier und Hotdogs ein. Sie berichten von den harten Verhältnissen, die sie aufgrund der Schneeschmelze weiter westlich vorgefunden haben, und von großen Umwegen, die sie dort in Kauf nehmen mussten. Es ist schön, sich bei einem Bier mit den beiden zu unterhalten, und wir verabreden uns gleich für morgen zum Pizzawettessen in der Stadt.

DER DÜMMSTE NPL-WANDERER ALLER ZEITEN
Geilo – Tyin

Nach einem sehr erholsamen Ruhetag in Geilo, an dem ich mir mit Nico und seiner Freundin mittags ordentlich den Bauch mit Pizza und Salat vollgestopft habe, breche ich am nächsten Morgen gleich nach dem Frühstück auf. Durch eine Unterführung passiere ich die Gleise der Bergenbahn, die direkt an der Jugendherberge vorbeiführt und mich die letzten beiden Nächte mit unendlich langen Güterzügen gequält hat. Es geht über eine Schotterpiste bergan. Häuser und Hütten lichten sich. Nach ein paar Kilometern und dreihundert Höhenmetern laufe ich kurz über einen Höhenzug durchs Fjell, bevor der Wald mich verschluckt und nach dreieinhalb Stunden auf der anderen Seite wieder im Tal in der Ortschaft Hovet ausspuckt.

Der Nieselregen treibt mich hinein in den örtlichen Supermarkt, wo ich ein paar Leckereien und vierhundert Gramm der fabelhaften Walters-Mandler-Schokolade besorge. Sicher ist sicher, der nächste Supermarkt wird erst sechs Tage später in Tyinkrysset kommen. Besonders die Schokolade ist ein Traum für alle Wanderer: feinste Milchschokolade, gespickt mit gerösteten und gesalzenen Mandelsplittern. Der Schweizer Walter Hübner kam in den Sechzigerjahren nach Norwegen und arbeitete für den Süßwarenhersteller Freia. Eines Tages hatte er die großartige Idee, einfach ein paar Mandelsplitter mit in die Schokolade zu geben – eine Kreation, die nicht nur Norweger bis heute glücklich macht.

Etwas unentschlossen lasse ich mich nach meinem Einkauf in der Kaffee-Ecke nieder. Irgendwie finde ich diese kleinen Sitzecken in den ländlichen Supermärkten hier in Norwegen ganz wunderbar. Oft sind es nur ein, zwei Bistrotische mit ein paar einfachen

Stühlen. Es gibt die örtliche Tageszeitung und günstigen Filterkaffee für ein paar Kronen. Man trifft sich hier zum Klatsch nach dem Einkaufen oder wenn man auf den Schulbus mit den Kindern wartet. Erst nach anderthalb Stunden kann ich mich von diesem behaglichen Fleck losreißen, und ich schaffe immerhin noch zwölf Kilometer auf der Schotterpiste, die mich hoch ins Fjell bis kurz vor den Staudamm des großen Stolsvatnet führt. Im Windschatten einer Ferienhütte schlage ich mal wieder mein Zelt auf.

Am nächsten Tag wartet ein kleiner Umweg auf mich: Der Pfad entlang des Seeufers zieht sich, Wolken erschweren mir die Sicht, und ich traue mich nicht, den direkten Weg über den vierhundert Meter höher gelegenen Grevskardet-Bergrücken zur Iungsdalshytta zu gehen. Statt über den Bergrücken laufe ich weiter entlang des Seeufers. Dieser Weg ist länger und schlängelt sich um eine große Bucht, die ich ansonsten nicht hätte komplett umlaufen müssen. Es dauert eine Weile, bis die DNT-Hütte endlich auf der anderen Seite der Bucht vor mir auftaucht. Sie ist malerisch gelegen oberhalb des Sees, und hinter dem Haus rauscht ein reißender Bach mit lautem Getöse hinunter zum Ufer.

Während ich langsam darauf zulaufe, sehe ich ein paar Leute davor herumwerkeln. Die Frauen und Männer bereiten die Hütte für die Saison vor. *Dugnad* heißt diese freiwillige Arbeit auf Norwegisch und ist vergleichbar mit unserem Ehrenamt. Es ist zutiefst norwegisch, sich für andere und die Gesellschaft einzusetzen, und so gibt es zu jeder DNT-Hütte auch eine *dugnad*-Gruppe. Sofort werde ich von ihnen umringt. Ein älterer hagerer Herr mit weißen Haaren und vielen bunten Farbklecksen auf der Hose fragt mich aus, während mir die anderen anerkennend mit einem Lächeln zunicken. Im Gegenzug erkundige ich mich, was die Frauen und Männer hier machen und ob ich hier die Nacht verbringen kann. Der ältere Mann verweist mich an den Hüttenwart in der Haupthütte, die ab morgen den Sommer lang bewirtschaftet wird. Ich bekomme einen Platz in der Selbstbedienungshütte, die in der Nebensaison die Wanderer aufnimmt.

Die Iungsdalshytta ist weithin bekannt für ihr gutes und lokal produziertes Essen. Im Sommer weiden hier Kühe, Schafe und Ziegen, es gibt frische Milch, und Käse wird auch hergestellt. Spontan nehme ich das Angebot an, gemeinsam mit den Helfern zu Abend zu essen. Es sind noch zwei weitere Wanderer hinzugekommen, ein Vater mit seinem erwachsenen Sohn, und wir quetschen uns alle auf das Sofa, das in einer Ecke der Stube steht, die nicht wegen des frisch gestrichenen Mobiliars mit Papier ausgelegt ist. Der Couchtisch ist mit Geschirr gedeckt, das das typische DNT-Logo mit dem markanten roten »T« trägt. Darauf werden duftende Terrinen mit Lammleber und Elchfleisch in Rahmsoße serviert. Ich verdrücke drei oder vier Portionen, bevor im Anschluss noch ein Tortenständer, randvoll mit Waffeln, auf den Tisch kommt. Dazu gibt es Kaffee.

Nach den vielen einsamen Wandertagen kann ich die Gesellschaft richtig genießen, und es macht Spaß, mich mit den anderen zu unterhalten. Vor allem die Gespräche mit Karl junior und Karl senior, den beiden Wanderern, drehen sich immer wieder um die Ausrüstung. Tatsächlich habe ich mich vor der Tour lange mit diesem Thema beschäftigt, denn auf früheren Wanderungen habe ich oft zu viel mit mir rumgeschleppt. Bei meiner NPL-Tour war mir wichtig, mit weniger Gewicht auf dem Rücken unterwegs zu sein. Dabei wollte ich aber unbedingt beachten, dass eine leichte Ausrüstung nie zulasten der Langlebigkeit geht.

Bereits bei der fünfwöchigen Tour durch Norwegen im Jahr zuvor konnte ich Erfahrungen mit einer längeren Wanderung sammeln. Was brauche ich wirklich? Worauf kann ich verzichten? Wo kommt Komfort vor Gewicht? Jeder, der mit Langstreckenwanderungen beginnt, fängt meist mit einer einfacheren Ausrüstung an. Die ist in der Regel nicht ganz so teuer, schließlich weiß man ja noch nicht, ob das wirklich etwas für einen ist. Und sie ist meist auch schwerer, die Faustregel »leicht = teuer« kommt da durchaus zum Tragen. Mit der Zeit wollte ich Gewicht einsparen, und so investierte ich deutlich mehr Geld in leichtere Ausrüstung.

Dabei sind mir einige Fehlkäufe unterlaufen. Einmal habe ich mir zum Beispiel ein Zelt besorgt, das zwar schön leicht war, in dem ich aber weder meine Ausrüstung komplett verstauen noch kochen konnte. Ich nahm dann bei der nächsten Tour wieder mehr Gewicht in Kauf, hatte dafür aber im Zelt viel Platz und konnte darin bequem kochen. Jeder muss da seine eigenen Erfahrungen machen und für sich die richtige Entscheidung treffen. Der eine legt den Fokus auf ein möglichst geringes Gewicht, dem anderen sind Langlebigkeit und Komfort wichtiger. Und sicher hat nicht jeder das nötige Kleingeld zur Verfügung, um sich immer die modernste und angesagteste Ausrüstung zuzulegen.

Für meine »Norge på langs«-Tour sollte der Preis jedoch nicht im Vordergrund stehen, denn die Ausrüstung muss immerhin 120 Tage ohne Ausfälle funktionieren. Es wäre schließlich fatal, wenn ich beim ersten leichten Wintereinbruch frierend in einem unpassenden Schlafsack liege. Meine Packliste las sich deshalb wie das »Who is Who« der Outdoorbranche, allerdings gab ich nach Möglichkeit skandinavischen Marken den Vorzug.

Einige Dinge sollten leichter als bisher werden. So entschied ich mich für eine neue Regenjacke sowie ein neues Zelt. Auch ein leichterer Kocher wurde ergänzt. Unzählige kleinere Ausrüstungsgegenstände habe ich bei kürzeren Probetouren auf ihre Tauglichkeit und Eignung hin getestet und ersetzt, wenn sie meine Erwartungen nicht erfüllt haben. Trotzdem habe ich bis zum Tag meiner Abreise immer wieder überlegt, ob ich zum Beispiel unbedingt eine Thermoskanne brauche. Oder ob ich einen langärmeligen Pulli mehr einpacken sollte? Auf die Thermoskanne habe ich schließlich verzichtet, der wärmende Pulli wurde unterwegs zu einem meiner liebsten Kleidungsstücke.

Nach dem Abendessen bin ich pappsatt. Es ist schon spät, und immer wieder fallen mir die Augen zu. Ich verabschiede mich aus der Runde und begebe mich mit einem zufriedenen Lächeln Richtung Bett. Auf der Küchenablage zwischen meinen Sachen finde ich eine Flasche Cola, die vorher noch nicht da stand. Sie kann nur von den beiden Wanderern stammen, so angeregt wie wir uns über hochkalorisches Essen unterhalten haben. Ich freue mich über diese nette Geste und die Anerkennung für meine Tour – sie kennen selbst die Gelüste nach Cola.

Im Tour-de-France-Jargon würde man die Strecke des nächsten Tages wohl als »Königsetappe« bezeichnen: Es geht auf das Dach der Tour! Mit 1700 Metern über dem Meer erwartet mich die höchste Stelle der gesamten Wanderung. Das Ziel des Tages, die Hütte Bjordalsbu, liegt auf immerhin 1580 Metern. Höher werde ich nicht übernachten. Mit Vorfreude und Respekt schultere ich nach einem reichhaltigen Frühstück meinen Rucksack und verabschiede mich. Karl junior und senior, die gestern aus dieser Richtung kamen, haben von großen Schneefeldern und angeschwollenen Bächen berichtet. Der Weg sei bei schlechtem Wetter etwas schwierig zu finden …

Gleich zu Beginn erreiche ich ein Hochtal, in dessen Talboden sich ein großer See befindet. Eine schroffe Wand, durchzogen von Schneefeldern, ragt auf der anderen Talseite auf. Sie wird von einem gewaltigen Wasserfall durchschnitten, der den See mit eiskaltem Wasser speist. Sonne und Wolken wechseln sich ab, wodurch die Kulisse noch spektakulärer wirkt, als sie ohnehin schon ist. Die Steinmännchen, die die Wege markieren, führen mich allmählich immer höher hinauf und um weitere Seen herum – teils auf brüchigen Schneefeldern, neben denen es steil nach unten geht.

Für mich läuft es heute richtig gut, und ich tauche in die Landschaft ein, genieße jeden Moment, obwohl es anstrengend ist. Als ich über eine Kuppe komme, stockt mir allerdings der Atem: Vor mir tut sich ein riesiges Schneefeld auf, das wie eine Art Rampe in dem rund hundert Meter unter mir liegenden, noch teilweise mit Eis bedeckten See endet. Wenn ich darauf ausrutsche, werde ich geradewegs in den See schießen. Aber ich habe keine Wahl, ich muss in dem Schneefeld absteigen, um am Rand des Sees über einen Bach zu gelangen. Laut Karte geht dort nämlich mein Weg weiter.

Aus der Erfahrung weiß ich, dass Schneefelder, sofern sie einen tragen, einen guten Weg abgeben können. Also setze ich vorsichtig den ersten Fuß in den Schnee und quere langsam den steilen Hang. Ein Hochgefühl stellt sich ein. Herausforderung, Anstrengung und der Wille zum Weitergehen verleihen mir in dieser Umgebung Flügel. Der Schnee knirscht und schmatzt unter meinen Füßen, und bald habe ich den Bach erreicht. Hier wird es allerdings richtig knifflig: Die abgebrochenen Schneefelder führen direkt bis an den Bach heran und sind von diesem unterspült worden. Wenn ich nicht aufpasse, breche ich durch und werde klatschnass. Nach wenigen Minuten finde ich jedoch eine geeignete Stelle, an der ich mich von Stein zu Stein vorsichtig über den Bach hangeln kann. Trockenen Fußes erreiche ich froh und erleichtert die andere Seite. Nun geht es hoch zum Pass auf 1700 Metern – die reinste Plackerei. Die Schneefelder sind schon ordentlich zusammengeschmolzen, ich breche immer wieder ein und fluche wie ein Rohrspatz vor mich hin. Nach dem Schnee folgt ein Feld mit Blockwerk, also große Fels- und Gesteinsbrocken, bevor ich endlich die Passhöhe erreiche. Die Fernsicht von hier oben ist grandios, man kann sich gar nicht sattsehen daran. Ich halte einen Moment inne, und Euphorie und Glücksgefühle durchströmen meinen Körper. Das Hier und Jetzt ist einfach unbeschreiblich schön. Die Zeit scheint sich aufzulösen, und alles wird irgendwie unwichtig.

Der Wind frischt auf und treibt mich weiter voran. Es gilt noch ein paar kleinere Schneefelder und Bäche zu überwinden, bevor ich vor einem Schneefeld, das auf der Karte als kleiner vergletscherter Bereich ausgewiesen ist, erneut zum Stehen komme. Es bildet eine lang gezogene und leicht geschwungene Rampe von einigen Hundert Metern Länge hinunter zu einem See, dem noch komplett von Eis bedeckten Bjordalsvatnet, an dessen Ufer ich weiter zur Hütte gelangen werde. Ich könnte hier den ganzen Tag stehen, setze meinen Weg aber rasch fort, denn dunkle Wolken ziehen auf, und das Wetter verschlechtert sich. Beim Überqueren des Schneefelds bekomme ich das Grinsen nicht mehr aus dem Gesicht. Ich werde immer selbstsicherer, und kurz darauf kommt die Hütte in Sicht. Über glitschige Felsen gelange ich zu einem Bach, den ich noch überqueren muss. Die improvisierte Brücke aus Holzbalken wurde vom Schmelzwasser zerschmettert. Da der Bach ziemlich breit ist, dauert es etwas, bis ich den richtigen Weg finde und geradewegs auf mein Ziel zusteuern kann.

Die Bjordalsbu-Hütte liegt wunderschön und ist recht groß. Als Erstes kommt der Rucksack in eines der leeren Zimmer, und dann ziehe ich mir frische Kleidung an. Es dauert etwas, bis der Ofen in Schwung kommt und die Hütte mit heimeliger Wärme erfüllt. Ein reichhaltiges Abendessen bringt schnell meine Kräfte zurück, und zum krönenden Abschluss trinke ich die Cola von Karl senior und junior, die ich extra dafür hier hochgeschleppt habe. Im Hüttenbuch lese ich die Eintragungen von anderen NPL-Wanderern: von Villem aus Belgien, mit dem ich mich vor meiner Tour ausgetauscht habe; und auch von meinem Kumpel Ulrich, der hier auf seiner ersten Tour im Winter Station gemacht hatte. Im Winter hier zu sein muss unfassbar schön sein, denke ich und schlafe kurz darauf zufrieden ein.

Gegen acht Uhr verlasse ich mein gemütliches Bett, um draußen das Klohäuschen anzusteuern. Der Blick aus dem Fenster verheißt nichts Gutes: Die Wolken hängen tief – fast bis zur Hütte –, und es wirbeln Schneeflocken umher. Die Aussichten versprechen einen spannenden Abstieg hinab ins Tal. Nach dem Frühstück mache ich mich daran, meine Sachen zusammenzusuchen. Plötzlich steigt Panik in mir auf, Schweißtropfen bilden sich auf meiner Stirn: Wo ist mein Zelt? Die ganze Ausrüstung ist da, alles liegt vor mir auf dem Bett: die farbigen Packbeutel mit der Kleidung und den kleineren Dingen, der Schlafsack und die herausgesuchten Klamotten für den Tag. Hektisch suche ich das Zimmer ab, gestern war das Zelt doch die ganze Zeit hinten am Rucksack befestigt! Wo soll es denn schon hin sein? Ich stelle die komplette Hütte auf den Kopf. Mein Hals wird immer trockener. Was, wenn ich das Zelt gestern unterwegs verloren habe?

Ich muss mich sammeln und überlegen, zwinge mich, Ruhe zu bewahren. In der Hütte ist das Zelt jedenfalls nicht, ich habe alles doppelt und dreifach abgesucht. Somit bleibt nur die Erklärung, dass ich es tatsächlich unterwegs verloren habe. Schlagartig wird mir bewusst, dass ich es nicht ausreichend außen am Rucksack gesichert habe. Bei den unzähligen Sprüngen von Stein zu Stein über die Bäche muss es sich irgendwie gelöst haben. So schwer, wie der Rucksack ist, fällt das kaum auf, das Zelt wiegt ja ohne Gestänge und Heringe nur 1,5 Kilo. Was soll ich jetzt bloß machen? Wo soll ich heute unterkommen? Der private Gasthof, an dem ich später vorbeikomme, hat vermutlich noch nicht geöffnet.

Völlig kopflos ziehe ich meine Klamotten an und springe in die Stiefel. Dabei vergesse ich sogar, die Einlegesohlen in die Schuhe zu stecken. Ohne den Notfallsender oder das Handy in der Jackentasche zu haben, haste ich nach draußen in das Schneegestöber. Zuerst muss ich einen eiskalten und dreißig Meter breiten Bach überqueren, um dann zwischen all den Felsen, dem Geröll und dem Schnee nach meinem Zelt zu suchen. Ich kann mich aber nicht mal mehr genau daran erinnern, woher genau ich gestern gekommen bin. Ratlos laufe ich den vermeintlichen Weg zurück. Verdammt, was, wenn es in einen Bach gefallen ist oder über eines der riesigen Schneefelder in einen der Seen gerutscht ist? Das Wetter wird immer schlechter und setzt mir zu. Nach einer Stunde wird mir die Aussichtslosigkeit meiner Suche bewusst. Das Zelt ist nicht zu finden, es ist weg. Spurlos verschwunden.

Die Erkenntnis ist bitter, ich bin den Tränen nahe. Das Zelt war mein einziger richtiger Wetterschutz für den Fall, dass ich draußen übernachten muss. Ziemlich rüde fluche ich auf dem Rückweg zur Hütte vor mich hin. Schuldzuweisungen und viele nicht druckreife Worte fallen. Aber wem außer mir selbst kann ich dafür einen Vorwurf machen? Ich bin einfach nur saublöd und viel zu blauäugig. Hätte ich doch besser darauf aufgepasst!

Zurück in der warmen Stube überlege ich, wie es jetzt weitergehen soll. Ich schreibe eine Notiz und hänge sie in der Küche auf, vielleicht findet ja jemand das Zelt. Den Rest meiner Ausrüstung verstaue ich im Rucksack. Zehnmal versichere ich mich, dass ja nichts liegen geblieben ist. Die Tür der Hütte fällt ins Schloss, und ich drehe den Schlüssel um – jetzt kann ich nur noch auf mein Glück und nette Menschen hoffen. Entweder ist unten die private Hütte schon offen, und ich kann mir von dort aus ein neues Zelt organisieren, oder ich stelle mich an die Straße und trampe nach Hemsedal – oder wohin auch immer … Mehr lässt das Chaos in meinem Kopf gerade nicht zu. Dass ein neues Zelt mich hier in Norwegen bis zu 500 Euro kosten wird, darüber möchte ich gerade nicht nachdenken.

Der Abstieg lässt keinen Spielraum für dunkle Gedanken. Aufgrund des nasskalten Wetters sind die Felsen und das Geröll gefährlich glatt. Nachlässigkeit ist jetzt völlig fehl am Platz. An einem Fluss entdecke ich durch den umherwirbelnden Schneeregen in einigem Abstand zwei Angler mit einem Hund. Eine unwirkliche Szenerie. Um mich herum sieht es aus wie in Mordor, diesem düsteren schwarzen Land aus J. R. R. Tolkiens Fantasy-Klassiker »Herr der Ringe«.

Der Weg verliert allmählich an Höhe, und plötzlich stehe ich vor einem Schild, das direkt vor einer gewaltigen Schneebrücke steht: »Achtung – Lebensgefahr!« Unterhalb des Schildes schießen seitlich gewaltige Wassermassen aus einem gurgelnden schwarzen Schlund. Die Seen werden hier anscheinend für die Stromerzeugung reguliert und sind über Tunnel miteinander verbunden. Der Tunnelausgang hat einen Durchmesser von mehr als fünf Metern, und ich muss ihn irgendwie überqueren. Die Schneewechte, die es dafür zu passieren gilt, liegt direkt über dem Tunnelausgang. Jetzt nur nicht ausrutschen, sonst wird es richtig ungemütlich! Zum Glück sehe ich einige Spuren im Schnee, an denen ich mich orientieren kann.

Kurz darauf habe ich es geschafft, ich stehe auf der anderen Seite und folge dem Fluss, der von diesem gewaltigen Wasserstrahl gespeist wird. Von nun an wird es freundlicher. Die Glöckchen von Schafen sind überall zu hören, mehr und mehr übernehmen grüne Flächen die Oberhand, und ich gelange weiter talwärts. Als sich das Tal öffnet, kann ich die Straße mit der privaten Breistølen-Hütte in der Ferne entdecken. Ich kneife die Augen zusammen und sehe durch meine mit Regentropfen besprenkelte Brille eine norwegische Fahne im Wind wehen – das sichere Zeichen dafür, dass jemand da ist.

Um 14.30 Uhr drücke ich tatsächlich die Klinke zur Hütte hinunter, trete ein und stehe wie ein begossener Pudel im Eingang. Die Wirtin schaut mich verwirrt an. Um mich herum bildet sich eine Pfütze auf dem Boden. Mir läuft das Wasser aus den klatschnassen Haaren, meine Brille beschlägt sofort. Ich muss mich setzen und stammele aufgelöst etwas von »verlorenem Zelt« und »ich bin so ein Idiot«. Erst ein dampfender Kaffee kann mich etwas beruhigen, und ich berichte von meiner Tour und meinem Problem. Ich hätte riesiges Glück, versichert mir die Wirtin der alten Kutschstation. Heute sei der erste Tag der Saison, und sie habe gerade erst wieder für den Sommer aufgesperrt.

Sofort überlegt sie, wie sie mir helfen kann. Wir informieren per Telefon die Iungsdalshytta, falls jemand das Zelt finden und abgeben sollte. In Hemsedal, dem nächsten größeren Ort, gibt es auf jeden Fall einige Sportgeschäfte. Ein paar Telefonate später habe ich den Vertreter eines Zeltherstellers an der Strippe, der bereit ist zu helfen und mir sogar dreißig Prozent Nachlass auf seine Zelte einräumt. Dafür müsste ich aber nach Hemsedal, was eigentlich nicht auf meiner Route liegt. Die Wirtin bietet mir an, mich zu fahren. Ich will darüber nachdenken, bedanke mich bei dem Mann und versichere ihm, mich noch einmal zu melden, wenn ich das Angebot annehme.

Beim Studieren der Karte kommt mir noch eine andere Idee: Die nächsten zwei Tage könnte ich ohne Zelt von Hütte zu Hütte nach Tyinkrysset gehen, das sich auf meiner Strecke befindet. Von dem kleinen Ort aus gibt es Busverbindungen nach Fagernes zu Julia oder nach Øvre Årdal hinab zum Fjord. Dort würde ich ganz sicher ein Sportgeschäft finden, das weiß ich noch von einer Tour im letzten Jahr. Im Internet finde ich ein paar Telefonnummern, die ich der Reihe nach anrufe. Mein Herz klopft, als mir die Verkäuferin in Øvre Årdal mitteilt, dass sie genau das Zeltmodell hat, das ich bisher benutzt habe und mittlerweile so sehr zu schätzen weiß. Sie verspricht mir hoch und heilig, es für mich zurückzulegen und mir einen Rabatt von 25 Prozent zu gewähren. Bei dem Preis von 3000 Kronen muss ich dennoch schlucken, das sind umgerechnet etwa 420 Euro. Aber ich habe keine andere Wahl, mein Plan steht fest. Der Tag ist jedenfalls erst mal gelaufen. Ich nehme mir ein Zimmer und verziehe mich unter die heiße Dusche.

Meine eigene Dummheit geht mir nicht mehr aus dem Kopf. Über mein Handy schreibe ich mir später in einem Blogbeitrag meinen Frust von der Seele und offenbare mich allen, die meine Tour verfolgen. Die Rückmeldungen lassen nicht lange auf sich warten. Von der befürchteten Häme ist allerdings keine Spur, alle versuchen mich aufzubauen und zu trösten. Martin ist mittlerweile in die Schweiz zurückgekehrt und hat mir ebenfalls geschrieben:

Hallo Simon! Das hat nichts mit Doofheit zu tun. Wer mit einem solchen Hausratsungetüm am Rücken rumläuft, dem können solche Sachen passieren. Du wirst wieder ein Zelt bekommen, und dann wirst du lauthals darüber lachen können. Und freue dich schon jetzt darauf, das nach Abschluss deiner Tour als eine lustige Anekdote an den Mann/die Frau bringen zu können!
God tur fra Sveits

Hoffen wir, dass er recht behält. Mir fehlt im Moment der Glaube daran.

Nach einer unruhigen, von Zweifeln geplagten Nacht schleiche ich müde zum Frühstück. Als ich danach meine Rechnung bezahlen will, muss ich stutzen.
»Das macht 200 Kronen«, sagt die Wirtin.
»Bitte was? Das muss doch viel mehr sein?«, antworte ich ungläubig.
»Nein, das geht schon in Ordnung!«, entgegnet mir die Wirtin und reicht mir noch ein Paket mit frischen Waffeln. Der Kaffee und die belegten Brote gestern sowie das Frühstück heute gehen aufs Haus. Immer wieder bedanke ich mich für ihre Hilfe. Ich muss ja einen ziemlich niedergeschlagenen Eindruck gemacht haben, denke ich. Mit einem Plan und frischen Waffeln im Gepäck geht es hinein in den neuen Tag.
Die Bergregion von Skarvheimen zieht mich sofort in ihren Bann: Alles ist hier etwas roher, felsiger und schroffer. Es geht ständig auf und ab, und das Wetter zeigt sich heute von seiner besten Seite. Langsam gewinne ich mein Lächeln zurück. Während der ersten Pause genieße ich neben der überragenden Aussicht auf die fernen Berge Jotunheimens die leckeren Waffeln.
Als wenig später eine große Herde Rentiere meinen Weg kreuzt, verlässt mich kurz die Konzentration. Das Resultat ist ein abgebrochener rechter Trekkingstock. Prima, dann muss ich mir im

Sportgeschäft also auch noch einen neuen Trekkingstock besorgen! So schnell kann es gehen, wenn man nicht aufmerksam ist.

Das letzte Stück bis zur Hütte führt um einen See herum und zieht sich wieder in die Länge. Zu meiner Überraschung trudeln am Abend noch zwei Angler ein. Sie laden mich zu einem fabelhaften zweiten Abendessen ein, das sie extra mitgebracht haben und ein Resultat der letzten Jagdsaison ist: Es gibt selbst geschossenen Hirsch in Rahmsoße mit Kartoffeln und Preiselbeeren! Zum Dank erzähle ich ihnen die Geschichte vom dümmsten NPL-Wanderer aller Zeiten, der es tatsächlich geschafft hat, unbemerkt sein Zelt zu verlieren. »Kein Scheiß, echt wahr, watt für 'ne Story!«, würde man daheim im Pott anfügen, um so den Wahrheitsgehalt der Geschichte zu untermauern.

Um Punkt zwölf Uhr am nächsten Tag erreiche ich Tyinkrysset. Heute geht es um alles oder nichts, ein neues Zelt muss her! Leider versagt mein Glück, als ich versuche, jemanden zu finden, der mich mitnimmt. Egal ob an der Tankstelle oder direkt an der Straße, keiner hält an oder fährt in Richtung Øvre Årdal. Ich beiße also in den sauren Apfel und nehme um 14 Uhr den Bus. Wer jemals die Strecke von Tyin nach Øvre Årdal mit dem Bus gefahren ist, wird sie nur schwer vergessen können. Die Straße führt in ausgesetzten Serpentinen steil hinab zum Fjord. Die Tunnel sind zum Teil einspurig, und ständig kommen dem Bus Wohnwagengespanne entgegen. Der Busfahrer muss Nerven aus Stahl haben.

Nachdem ich angekommen bin, eile ich direkt zum Sportgeschäft. Mir bleibt nicht viel Zeit, denn der Bus fährt schon bald wieder zurück. Ich frage gleich nach dem zurückgelegten Zelt, und eine ältere Dame holt es aus dem Lager. Es ist tatsächlich das gleiche Modell, das ich bis vor Kurzem noch besessen habe. Der Preis treibt mir allerdings kalten Schweiß auf die Stirn. Die neuen Wanderstöcke müssen warten, die will ich mir schlicht und ergreifend im Moment nicht leisten. Sehr zögerlich schiebe ich meine

Kreditkarte über den Tresen. Als ich unterschreibe, zittern meine Finger, und ich bin kurz davor, in Tränen auszubrechen. Mitleidig schenkt mir die Verkäuferin noch ein Paar Socken. Es hilft ja nichts, ich brauche das Zelt! Und wenn man etwas verbockt hat, muss man dafür geradestehen, so haben mir das meine Eltern beigebracht.

Um 376,94 Euro ärmer, das wird die Abrechnung später ausweisen, verlasse ich deprimiert und zugleich einigermaßen glücklich den Laden. Immerhin ist mir der Umrechnungskurs wohlgesinnt, nur weiß ich das in dem Moment noch nicht. Sicher vertäut – man lernt ja aus seinen Fehlern –, befestige ich das Zelt außen an meinem Rucksack. Danach spurte ich noch zum Supermarkt, wo lauter Frustessen in meinen Einkaufswagen wandert. Wenig später sitze ich wieder im Bus Richtung Tyin. Oberhalb von Tyinkrysset suche ich mir im Fjell, direkt am Ufer des Tyin-Sees, einen Zeltplatz. Beim Aufbau meiner neuen Errungenschaft entdecke ich auf einem Schild, dass das Zelt vor vier Jahren produziert wurde. Aufgrund der Lagerung sind zwei Folien etwas verklebt, und ich finde zwei kleine Löcher direkt im Giebel. Das Gestänge ist auch zu lang, das hatte diese ältere Baureihe so an sich, wie ich aus einem Internetforum weiß. Nach dem Flicken mache ich es mir schließlich in meinem »Youngtimer« gemütlich. Immerhin hat es geklappt: Ich besitze ein neues Zelt!

In einer Mischung aus Frust und Zufriedenheit lasse ich bei Bockwürstchen und einer riesigen Tüte Kartoffelchips den Tag Revue passieren.

OSTWÄRTS DURCH DAS HEIM DER RIESEN
Tyin – Furuhaugli

Meine Erleichterung über das neue Zelt ist auch am nächsten Tag immer noch groß, die gesamte Aktion hat mir einige graue Haare beschert. Hoffentlich verliere ich nicht noch irgendetwas, mein Budget ist nun stark angeschlagen, mehr Doofheit kann ich mir einfach nicht leisten.

Heute möchte ich bis zur Fondsbu-Hütte in Eidsbugarden laufen, einer sehr bekannten Unterkunft des DNT im Herzen Jotunheimens. Mit ihrer dunkelroten Holzfassade bildet sie einen starken Kontrast neben dem wunderschönen Bygdin-See, der mit seinem grün schimmernden Wasser inmitten hoher Berge liegt. Auf diesen Anblick freue ich mich schon den ganzen Morgen. In den kommenden beiden Tagen möchte ich den See auf der südlichen Seite umlaufen, das werden laut Beschreibung vom DNT anstrengende Etappen mit vielen Höhenmetern und Wanderstunden. Davor habe ich einigen Respekt, deshalb geht es heute mit zwanzig Kilometern vergleichsweise kurz zu. Vor und nach anstrengenden Etappen will ich die Tage eher kürzer halten und hoffe, mich so nicht völlig zu verausgaben. Hauptsache, der Tagesschnitt stimmt.

Meine Route auf diesem Abschnitt der NPL-Wanderung ist etwas frustrierend. Da ich in Richtung schwedischer Grenze und Femund-See laufe, wandere ich derzeit stets nach Osten. Statt Breitengrade hinter mir zu lassen, zähle ich Längengrade. Für den Kopf ist das nicht gerade einfach, und auch zu Hause zweifeln deswegen schon alle, ob ich es in der geplanten Zeit schaffen kann. »Ich dachte, du willst zum Nordkap, das ist aber noch ziemlich weit weg, wenn du immer weiter nach Osten läufst!«, schreibt mir ein Kumpel.

Wie dem auch sei, nachdem ich mein neues Zelt sicher verstaut habe, breche ich von meinem Nachtlager am Tyin-See auf und folge erst mal der Schotterpiste entlang des Sees, vereinzelte Hütten säumen das Ufer. Bauarbeiter präparieren die Straße mit schwerem Gerät für den Sommer, die Schäden des Winters müssen ausgebessert werden. Im Sommer gibt es übrigens eine Busverbindung von Tyinkrysset aus nach Eidsbugarden, so erreicht man äußerst bequem eines der tollsten Wandergebiete Norwegens. In Jotunheimen, dem »Heim der Riesen«, sind die höchsten Berge Norwegens zu Hause: Man stößt hier auf berühmte Namen wie Galdhøpiggen (2469 m), Glittertind (2464 m) oder Falketind (2067 m). Höhenmeter gilt es allerdings heute dank der Straße so gut wie keine zu überwinden, dafür stellen mich meine Gedanken vor einige Herausforderungen. Ständig kreisen sie um die Sorge, zu langsam zu sein. Um Selbstzweifel, ob ich dem gewachsen bin, was ich da gerade mache. Um mein Budget, die Zeit und einfach alles auf der Reise.

Die Straßenetappen ohne offensichtliche Anstrengung empfinde ich immer als die größte Herausforderung. Bei den körperlich anstrengenden Touren im Fjell kann man sich dagegen beweisen, den Kopf ausschalten und sich reinbeißen, ohne groß darüber nachzudenken. Auf der Straße aber schmerzen immer die Füße, ich werde sofort wehleidig, bekomme schlechte Laune und fange an zu zweifeln. Das ist kein Spaß, auch wenn es zu Hause über den Blog vielleicht anders wirkt. Da heißt es in den Kommentaren oft, dass das so leicht und lässig aussehe, was ich da mache. Klar sieht es so aus, ich möchte ja auch nicht aller Welt meine Selbstzweifel mitteilen.

Gegen 14 Uhr erreiche ich schließlich Eidsbugarden und die Fondsbu-Hütte. Nachdem ich mein Zelt mit einer grandiosen Aussicht auf den Bygdin-See aufgestellt habe, gehe ich den Nachmittag bei Kaffee und Gebäck gemütlich in der Hüttenstube an. Hier stoße ich auch auf einige von Julias Büchern, die sie zusammen mit ihrem Mann über Jotunheimen und alle Berge in Norwegen über 2000 Meter Höhe herausgegeben hat. Das sind fantastische Bücher, die die Bergwelt Norwegens mit spektakulären Bildern und tollen Texten perfekt einfangen. Das Buch »Norges Fjelltopper over 2000 Meter« wird in Norwegen auch gerne als »Fjellbibel« bezeichnet und ist ein Klassiker für norwegische Wanderer.

Bei Solbjørg, der Hüttenwirtin, frage ich nach einem neuen Trekkingstock. Hier bleiben so viele Dinge liegen, da ist bestimmt auch ein Ersatzstock für mich dabei. Solbjørg, groß, zupackend und sehr herzlich, wie man sich so eine Hüttenwirtin eben vorstellt, zeigt mir den riesigen Keller, wo ich mir in einem großen Haufen Stöcke jeglicher Marken und Macharten den passenden aussuchen darf. Am Abend füge ich meinem Tagebuch einen weiteren Eintrag hinzu und lasse den Tag bei Kerzenschein vor dem knisternden Kamin ausklingen.

Im Sommer verkehrt auf dem Bygdin-See ein Boot als Personenfähre. Die über hundert Jahre alte *MB Bitihorn* benötigt für die 25 Kilometer lange Fahrt über den See ungefähr zwei Stunden. Ich aber werde laufen, mein NPL-Stolz lässt da nicht mit sich reden. Der DNT gibt für die beiden Wandertage zusammen 17 Wanderstunden an, als NPLer sollte man sich nicht einfach verführen lassen, auch wenn das Boot noch so einladend am Anleger liegt.

Also sehe ich zu, dass ich heute Morgen schnell an Höhe gewinne und Eidsbugarden rasch hinter mir lasse. In irgendeinem Sommer möchte ich an diesen Ort zurückkehren, um das familiäre Musikfestival »Vinjerock« zu besuchen, das hier alljährlich vor der traumhaften Bergkulisse stattfindet. Während der Festivaltage gehen die Besucher tagsüber auf Bergtour oder üben sich in allen möglichen Outdooraktivitäten – norwegisches *friluftsliv*, wie es schöner kaum sein könnte. Und am Abend treten dann vornehmlich norwegische Künstler wie Marit Larsen auf und sorgen für eine ganz besondere Atmosphäre inmitten dieser spektakulären Bergwelt.

Mein Weg führt mich weg vom See über einen Höhenzug, der parallel zum Bygdin verläuft. Die Umgebung ist rau und steinig, Blockwerk macht das Laufen stellenweise ziemlich anspruchsvoll. Wenig später liegen Berge zwischen mir und dem See. Rundherum kann ich die ganz hohen Gipfel Jotunheimens bestaunen, die teilweise noch mit großen Schneefeldern bedeckt sind.

Das Wetter wird leider wieder schlechter, sodass ich in meinem Regenzeug ordentlich schwitze und fluche. Ein steiles Tal kostet mich einige Höhenmeter und Kraft. Immer das ganze Drama im Blick, geht es erst weit hinab, dann muss ich einen Bach, der in den Bygdin mündet, furten und auf der anderen Talseite geradewegs wieder den Berg hinaufsteigen. Am Nachmittag erreiche ich laut Karte fast mein Ziel. Das lang gezogene Yksendalen erstreckt sich unterhalb von mir.

Plötzlich verliere ich den Weg, ich kann nicht mehr erkennen, wo es weitergeht. Auch wenn ich die Yksendalsbu-Hütte mittlerweile sehen kann, liegt sie noch einige Hundert Meter tiefer im grünen Tal. Da ich wegen des Nieselregens und meiner nachlassenden Kräfte nicht lange nach dem Weg suchen möchte, beginne ich, direkt zur Hütte abzusteigen. Der Bergrücken fällt zwar sehr steil ab, aber von hier aus sieht es machbar aus. Warum also nicht? Schon kurz darauf muss ich allerdings einsehen, dass es viel matschiger und abschüssiger ist, als ich gedacht habe. Ich falle hin, fluche und merke, dass ich einen Fehler begangen habe. Das hier ist kein Spaß mehr, sondern fast ein Selbstmordkommando. Wenn ich nicht gehörig aufpasse, liege ich schneller mit gebrochenen Knochen im Krankenhaus, als mir lieb ist! Ständig gleite ich auf Moospolstern aus, die sich vom durchnässten Untergrund lösen. Vorsichtig folge ich einer Felsrinne talwärts. Adrenalin strömt durch mein Blut, der Puls beschleunigt. Die Hände kommen immer wieder zum Einsatz, um Stürze abzufangen, die ersten Fjellbirken bauen sich vor mir auf, und dichtes Gebüsch schneidet mir den Weg ab. Fluchend fräse ich mich mit Gewalt durch das Unterholz. Äste und Zweige zerren an meinem Rucksack und hinterlassen Schmisse in meinem Gesicht. Beim Blick zurück läuft mir ein Schauer über den Rücken, was habe ich mir bloß dabei gedacht? Eine völlig unnötige und gefährliche Situation, in die ich mich da gebracht habe. Am Ende geht es aber noch mal gut – darüber, was alles hätte passieren können, will ich lieber nicht nachdenken.

Die alte Blockhütte diente früher Kuhhirten als Unterkunft und wurde vor einigen Jahren vom DNT renoviert. Sie liegt idyllisch mitten im grünen Yksendalen und ist innen sehr urig und gemütlich eingerichtet. Ich mache drei Kreuze, als ich in frischen Klamotten und mit einem dampfenden Kaffee am Küchentisch sitze und nach draußen schaue, während die Wolken immer tiefer sinken und das Tal in Watte hüllen.

In dem Moment ahne ich noch nicht, dass ich auch am folgenden Tag zwischen dichten Birken und auf matschigem Untergrund auf der Suche nach den Wegmarkierungen umherirren werde. Allein das GPS bringt mich auf den richtigen Weg zurück. Kurz darauf verschwinde ich im Nebel, und erst gegen 14 Uhr schiebt sich der Bygdin-See wieder in mein Sichtfeld. Ich laufe einen Bergrücken hinab und kann wenig später mein Tagesziel erkennen: das Bygdin-Fjellhotel. Es taucht kurz auf, verschwindet aber gleich darauf wieder hinter einem kleinen Hügel. Zwei Stunden später lasse ich die Moränenlandschaft hinter mir und überwinde einen Rentierzaun, der unterhalb des markanten Bitihorns verläuft, dessen Gipfel dem alten Schiff auf dem See seinen Namen gab.

Zwei anstrengende und matschige Tage liegen fast hinter mir. Ich sehe aus wie eine Pottsau, komplett gesprenkelt von zu viel Matsch und Sumpf. Das tolle Gefühl nach einer geschafften großen Anstrengung macht sich breit. Kurz darauf stehe ich auf der Straße, die mich zum Hotel führt. Dort erwarten mich eine heiße Dusche und ein Trockenraum, den ich mit meinem schlammigen Zeug verunstalte. Für einen kurzen Moment habe ich ein schlechtes Gewissen, doch dann taucht eine Gruppe Wanderreiterinnen auf, und der Trockenraum verwandelt sich in ein schlammiges Feuchtbiotop. Mein Zelt schlage ich direkt am Fähranleger auf, die Aussicht von dem kleinen Hügel aus auf den See ist unbezahlbar.

Den Abend verbringe ich allerdings in der warmen Stube. Das Hotel ist auf seine Art irgendwie aus der Zeit gefallen, es katapultiert mich vierzig Jahre zurück. Die Möbel sind wuchtig, »Gelsenkirchener Barock«, und zu viel Dekoration machen es auf merkwürdige Art gemütlich. Schwere Teppiche dämpfen die Gespräche, und ich versinke tief im Sofa. Dabei komme ich mir vor wie in einem Krimi der norwegischen Autorin Anne Holt. Das Buch »Finse 1222« spielt in einem sehr bekannten Berghotel in Finse an der Bergenbahn. Als Kulisse für das Buch hätte aber auch das Bygdin-Fjellhotel gut gepasst.

Während ich am Morgen mein Zelt zusammenpacke, legt die alte Lady MB Bitihorn am Fähranleger an und sammelt einige Wanderer ein. Das Schiff ist total altmodisch und passt perfekt in die dramatische Kulisse. Gestern hat Martin mir noch eine E-Mail geschickt: Als er hier vorbeigelaufen ist, lag das Schiff noch an Land. Der See war zugefroren und die umliegenden Berge von Schnee bedeckt. Die Saison ist hier verdammt kurz, und es ist pures Glück, das richtige Zeitfenster für eine »Norge på langs«-Wanderung zu treffen – entweder man hat es, oder man hat es nicht.

Nach zwei anstrengenden, aber beeindruckenden Tagen im Fjell geht es zurück auf den geliebten Asphalt. Wie ich ihn vermisst habe! Der Jotunheimvegen wird mich weiter nach Osten zu den Bergen des Rondane-Nationalparks führen. Das erste Stück der Straße ist auf ungefähr 54 Kilometern eine Sommerstraße, die im Winter gesperrt ist. Ab der Ortschaft Skåbu sind es dann noch einmal 27 Kilometer auf einer regulären Straße bis Vinstra im Gudbrandsdalen.

Von dort möchte ich einen Ausflug mit dem Zug nach Dombås machen. Im nahen Dovrefjell arbeitet gerade Melli, die ich aus meinem Norwegischkurs in Dortmund kenne. Sie verbringt den Sommer auf einem Campingplatz, um ihre Sprachkenntnisse weiter auszubauen, damit sie sich später in Norwegen einen Job suchen kann. Und wenn ich schon mal grob in der Gegend bin, kann ich ja auf einen Kaffee vorbeischauen. Idealerweise lege ich dort auch einen Ruhetag ein, wasche meine Sachen und lasse mir von Julia das nächste Paket hierher schicken. Nach diesem Ausflug soll es zurück nach Vinstra gehen, wo ich meine Wanderung dann fortsetze. Drei Tage habe ich mir für die 81 Kilometer Fußmarsch und die Fahrt zu Melli vorgenommen.

Nach meinem Aufbruch vom Bygdin-Fjellhotel laufe ich schwer bepackt die Straße entlang und starre dauernd auf einen muskulösen behaarten Hintern. Groß und trainiert wiegt er hin und her ... Die Wanderreiterinnen sind zur selben Zeit wie ich gestartet, und nun befinde ich mich inmitten ihrer Karawane. Vor und hinter mir Pferde, schwer beladen mit Gepäck und Reitern. In der Mitte laufe ich alter Packesel und schleppe meine rot-schwarze Schrankwand schwitzend und schnaufend vorwärts – eine filmreife Szene. Kurz überlege ich, die Pferde vor mir lässig zu überholen und den Reiterinnen mal zu zeigen, wer hier der große Wanderer ist. Dann aber geben sie wie von der Tarantel gestochen den Pferden die Sporen und galoppieren davon.

Ich bin wieder allein. Rechts neben mir liegt der riesige Vinstre-See, etwas weiter dahinter kann ich sogar das Gipfelkreuz des Bitihorns sehen, die Sonne scheint. Einige Kühe stehen auf der bunten Sommerwiese und lassen sich das frische Gras schmecken. Kuh sein mit dieser Aussicht – nicht schlecht im Vergleich zu den armen Viechern, die ihr Leben lang im Stall stehen müssen.

Nach zwölf Kilometern kehre ich in einer alten umgebauten Alm ein. In Haugseter gibt es für mich frische Pfannkuchen mit Marmelade und reichlich *rømme*, der norwegischen Variante der sauren

Sahne, die stets zu Waffeln und auch gerne zu Pfannkuchen gereicht wird. Dazu genieße ich den Ausblick von der Terrasse auf den See. Dank der Kaffee-Flatrate verweile ich hier länger als geplant.

Mein Tagesziel, die DNT-Hütte Oskampen, sei etwa fünf Stunden zu Fuß entfernt, gibt man mir beim Verlassen von Haugseter noch mit auf den Weg. Das könnte knapp werden, denke ich, während ich mich zurück auf die staubige Straße begebe. Wenig später verlasse ich sie, um dem DNT-Wanderweg zur Hütte zu folgen. Eine kurze Pause macht mich zum glücklichsten Wanderer in Norwegen: Der Blick zurück auf den See, die warme Sonne im Gesicht und um mich herum das saftige Grün – jegliche Zweifel sind plötzlich verflogen. Mir geht es richtig gut!

Entgegen der Prognose von heute Mittag erreiche ich bereits nach vier Stunden die Oskampen-Hütte. Außer mir ist niemand hier. Im Hüttenbuch finde ich einen Eintrag von Martin, der hier ebenfalls vorbeigekommen ist. Von seinen Träumen zu lesen und den Abbruch seiner Reise im Hinterkopf zu haben stimmt mich nachdenklich. Ich bin wirklich froh über jeden Tag, den ich ohne größere Probleme schaffe, und bleibe optimistisch – mal sehen, wie weit ich komme. Schließlich will ich die Tour genießen und mich nicht immer in Selbstzweifeln verlieren. Während ich die obligatorische Dose Ananas löffle, bewundere ich den Ausblick auf Jotunheimen. Wer auch immer die Plätze für die DNT-Hütten aussucht, die Leute verstehen ihren Job! Bevor sich die Sonne hinter den Bergen vom Tag verabschiedet, taucht sie die Hütte und die Umgebung in ein unfassbar warmes Licht. Als sie ganz verschwunden ist, verziehe ich mich nach drinnen und lasse den Abend bei einem Kaffee ausklingen.

Die nächsten Tage haben es wieder in sich: Nach 27 Kilometern muss ich in Skåbu feststellen, dass der Supermarkt bereits am Nachmittag geschlossen hat. Ein bisschen frustriert schlage ich mein Zelt auf dem nächsten Campingplatz auf, wo ich zum Glück zu einer heißen Dusche und schließlich doch noch zu einer Cola komme. Auch tags darauf laufe ich wieder mit aller Kraft gegen die Straße an: Meine Füße schmerzen so schlimm, dass jeder Schritt zur Qual wird. Nach ungefähr 15 Kilometern in der Sonne geht schließlich gar nichts mehr. Im Schatten einer Birke werfe ich den Rucksack zur Seite und dämmere im Gras vor mich hin.

Auf einmal höre ich Geräusche neben mir. Die Birke steht vor einer alten Holzkirche im Örtchen Kvikne direkt an der Straße, und als ich die Augen aufschlage, steht ein älteres Paar vor mir, das mich verwirrt anschaut. Zum x-ten Mal erkläre ich, dass ich zum Nordkap laufe, woraufhin die beiden unbedingt ein Foto für ihr Urlaubsalbum knipsen wollen. Es ist schon ein komisches Gefühl, sich vorzustellen, dass die Leute nach ihrem Urlaub daheim in Holland sitzen und ihren Verwandten zu erklären versuchen, was der merkwürdige Typ mit dem roten Bart in ihrem Album zu suchen hat.

Nach dem Erinnerungsfoto schultere ich wieder meinen Rucksack. Auf den nächsten elf oder zwölf Kilometern nach Vinstra habe ich das Gefühl, dass alle norwegischen Trolle gleichzeitig mit ihren kleinen Messern auf meine Fußsohlen einstechen. Erst ein Cola-Opfer in Vinstra kann sie etwas besänftigen … Den Legenden nach kommen Trolle normalerweise nur in der Dunkelheit und im düsteren Wald zum Vorschein. Ihr weltliches Ebenbild trifft man in Norwegen aber auch am Tag: und zwar in jedem Souvenirladen. Mit ihrer langen Knubbelnase und dem zerfurchten Gesicht sehen sie zum Fürchten aus, besonders im Mondlicht scheint sich jeder Felszacken und jedes große Astloch in dieses fabelhafte Wesen zu verwandeln. Eigentlich sind sie ja gutmütig, aber wehe, man bringt sie gegen sich auf, dann trifft einen ihr unbändiger Zorn. Vermutlich haben sie sich letzte Nacht in meine Stiefel verirrt, um dort ein Nickerchen zu halten. Beim Laufen ging ihnen dann wohl der Geruch und die Enge darin gegen den

Strich, sodass sie mich den ganzen Tag lang unentwegt gepiesackt haben. Als ich die Stiefel im Schatten auszog, um mir im Laden eine Cola zu kaufen, nutzten sie offensichtlich die Gelegenheit, um das Weite zu suchen.

Mein Versuch, noch am gleichen Nachmittag die 75 Kilometer von Vinstra nach Dombås zu trampen, ist vergeblich. Niemand nimmt mich mit. Stinkend und dreckig, wie ich bin, beschließe ich deshalb, mit dem Zug nach Dombås zu fahren. Zum ersten Mal komme ich mir auf meiner Tour wirklich fremd inmitten der anderen Leute vor. Einige Personen im Zug rümpfen sogar die Nase – fast möchte ich mich entschuldigen.

In Dombås trennen mich immer noch ein paar Kilometer von Melli. Ein Bus fährt nicht mehr, und so bleibt mir nur der wiederholte Versuch zu trampen. An der Straße habe ich nach einem kurzen Abstecher in den Supermarkt Glück: Ein junger Norweger nimmt mich die fast zwanzig Kilometer bis zur Furuhaugli Turisthytter im Dovrefjell mit. An der Rezeption treffe ich direkt auf Melli. Nach sechs Wochen auf Wanderschaft tut es richtig gut, endlich mal wieder ein bekanntes Gesicht zu sehen und sich auf Deutsch zu unterhalten.

Melli möchte direkt nach ihrer Zeit im Dovrefjell auswandern, nur der passende Job als pharmazeutisch-technische Assistentin fehlt noch. Nach ihrer Ausbildung und einigen Jahren Berufserfahrung in einer Apotheke in Deutschland sah sie kaum Möglichkeiten, sich weiterzuentwickeln. Da sie Norwegen von vielen Reisen mit ihrer Familie kennt, sieht sie hier für sich eine vielversprechende Perspektive. Ihre Wohnung in Deutschland hat sie bereits gekündigt und ihre Möbel verkauft, es gibt kein Zurück mehr. Ich versuche, sie in ihren Plänen zu bestärken, und glaube fest daran, dass sie hier einen passenden Job findet. Ihr Norwegisch ist schon richtig gut, und sie arbeitet hart, um es weiter zu verbessern. Aber natürlich ist aller Anfang schwer, und auch in Norwegen fließen entgegen allen Gerüchten nicht nur Milch und

Honig. Man muss viel dafür tun, um hier anzukommen. Neben der Arbeit im Dovrefjell Bewerbungen zu schreiben, den schmalen Lohn in lange Fahrten quer durch das Land für Vorstellungsgespräche zu investieren kostet viel Kraft. Ich bewundere Melli sehr dafür, dass sie den Sprung ins kalte Wasser gewagt hat. Mir geht es ja ganz ähnlich, auch ich habe mich für eine Reise ins Ungewisse entschieden und weiß noch nicht, wie das Abenteuer ausgehen wird. Das verbindet.

Es wird ein langer Abend auf der Terrasse, und während wir reden, beobachten wir den in der Abendsonne glänzenden Nationalberg Norwegens: die Snøhetta. Früher hielten die Norweger diesen Berg für den höchsten ihres Landes. Schon in einer alten nordischen Sage, die von der Gründung Norwegens berichtet, wurde das Dovrefjell beschrieben. Als 1814 in Eidsvoll die norwegische Verfassung verabschiedet wurde, schworen die 112 Gesandten: *»Enige og tro inntil Dovre faller.«* – Einig und treu, bis Dovre fällt.

Mein Ruhetag beginnt mit einem ausführlichen Frühstück in der Stube. Ich rufe Julia an und bitte sie, mir das nächste Paket hierher zu schicken. Da sie bis gestern im Urlaub war, konnte ich sie nicht eher informieren. Doch wenn ich nicht länger als geplant im Dovrefjell festhängen möchte, wird es nun allerhöchste Zeit. Ich hoffe, dass die norwegische Post das irgendwie innerhalb eines Tages hinbekommt – doch weit gefehlt: Sie spannt mich auch am darauffolgenden Tag gehörig auf die Folter. Die Handy-App der Post, auf die ich schon den ganzen Morgen starre, will mir einfach nicht verraten, wo mein Paket gerade steckt. Ich gebe schon fast die Hoffnung auf, als am Nachmittag der Besitzer von Furuhaugli mit dem Benachrichtigungszettel der Post vor meinem Gesicht herumwedelt. Er komme gerade aus Dombås vom Einkaufen und habe deshalb leider zu spät die Benachrichtigung im Briefkasten gefunden. Die Pakete werden bedauerlicherweise nicht bis zur Haustür geliefert, deshalb muss ich es in Dombås von der Post abholen.

Ohne Auto oder Busverbindung kann ich nur dorthin trampen. Das bedeutet, ich muss nach Dombås und dann wieder zurück nach Furuhaugli kommen, um am nächsten Morgen erneut nach Dombås zum Bahnhof zu fahren, wo mein Zug zurück nach Vinstra geht. Das klingt nicht nur kompliziert, sondern ist es auch. Drei Mal innerhalb so kurzer Zeit darauf zu vertrauen, dass man mitgenommen wird, ist sehr ambitioniert. Trotzdem laufe ich zur Straße und recke den Daumen in die Luft. Eine geschlagene halbe Stunde schiebe ich Frust, dann endlich hält ein netter Monteur in seinem Werkstattwagen und nimmt mich mit.

In Dombås laufe ich eilig zur Post im Supermarkt und hole Julias Nachschublieferung ab. Zurück auf der Straße, ergießt sich ein ordentlicher Regenschauer über mich und mein Paket. Tropfend halte ich meinen Daumen in den Wind. Als ich mein Glück schon wieder schwinden sehe, hält ein riesiger Chevy Suburban Truck neben mir an. In dem amerikanischen Geländemonster sitzt Arne, er ist auf dem Weg nach Trondheim, wo er seine wichtige Fracht abliefern will: spezielle Grassamen für den dortigen Flughafen, die auch auf sehr sandigen Böden gedeihen und ihm so Halt geben. Dadurch weht der Sand beim Start oder der Landung, wenn viel Luft aufgewirbelt wird, nicht in die Triebwerke der Flugzeuge, erklärt mir Arne mit einem breiten Grinsen. Der kernige Norweger ist offensichtlich ein Mann der Tat, denn diese besonderen Samen gab es nur noch in Lillehammer und waren in ganz Norwegen nirgendwo anders mehr zu bekommen. Deshalb ist er mal schnell die über dreihundert Kilometer nach Süden gefahren, denn morgen früh soll bereits ausgesät werden. Zu meinem Glück, denn so habe ich jetzt eine Mitfahrgelegenheit zurück nach Furuhaugli. Schon verrückt, was man bei solchen Begegnungen alles lernt – auch für solche Momente mache ich diese Tour.

Am nächsten Morgen stehe ich sehr früh schon wieder an der Straße – was mich ein bisschen an den Film »Und täglich grüßt das Murmeltier« erinnert. Mein Zug fährt gegen elf Uhr in Dombås ab, bis dahin muss ich es geschafft haben, dorthin zu kommen. Der norwegische Bahnverkehr wird sicher nicht auf irgendeinen verrückten NPL-Wanderer warten! Karawanen von Wohnwagen, viele mit deutschem Kennzeichen, ziehen an mir vorbei. Manche winken lächelnd zurück, doch keiner hält an. Ich habe keine Ahnung, was das soll. Trampen ist jedenfalls nichts für ungeduldige Menschen wie mich. Irgendwann reicht es mir, und ich greife tief in die Trickkiste: Ich positioniere meinen Rucksack so neben mir, dass das große BVB-Logo darauf zur Straße zeigt. Vielleicht kann ich damit wenigstens einen deutschen Autofahrer zum Stoppen bringen. Dass diejenigen, die trotzdem an mir vorbeifahren, eventuell Schalke- oder Bayern-Fans sind und den BVB nicht mögen, ignoriere ich einfach. Der BVB ist doch der tollste Klub der Welt!

Plötzlich hupt es hinter mir, und ich drehe mich irritiert um. Ein Wohnwagen steht etwa hundert Meter entfernt mit Warnblinker auf dem Seitenstreifen. Keuchend sprinte ich darauf zu. Werner ist mit seiner Frau unterwegs und fährt kreuz und quer durch Norwegen – warum er angehalten hat? Natürlich wegen des BVB-Aufnähers!

ZWISCHEN HOCHS UND TIEFS
Dombås – Storviglen

Mein Rucksacktrick hat funktioniert, rechtzeitig erreiche ich meinen Zug in Dombås. Als ich am späten Mittag in Vinstra aussteige, werde ich vom berühmten Peer Gynt begrüßt. Man hat ihm direkt am Bahnsteig ein Denkmal gesetzt, da Peder Olsen Hågå, der Ibsen als Vorlage für sein Stück diente, hier aus dem Ort stammte.

Um aus dem Gudbrandsdalen heraus wieder ins Fjell zu gelangen, folge ich einer kleinen Straße, die in weiten Schwüngen aus dem Tal einen Berg hinaufführt. Der Peer Gynt Seterveg, eine Schotterpiste, die viele kleine Sommeralmen miteinander verbindet, wird mich weiter Richtung Rondane-Nationalpark führen. Nachdem ich die Häuser von Vinstra hinter mir gelassen habe und immer weiter die steile Straße hinauflaufe, bekomme ich eine atemberaubende Aussicht auf das sattgrüne Gudbrandsdalen geboten.

Das Wetter ist gut, die Sonne scheint, und die Luft steht still. Bei mir fließt der Schweiß in Strömen, die Füße schmerzen, aber mit der Zeit lernt man, den Schmerz irgendwie zu ignorieren. Als ich nach einigen Kilometern völlig geschafft die Baumgrenze erreiche, schwirren unendlich viele Fliegen um mich herum. Ohne Wind ist es kaum auszuhalten, selbst die Pausen machen mit den vielen kleinen Insekten um mich herum keinen Spaß. Auf ein Snickers mit Fleischbeilage kann ich gerne verzichten.

Über Serpentinen gelange ich weiter auf einen kleinen Pass, der sich auf etwa 1150 Metern befindet. Von hier erscheinen die Berge des Rondane-Massivs zum Greifen nah, obwohl sie noch ein ganzes Stück entfernt von mir sind. Ich setze meinen Rucksack ab und genieße die Aussicht. Der Aufstieg war anstrengend, und ich brauche eine Weile, bis ich mich von den vielen Höhenmetern erholt habe. Es ist schon spät am Nachmittag, und für heute reicht es. Ich bleibe hier. Warum auch nicht, der Platz ist einfach grandios.

Das Zelt ist rasch aufgebaut. Nach fast 45 Tagen habe ich darin schon Routine, sodass ich mich schnell eingerichtet und alles an Ausrüstung verstaut habe. Ich besorge mir an einem nahe gelegenen Bach frisches Wasser, koche Essen und schreibe Tagebuch. Später am Abend treibt mich der Sonnenuntergang noch mal aus dem Zelt. Ich möchte diesen magischen Moment keinesfalls verpassen und steige noch etwas höher auf den nahen Berg Krøkla. Oben am flachen Gipfelhügel angelangt, muss ich mich kneifen: Die ganze Umgebung ist in ein warmes, samtig weiches Licht getaucht. Man kann von hier aus bis zu den weit entfernten Bergen Jotunheimens gucken. Ich hocke mich auf die flachen Schieferplatten und genieße den Moment. In diesen kleinen Augenblicken bekommt man die Belohnung für die Mühen, die man auf sich nimmt. Alles was nicht so gut lief, ist sofort vergessen, man ist nur noch im Hier und Jetzt. Na gut, ein Gin Tonic wäre vielleicht nicht schlecht, aber ich will mich nicht beschweren. Es ist perfekt!

Bei strahlendem Sonnenschein breche ich am nächsten Morgen auf, es geht auf einem hügeligen Almweg hinab ins Frydalen. Überall laufen Kühe und Schafe umher. Die saftigen Wildblumenwiesen wiegen sanft in einer leichten Brise. Nach einigen Kilometern verlasse ich die Schotterpiste des Setervegs, und es geht vom Tal aus wieder hinauf ins Fjell. Dreihundert Höhenmeter muss ich überwinden, ehe ich die bekannte »Troll-Loipe« passiere. Diese Langlaufstrecke verbindet im Winter mehrere DNT-Hütten miteinander und ist ziemlich beliebt bei Wintersportlern. Jetzt in der warmen Jahreszeit führen markierte Sommerwege zu den Hütten. Zu einer davon, der Bjørnhollia, möchte ich heute laufen, sie zählt zu den großen bedienten Hütten rund um das zentrale Rondane-Massiv. Dafür wähle ich den direkten und unmarkierten Weg durch das weite Vulufjellet. Im Gegensatz zum schroffen Jotunheimen wandert man hier durch eine weitläufige Fjelllandschaft, die vor Millionen von Jahren einmal Meeresboden war. Mein Blick schweift über die runden Berge um mich herum, die so typisch für Rondane sind. In sanftem Auf und Ab wandere ich weiter bis zu einer alten Hütte, an der ich im einzigen Schatten weit und breit eine Pause einlege. Die Familie, der die Hütte gehört, kommt aus Vinstra und macht gerade Urlaub hier oben. Da ich heute noch ein gutes Stück zu laufen habe, empfehle ich mich nach einem kurzen Gespräch und setze meinen Weg durch das sommerliche Fjell fort. Um 17 Uhr treffe ich endlich auf den markierten Wanderweg nach Bjørnhollia, doch erst rund zwei Stunden später erreiche ich total fertig die Hütte und schlage mein Zelt auf dem mückenverseuchten Zeltplatz daneben auf. Mal wieder habe ich mich, was die Etappenlänge angeht, völlig verschätzt und bin auf der letzten Rille angekommen. Anscheinend mache ich das ganz unbewusst, denn hat sich ein weit entferntes Ziel erst mal in meinem Kopf festgesetzt, will ich es auch erreichen.

Die Mücken hier in Bjørnhollia sind so unerträglich, dass ich gleich nach meinem Frühstück im Zelt das Weite suche. Zunächst geht es bei Strømbu zur Straße. Dort gibt es am Fylkesvei 27, der Landstraße zwischen Ringebu und Folldal, einen Rastplatz, der mit einer besonderen Architektur besticht: Aus Sichtbeton hat man hier einen futuristischen Aussichtspunkt geschaffen, von dessen Dachterrasse aus man das Panorama der Rondane-Berge überblicken kann. Unterhalb der Terrasse gibt es sogar eine kleine Wärmehalle, wo man ein Feuer machen kann. Der Kiosk hat geöffnet, und ich stärke mich mit frischen Waffeln, bevor es auf der anderen Straßenseite, zunächst durch einen Kiefernwald, weiter bergan geht. Rund achthundert Höhenmeter lege ich in den nächsten Stunden zurück. Nachdem die Baumgrenze hinter mir liegt, gelange ich in ein weites Hochtal, dessen Boden fast völlig mit grünlicher Rentierflechte bedeckt ist – ein toller Anblick und ein Markenzeichen für die kargen Böden dieser Gegend hier. Die

Sonne brennt, und der Blick zurück auf die Berge Rondanes, die im Dunst nur ihre Silhouetten zeigen, versöhnt mich mit den Anstrengungen. Nach insgesamt fast drei Stunden Anstieg erreiche ich schließlich den höchsten Punkt des Tages. Auf rund 1500 Meter Höhe ist eine Pause fällig.

Auf der Karte ist eine kleine Alm eingezeichnet, bis dahin will ich heute kommen. Eine schmale Straße beginnt dort, die ich am nächsten Tag hinab bis nach Alvdal laufen könnte. Frisch gestärkt, breche ich also auf, um einem kleinen Fluss abwärts zu folgen. Bisher habe ich kaum etwas über diese Gegend gelesen, diese Etappe muss noch ein echter Geheimtipp sein. Um 19 Uhr erreiche ich die Alm. Ein paar Hütten werden von einem Zaun umgeben, überall wimmelt es von Schafen. Ich schaue mich um und öffne das Tor. Es scheint niemand da zu sein. Innerhalb des Zaunes gibt es keinen Schafskot, aber dafür einen Wasserhahn mit frischem Wasser und ein Plumpsklo, das offen ist. Die Versuchung ist einfach zu groß. Eigentlich ist es ja verboten, direkt auf einem umzäunten Grundstück ohne Erlaubnis zu übernachten, aber es ist schon spät, und heute wird sicher niemand mehr kommen. Ich verlasse morgen einfach alles so, wie ich es vorgefunden habe.

Das Zelt ist schnell aufgebaut, und auch das Abendessen ist rasch unter den Augen von zig neugierig durch den Zaun schielenden Schafen zubereitet. Gerade als ich mich hinlegen möchte, höre ich das Brummen eines Motors. Es wird immer lauter, und ich bete, dass es nicht an der Hütte stoppt. Andernfalls kann ich mir schon mal zurechtlegen, was ich zu meiner Verteidigung vorbringen möchte. Doch es kommt, wie es kommen muss: Zwei Autos halten vor dem Zaun, jemand steigt aus und öffnet das Tor. Unfreundliche Blicke treffen mich, als die Autos auf mich zurollen und direkt vor mir anhalten. Wie peinlich, am liebsten würde ich direkt im Boden versinken.

Ein Mann Mitte vierzig steigt aus, die Kinder bleiben vorsichtshalber auf der Rückbank. Er kommt direkt auf mich zu und blickt mich fragend an, mein Puls beschleunigt merklich. Ich versuche, freundlich zu wirken, und lächle verlegen. Streng fragt er mich, was ich hier zu suchen hätte. Ich stammele, dass ich »Norge på langs« laufe, aber hier sofort verschwinde, wenn er das will. Der NPL-Joker scheint zu helfen, langsam entspannt sich die Situation. Ich füge noch schnell hinzu, warum ich trotz des Zauns hier bin und dass ich am Morgen noch vor dem Frühstück weg sein werde. Der Bruder des Mannes und die Kinder kommen jetzt auch dazu, sie unterhalten sich angeregt auf Norwegisch, bevor sie mir mitteilen, dass ich bleiben darf. Einerseits bin ich unglaublich erleichtert, doch andererseits schäme ich mich für mein blödes Verhalten. Es gibt tausend schöne Zeltplätze in der Umgebung, aber ich hocke hier direkt an einer der umzäunten Hütten. Ich bin einfach zu bequem!

Demütig ziehe ich mich ins Zelt zurück, die Leute beziehen die Häuser und essen zu Abend. Plötzlich wackelt jemand an meinem Zelt. Draußen steht der Norweger, mit dem ich am Anfang gesprochen habe. Lächelnd reicht er mir ein eiskaltes Dosenbier. Er könne sich vorstellen, wie gut wohl jetzt ein Bier tun würde, sagt er. Früher habe er auch manchmal an fremden Hütten übernachtet, weil es eben bequem sei. Er wünscht mir noch eine gute Nacht und geht zurück ins Haus. Das Bier schmeckt tatsächlich ganz hervorragend – da habe ich wohl noch mal Glück gehabt.

In den nächsten Tagen gehen meine Füße durch die Hölle: Von Flatseter laufe ich zunächst 27 Kilometer im Nieselregen nach Gjelten Bru zum Campingplatz, der eigentlich wegen Flutschäden durch den nahen Fluss geschlossen ist. Doch ich darf trotzdem dort übernachten. Tags darauf wandere ich 25 Kilometer lang über Asphalt nach Tynset. Nicht die körperliche Fitness, sondern meine Füße lassen mich dabei im Stich. Auch der Kopf ist schwach, es ist ein einziger Kampf. Ich zähle die Markierungspfosten und Kilometerschilder und schaue auf der schnurgeraden Straße endlos weit voraus, ohne dem Ziel auch nur näher zu kommen. Außerdem ist heute Sonntag, und die Straße wirkt wie ausgestorben. Am Ende weiß ich nicht mehr, wie viele Pausen ich gemacht habe, wie oft ich geflucht habe und kurz davor war, mich einfach auf die Straße zu setzen und nicht weiterzugehen. Der Autopilot im Kopf hat mich jedenfalls am Laufen gehalten.

Seit etwa fünfzig Tagen bin ich nun schon unterwegs, da ist es ganz normal, dass sich eine gewisse Müdigkeit im Kopf einstellt. Mir wird allmählich klar, wie sehr mich diese Wanderung fordert, wie sehr ich dabei an meine Grenzen gehe und diese dann langsam, aber sicher verschiebe. Um für bessere Stimmung zu sorgen, gehe ich in Tynset am Bahnhof Pizza essen und gönne mir eine große Flasche Cola.

Auch der nächste Morgen verläuft ziemlich frustrierend. Ich finde einfach nicht den richtigen Weg aus Tynset hinaus und werde mehrmals in die falsche Richtung geschickt, bis ich endlich am Wintersportzentrum im Wald an den verwaisten Loipenwegen die roten Markierungen finde. Da ich mir in den Kopf gesetzt habe, gen Femund-See zu laufen, werde ich noch mindestens drei, eher vier Tage lang Richtung Osten unterwegs sein. Viele, die ich unterwegs getroffen habe, halten das für schwachsinnig. Die meisten NPLer laufen viel direkter nach Norden und sparen dadurch fast eine Woche. Zudem führen mich die Etappen von einem Tal zum anderen, sodass ich jeden Bergzug mitnehme. Ich habe keine Ahnung, was ich mir dabei gedacht habe. Aber ich habe das so vor der Wanderung festgelegt, also wird es jetzt auch gemacht. Das Ende vom Lied ist ein weiterer äußerst deprimierender Tag. Nach nur vier Stunden werfe ich die Flinte ins Korn. Ständig kreisen meine Gedanken darum, wie langsam ich bin und ob ich es jemals bis zum Nordkap schaffen werde. Völlig entnervt beschließe ich, in der Knausen-Hütte zu bleiben, und versuche dort mit Ananas aus der Dose und Kaffeetrinken auf der Veranda auf andere Gedanken zu kommen. Die Hütte ist eine echte Perle. Das urige kleine, ganz in Schwarz gestrichene Blockhaus hat nur wenige Betten, im Hüttenbuch stehen nicht mehr als dreißig Übernachtungen pro Jahr. Draußen wächst eine traumhafte Wildblumenwiese, die betörend duftet. Ich nutze die Zeit, um in mich zu gehen.

Schon seit Tagen frage ich mich ernsthaft, wie ich es schaffe, mich immer wieder aufzuraffen, zu motivieren und weiterzugehen. Allein zu dieser Frage lassen sich vermutlich ganze Bücherregale mit Ratgebern füllen. Im Forum von *www.outdoorseiten.net* gibt es einen sehr, sehr langen Diskussionsfaden dazu. Dort wird auch darüber gesprochen, weshalb so viele Menschen Probleme mit dem Alleinreisen haben, es einfach nicht ertragen können.

Vor meiner Tour habe ich lange über die Motivation und das Alleinsein während meiner Reise nachgedacht und mir sogar ein Buch zu diesem Thema gekauft. Das liegt allerdings ungelesen im Bücherregal. Ich mache diese Art von Solowandertouren ja erst seit ein paar Jahren, aber bereits bei der ersten habe ich festgestellt, dass ich gut mit mir allein auskomme. Sogar über längere Zeit ist das kein Problem. Klar, die Motivation, aus eigenem Antrieb etwas zu machen, ist im Alltag manchmal schwieriger für mich. Da kann ich der faulste Mensch der Welt sein, mein alter Lateinlehrer würde mir sofort beipflichten. Auf Tour ist das jedoch anders, da kann ich mich offenbar endlos quälen, weil ich ein konkretes Ziel vor Augen habe und genau das mache, was mir am meisten Spaß bereitet.

Auf der Tour, die mich letztes Jahr fünf Wochen lang durch Norwegen führte, beobachtete mich mein Kumpel Ulrich öfter von der Seite, weil er befürchtete, dass ich gleich umfallen würde, so gequält sah ich zwischendurch aus. Aber ganz im Gegenteil – ich hatte wirklich Spaß! Ich fühlte mich gut dabei, meine eigenen Grenzen beim Wandern zu überwinden. Auf einer Etappe dieser Probetour war ich dann allein unterwegs. Da habe ich mich dermaßen bei der Länge verschätzt, dass ich mich auf dem Weg zur Hütte vor Anstrengung fast erbrochen hätte. Abends saß ich allerdings selig bei einer Dose Ananas vor der Hütte, genoss die Aussicht, und am nächsten Tag bin ich ohne Probleme einfach weitergelaufen.

Wenn man denkt, dass man seine Grenze erreicht hat, ist da auf jeden Fall noch viel Luft nach oben. In der Regel kann man sehr viel weiter gehen, wenn man ein Ziel vor Augen hat. Dann braucht man auch keine Motivation von außen, sondern man schafft das ganz allein. Dadurch steigt zudem das Vertrauen in die eigene Leistungsfähigkeit. Selbst wenn ich Schmerzen habe, kann ich so das gesteckte Ziel über den Moment stellen und noch ein gutes Stück weiterlaufen. Wenn dann doch mal alles Mist ist, muss man auf seinen Körper hören und sich Pausen gönnen, auch wenn das manchmal schwerfällt. Mit der Zeit lernt man sich und seinen Körper dabei ganz gut kennen.

Wenn man allein unterwegs ist, hat man auch viel Zeit zum Nachdenken. Man muss gut mit der Stille im Zelt oder der Einsamkeit im Fjell auskommen. Vor allem abends, wenn man gegessen hat und im Zelt liegt, hat man oft noch zehn bis zwölf Stunden vor sich, bevor es weitergeht. Viel Schlaf und ein gutes Buch oder, wie in meinem Fall, viele Hörbücher auf dem iPod können da hilfreich sein. Gerne lasse ich auch beim Tagebuchschreiben den Tag Revue passieren. Mehr brauche ich nicht. Wenn man unterwegs jemanden trifft, ist das natürlich eine schöne Abwechslung, aber ein paar Tage ganz allein sind für mich kein Problem.

Ich kann jedem empfehlen, das einmal auszuprobieren. Es ist eine interessante Erfahrung, wenn man sich ganz auf sich und seine eigenen Fähigkeiten verlassen muss. Man kann sich nicht im Fjell heulend auf den Boden setzen, den Daumen in den Mund stecken und darauf warten, dass man abgeholt wird. Da kommt einfach niemand. Und wer meint, man würde sich morgens vor dem Wandern einen Gedanken zurechtlegen und den ganzen Tag darüber nachgrübeln, den muss ich ebenfalls enttäuschen. Kommt man so richtig in den Wanderflow, tauchen plötzlich Gedanken und Erinnerungen wieder auf, die man schon lange erledigt geglaubt hatte. Joey Kelly, ein verrückter Abenteurer, Ausnahmeathlet und ehemaliger Musiker, beschreibt das sehr schön in seinem Buch »Hysterie des Körpers«. Darin berichtet er von einem knapp 18-tägigen Extremlauf, der ihn von der Nordsee bis auf den Gipfel der Zugspitze führt und bei dem er ausschließlich isst und trinkt, was die Natur ihm zu bieten hat:

Wenn man jeden Tag die schier endlose Distanz vor Augen hat, die Kilometer nicht mehr zählt und als Ziel nur noch den Sonnenuntergang herbeisehnt, hat man viel Zeit, sich um alles und nichts Gedanken zu machen. Das Gehirn spielt Jo-Jo, springt von einem Gedanken zum nächsten. Manchmal verfolgt man eine kleine Randnotiz wie einen roten Faden, der wiederum Dutzende andere hervorwühlt. Man erinnert sich komischerweise an viele Dinge, die man glaubt, schon längst vergessen zu haben. Dazu kommen die großen Geschichten. Der Kopf schüttelt das eigene Leben einfach in tausend Puzzleteile und setzt es wieder zusammen. Das kostet Zeit, aber Zeit hat man beim Laufen ohne Ende.

Man ist überrascht, was da unterwegs alles zutage gefördert wird. Gänzlich verrückte Erinnerungen und Gedankengänge sind auf einmal wieder ganz präsent. Ich finde es spannend, in diesen Wanderflow zu kommen. Jedem, der sich an eine lange Solowanderung wagt, kann ich nur raten, eine nicht ganz so lange Probetour zu machen und sich dabei selbst erst mal richtig kennenzulernen. Das hilft mehr als jeder Ratgeber oder gut gemeinte Tipp.

In den nächsten Tagen läuft es gleich viel besser. Die Hütte Rausjødalen liegt nur vier Stunden entfernt. Dort mache ich in der ältesten genossenschaftlichen Molkerei nördlich der Alpen, einem beeindruckenden alten Haus aus rohem Stein, eine kurze Pause mit Waffeln und Kaffee. Doch bevor ich hier gemütlich vor dem

Kamin versacke, wandere ich weiter zur Ellefsplass-Hütte, wo ich nach insgesamt elf Stunden im Fjell ankomme. Die Hütte ist etwas merkwürdig, eine Art Einliegerwohnung in einem normalen Wohnhaus mitten im Nirgendwo, und ich teile sie mir mit einer Frau und ihrer kleinen Tochter, die aus Tromsø kommen. Beide schauen mich etwas irritiert an, als ich am Abend zwei Packungen Fertigessen, eine Dose Ananas und eine Tafel Schokolade verdrücke. Völlig fertig und glücklich, meinen Wanderflow wiedergefunden zu haben, gehe ich ins Bett. Ich kann kaum noch stehen. Bewegen geht gar nicht mehr.

Ich könnte vor Freude platzen, als am folgenden Tag der lang ersehnte Femund-See in Sicht kommt. Dahinter liegt irgendwo die Grenze zu Schweden. Von dort wird es dann endlich direkter nach Norden gehen. Von der Anhöhe, auf der ich stehe, führt ein Weg zu meiner nächsten Übernachtungsmöglichkeit hinab. Die Hütte befindet sich im Weiler eines Bauernhofs, und ich begreife erst gar nicht, welches Gebäude mein eigentliches Ziel ist. Verloren irre ich über den Bauernhof, bis ich an einem verfallenen Wohnhaus mit kaputten Fenstern das DNT-Schild finde. Vor dem Haus steht zu meiner Verwunderung eine große alte amerikanische Lkw-Zugmaschine, so ein richtig fetter Ami-Truck mit Chrom und riesigen Auspuffrohren. Das Haus ist in lichtem Ocker gestrichen, was allerdings schon deutlich länger zurückliegen muss, denn überall bröselt die Farbe von der Fassade. Ich trete ein und gerate mitten in ein Museum: norwegischer Landhausstil, eingefroren im Jahr 1960. Überall stehen Puppen herum, an den Wänden hängen Urkunden für Jubiläen, die bereits zwanzig Jahre zurückliegen. Wo bin ich hier nur hingeraten? Ist das etwa eine Zeitmaschine? Die Hütte könnte genauso gut die Kulisse für einen Horrorstreifen aus Hollywood abgeben. Spontan muss ich an den Splatterfilm »Braindead« von Regisseur Peter Jackson denken, den wir früher öfter bei einem Kumpel im Keller geguckt haben. Das kann hier ja heiter werden und ist garantiert nichts für schwache Nerven!

In der Küche mit dem abgenutzten Resopalmobiliar liegen Lebensmittel herum. Laut Hüttenbuch bin ich erst der fünfte Gast in diesem Jahr. Im Bad finde ich Kleidung und Handtücher auf dem sicher vierzig Jahre alten Heißwasserboiler. So langsam mache ich mir einen Reim darauf, denn vor dem Haus stand noch ein weiteres Auto mit einem baltischen Kennzeichen. Das hier ist also die Unterkunft für die Landarbeiter des Bauernhofs, und die zwei großen Zimmer mit Doppelstockbetten in der ersten Etage sind quasi die DNT-Hütte.

Als ich eine weitere Tür öffne, um mich umzusehen, schwingen mir plötzlich zwei große Schweineschinken entgegen, die an großen Haken von der Decke baumeln. Erschrocken verziehe ich mich in eines der DNT-Zimmer und versuche, das Kopfkino auszublenden, das sich gerade fantasievoll in Gang setzt. Wo bin ich denn hier gelandet? Das wird sicher eine spannende Nacht. Hätte ich ein Gewehr dabei, würde es heute ganz nah an meiner Seite liegen, so surreal kommt mir das alles vor.

Ohne Frühstück verlasse ich dann auch diese merkwürdigste aller mir bekannten DNT-Hütten. Jeder, der hier mal war, möge sich doch bitte bei mir melden und erzählen, was ihm durch den Kopf ging, als er das Haus betreten hat.

Heute will ich zum nördlichen Ufer des Femund-Sees gelangen. Der Pfad, der mich zu meinem Wanderweg bringen soll, wird allerdings von einem riesigen Sumpf versperrt, wie mir die Besitzerin des Bauernhofes erklärt, die mir plötzlich und unerwartet am Morgen über den Weg läuft. So muss ich den Tag mal wieder auf der Straße beginnen. Nach ein paar Kilometern erreiche ich Tufsingdal, einen kleinen verschlafenen Ort mit einem vernagelten Supermarkt und einer automatischen Tankstelle als Ortskern. Die alte Leuchtreklame steht einsam an der Straße und heißt mich mitten in der norwegischen Pampa willkommen. »Hier möchte ich nicht mal tot überm Gartenzaun hängen«, würde mein Vater jetzt trocken sagen, Gas geben und mit dem Auto weiter über die verlassene Landstraße brettern. Da ich ohne Auto unterwegs bin, begebe ich mich weg von der Straße und laufe hinauf ins Fjell. Mein grobes Tagesziel, die private Unterkunft Langen am nördlichen Ufer des Feemundsees, ist noch weit entfernt. Ob ich es heute überhaupt bis dorthin schaffe, weiß ich nicht. Oben im Fjell fängt es nun auch noch an zu nieseln, die Stimmung sinkt. Nicht mal eine ganze Tafel Schokolade macht die Pause, die ich hier ungeschützt an einem Felsbrocken kauernd verbringe, zu einer Freude. Ich fotografiere mich selbst im Selfie-Stil und muss feststellen, dass ich auf Bildern schon mal sehr viel glücklicher ausgesehen habe. So ist das nun mal, der Weitwandereralltag ist weniger glamourös, als man sich das vorstellt. Doch die gelegentlichen Belohnungen in Form intensiver, ganz besonderer Momente kommen irgendwann. Bis dahin stiefele ich weiter durch den Nieselregen.

Die Landschaft ist mit der in Rondane nicht zu vergleichen. Es gibt krüppelige Fjellbirken, und überall liegen riesige Felsbrocken herum. Wie es scheint, hat ein Troll die hier einfach lose über die Landschaft verstreut, fast so wie früher bei mir im Kinderzimmer, als meine Legosteine aus unerfindlichen Gründen immer über den ganzen Boden verteilt waren.

Der Tag zieht sich, trotzdem möchte ich es bis nach Langen schaffen. Mein Ziel vor Augen, treibe ich mich an, doch heute ist die Hütte noch so weit entfernt, dass mein Durchhaltewillen über die Maßen gefragt ist. Umso ärgerlicher, dass ich mir dann beim Erreichen der Hütte kurz nach 19 Uhr erst mal eine eiskalte Abfuhr hole, wie ich sie selten zuvor erlebt habe: entweder Zimmer oder nichts. Keinen Millimeter gibt der Herr an der Rezeption nach. Der frisch gemähte Rasen rund ums Haus darf von meinem Zelt nicht verunstaltet werden, obwohl auf dem Schild etwas von »Camping« steht. Die 300 Kronen für die Nacht im Zimmer sind mir aus Trotz zu viel. Ich trolle mich fluchend, und nach kurzer Suche entlang der nächsten Straße weiche ich auf einen Platz hinter einem alten verlassenen Häuschen aus. Es dauert eine ganze Weile, bis sich meine Zorneswolken gelichtet haben.

Missmutig trotte ich am Morgen darauf zur Hütte. Es regnet, und ich habe keine Lust auf Frühstück im Zelt. Eigentlich will ich nur ins Trockene. Mit einem Kaffee hocke ich mich in der Stube auf ein Sofa, um nach meinen E-Mails zu schauen. Mit Spannung öffne ich zwei Nachrichten von Hanwag, die die Schuhe herstellen, mit denen ich unterwegs bin. Vor ein paar Tagen hatte ich über das Kontaktformular ihrer Website eine Nachricht an die Firma gesandt. Ich war skeptisch, ob meine Ersatzstiefel es bis zum Nordkap schaffen würden, und hatte angefragt, ob sie mir vielleicht ein Paar Stiefel zukommen lassen könnten, die mit mir zusammen die Reise zu Ende laufen möchten. Die Stiefel bekommt man hier in Norwegen schließlich nicht an jeder Ecke, und ich wollte ungern auf ein anderes Modell ausweichen.

Die erste Nachricht kommt von der Serviceabteilung – ich möge doch bitte meine Schuhe einschicken, wenn sie defekt seien. Okay, es war einen Versuch wert, gar kein Problem, da finde ich schon eine andere Lösung. Dann die zweite Nachricht: Die Antwort aus der Marketingabteilung fällt im Vergleich dazu überraschend positiv aus. Ein Paar neue Stiefel seien praktisch schon auf dem Weg zu Julia, die sie mir, sobald ich die Schuhe brauchen würde, zuschicken könnte. Ich kann mein Glück kaum fassen. Vor der Tour hatte ich nicht einen Moment daran gedacht, Firmen um Unterstützung zu bitten. Zu groß war meine Angst, mit der NPL-Tour zu scheitern. Umso mehr freue ich mich nun über diese unerwartete Wendung, die sicherlich nicht selbstverständlich ist. Die Firmen bekommen unglaublich viele Anfragen und machen das normalerweise nur in ganz seltenen Ausnahmefällen, wie ich erst sehr viel später erfahre. Solche Anfragen sind meist vergeblich.

Beschwingt begebe ich mich auf einen breiten Sandweg durch den lichten Kiefernwald. Es riecht nach Kiefernnadeln und feuchtem Sand und macht großen Spaß, hier zu wandern. Nach einer

Stunde treffe ich auf einen Bach, der zwei Seen miteinander verbindet und über den eine kleine Brücke führt. Hier entdecke ich eine verrückte Kanurutsche. Wie bei einer Wasserbobbahn auf dem Jahrmarkt leitet die Rutsche die Boote zwischen hölzernen Leitplanken hindurch von einem See zum anderen. Das sieht nach mächtig viel Spaß aus, nur auf den Kopf sollte man aufpassen, sonst verpasst einem die Brücke eine Beule.

Bald darauf erreiche ich Ljøsnåvollen, eine idyllische Alm mit zweihundert Jahre alten Gebäuden. Auf den Dächern wächst Gras, die Balken sind verwittert und schief, und vor der Haustür blühen bunte Blumen. Ein herrlicher Platz, um eine Pause einzulegen. Ich betrete die niedrige Stube und setze mich auf die Eckbank an einem der Tische. Der Raum ist voller Erinnerungen: alte Werkzeuge und Schwarz-Weiß-Fotografien, die das Landleben von früher dokumentieren. Stolze Männer im Sonntagsstaat, mit Taschenuhr in der Weste, und starke Frauen in ausladenden Kleidern zeugen von längst vergangenen Zeiten hier auf der Alm. Ich bestelle bei der älteren Dame, die den Hof im Sommer bewirtschaftet, etwas zu trinken und zu essen. Es gibt Kaffee und Kuchen, *flatbrød* – eine Art Knäckebrot – mit viel süßer *seterrømme* und dazu *spekepølser*, leckere selbst gemachte Würste.

Gegen 16 Uhr breche ich wieder auf. Der Wind hat merklich aufgefrischt, und kurz zögere ich, weil ich jetzt noch über einen kleineren Pass einige Hundert Höhenmeter weiter hinaufmuss. Aber der Ausblick von oben hinüber zum Femund-See lockt mich. Kaum bin ich ein Stück aufgestiegen, bemerke ich jedoch meinen Fehler: Mittlerweile bläst es so stark, dass ich mich richtig gegen den Wind lehnen muss. Kurz darauf treffe ich auf die ersten schwedischen Wegmarkierungen, große Holzpfosten mit roten Kreuzen daran – die Grenze ist also nur noch wenige Kilometer entfernt. Unmittelbar unterhalb der Passhöhe schütteln mich die Böen immer heftiger durch, zerren an meiner Jacke und dem Rucksack. Hinter einem riesigen Felsbrocken suche ich Schutz, um erst mal aus der Schusslinie zu gelangen. Was nun? Zelten ist bei diesem Wetter nicht möglich. Mir fällt ein, dass die ältere Dame von einer Schutzhütte kurz nach der Passhöhe gesprochen hatte. Das wäre meine Rettung – eine andere Wahl habe ich auch nicht. Der Wind holt mich jetzt fast von den Beinen, als ich aus dem Windschatten des Felsens trete. Ich muss mich mit aller Kraft dagegenstemmen, um nicht umgeworfen zu werfen.

Eilig erklimme ich die Passhöhe, um so schnell wie möglich die Schutzhütte dahinter zu erreichen. Es dauert eine halbe Stunde, dann stehe ich vor einer unverschlossenen Tür. Die Hütte ist eine simple, für das schwedische Fjäll typische Konstruktion, bestehend aus einem stabilen Satteldach, über das dicke Stahltrossen gelegt sind, um das winzige Gebäude im Fels zu verankern. Im Inneren geht es einfach zu: Auf der Stirnseite gegenüber dem Eingang gibt es ein kleines Fenster, darunter steht ein Tisch an der Wand. Links und rechts befinden sich vier Holzpritschen, auf die man seine Isomatte legen kann.

Ich heize sofort den Ofen an, Brennholz ist ja reichlich vorhanden. Und nachdem ich mir Wasser zum Kochen besorgt habe, mache ich es mir gemütlich. Schon bald wird es dunkel, und der Wind wächst sich zu einem handfesten Sturm aus, jedenfalls hört es sich hier drinnen so an. Es knarzt, rumpelt und heult. Viele Gedanken treiben mich um: In Fjällnäs liegt morgen hoffentlich das nächste Paket von Julia im Hotel für mich bereit. Einen Supermarkt mit einer Postfiliale gibt es dort nicht, deshalb hatte ich mich schon lange vor dem Tourstart an das Hotel gewandt. Da morgen Samstag ist, sollte die Sendung hoffentlich angekommen sein, andernfalls müsste ich bis mindestens Montag dort warten. Und dann wird das Paket ja noch an der Grenze zu Schweden verzollt. Wenn hier etwas schiefgeht, würde ich ein paar Tage in meinem Zeitplan zurückgeworfen werden.

Draußen frischt der Wind laut heulend auf, zerrt an der Hütte und der Eingangstür, an Schlaf ist nicht zu denken.

PLAN B
UND DER KÖNIGSWEG
Storviglen – Skurdalsporten

Hallo alter Nor… ich denk, schon bald Schwede!
Wie geht's dir? Ich hoffe, gut und alles läuft, sprichwörtlich, wie von selbst. Wenn man deine Positionsmeldungen im Internet so ansieht, würde man dich glatt als Schweizer klassifizieren, du läufst ja wie ein Uhrwerk. Ich gratuliere dir auf jeden Fall schon mal für das »Hinter-dich-bringen« des norwegischen Südens, gut gemacht! Von nun an geht's ja dann endlich auch mal mehr nordwärts.
Ich und viele andere sind froh, dass du ab und zu mal etwas kritisch wirst in deinen Beiträgen, man könnte sonst meinen, das sei ein absoluter Spaziergang für dich! Nein, Spaß beiseite, es macht sogar als Rückkehrer viel Spaß, deinen Lauf mitzuverfolgen, auch wenn man lieber selbst unterwegs wäre. Am liebsten würde ich gleich hochkommen und weitermachen!
Ich habe guten Kontakt mit einem anderen NPLer, welcher nun über Abisko hinaus ist (hab ihn ja in Umbukta getroffen). Dieser hat mir allerdings nicht viel Schönes über die letzten drei Wochen erzählt. Ist schon verrückt, das wären meine Regenwochen acht bis zehn gewesen, ich glaube, damit hätte dann der Frust noch mehr zugenommen.
Wie dem auch sei, ich wünsch dir weiter einen guten Lauf, bleib gesund und achte auf dich! Bin gespannt wie ein Flitzebogen, wie es weitergeht!
Gruss aus Helvetien, Martin

Die E-Mail von Martin zeigt mir, dass nicht nur ich ordentlich zu kämpfen habe. Meine eigene Wahrnehmung unterscheidet sich offenbar deutlich von der meiner Blogleser. Wenn die wüssten, wie anstrengend die Tour wirklich ist!

Gefühlt habe ich die letzte Nacht keine einzige Minute geschlafen. Die Geräuschkulisse und die wankende Hütte haben mich um meine Nachtruhe gebracht. Vielleicht bin ich zwischendurch kurz eingenickt, aber jede Windböe hat mich sofort wieder hochschrecken lassen. Dazu das Heulen des Windes und die singenden Drahtseile über dem Dach.

Da ich nicht schlafen kann, bin ich früh auf den Beinen und raffe meinen Krempel zusammen. Draußen ist es nebelig, und so stapfe ich mit der Mütze auf dem Kopf hinab zur norwegisch-schwedischen Grenze. Eine einsame kleine Hütte steht dort direkt am Grenzverlauf und trotzt schon länger den Elementen. Vermutlich dient sie der Grenzpatrouille alle Jubeljahre als Unterkunft. Mehr als ein kleines gelbes Schild, das beide Königreiche voneinander trennt, gibt es hier nicht. Kein Zollposten und kein Schlagbaum halten mich davon ab, drüben in Schweden wieder die Europäische Union zu betreten. Lediglich die Rentiere beider Länder werden durch einen großen Zaun voneinander getrennt. Der Wind bläst unvermindert, mit seiner fiesen Kälte macht er das Wandern nicht gerade zum Vergnügen. Ich laufe um den großen Bolagen-See, es geht rasch über einen kleinen Höhenzug, und schon kann ich Fjällnäs sehen. Allerdings dauert es noch eine kleine Ewigkeit, bis ich endlich auf der Straße zum Ort stehe. Vorher muss der lang gezogene Malmagen-See durch einen lichten Birkenwald und über matschige Pfade umrundet werden. Der Wind schüttelt die Bäume ordentlich durch, die Baumkronen wiegen sich rauschend hin und her, ein einsames Rentier flüchtet vor mir.

An der Straße angelangt, genehmige ich mir eine kurze Pause, bevor ich auf direktem Wege zum großen Hotelkomplex eile. Das Hotel von 1882 liegt idyllisch direkt am See, das Haupthaus aus Holz versprüht den angenehmen Charme vergangener Zeiten. Beim Eintreten empfängt mich skandinavisches Design par excellence. Ein großer Elchkopf und ein beeindruckender ausgestopfter Bär begrüßen mich grimmig. Schlicht und zurückhaltend eingerichtet, merkt man sofort, dass es hier etwas vornehmer und teurer zugeht. Es sieht aus wie in der Skandinavienausgabe von »Schöner Wohnen«!

In meinem Aufzug wirke ich höchst deplatziert, Segelschuhe und ein blau-weiß gestreiftes Hemd mit weißem Kragen wären jetzt wohl eher angebracht – habe ich aber leider zu Hause vergessen. Entsprechend skeptisch blickt mich die junge Rezeptionistin in der gut gestärkten weißen Bluse an.

»Hei, ich bin Simon, ich warte auf ein Paket, das hierhin für mich unterwegs ist. Ich hatte per E-Mail Bescheid gesagt. Ist es schon da?«, frage ich.

»Ach ja, du bist das, ich hatte dir vor ein paar Tagen geschrieben. Tut mir leid, es ist noch nicht da!«, erwidert sie und erklärt, dass hier am Wochenende überhaupt keine Pakete angeliefert werden und ich mindestens bis Montag warten müsse.

Genau das hatte ich befürchtet, jetzt hänge ich hier fest! Keine Ahnung, ob es im Ort eine günstige Unterkunft oder etwas zu essen gibt. Und nun? Hier zu übernachten wäre schon recht lässig, vielleicht schon fast ein wenig dekadent. Doch schnell lande ich unsanft auf dem Boden der Tatsachen: »Die günstigste Übernachtung beginnt bei 270 Euro für eine Nacht«, erklärt mir die reizende Rezeptionistin mit einem Lächeln und gedämpfter Stimme.

»Ah okay, ich glaube, das sind mir ein, zwei Euro zu viel. Ich werde mir wohl was anderes suchen!« Auch wenn das Frühstück vermutlich der Oberhammer ist ...

Also durchforste ich das kleine Örtchen nach einer Unterkunft, die preislich besser zu mir und meinem Aufzug passt. Ein wenig weiter die Straße hinunter gibt es tatsächlich einen kleinen Campingplatz mit Zimmern beziehungsweise Appartements, jedenfalls lassen die verblichenen Auslagen in einem Schaufenster genau das vermuten. Der Besitzer ist weit und breit nicht zu sehen, das Hinweisschild an der Straße wippt sanft quietschend im Wind hin und her. Zwei Angler fahren in dem Moment mit ihrem alten Chevy-Minivan vor. Sie kommen aus Stockholm und haben sich im großen Haupthaus einquartiert. Einer der beiden sieht mit seinen langen strähnigen grauen Haaren, der Sonnenbrille und der Lederjacke aus wie ein verlebter Rockstar aus den Siebzigern. Der Besitzer komme gleich, sagen sie. Kurz darauf kann ich ein kleines einfaches Zimmer im Obergeschoss beziehen, während sich die Angler in der Küche bei Dosenbier vergnügen. Auf dem See ist es heute zu windig, selbst vom Fenster aus sieht man die Schaumkronen der Wellen.

Wir quatschen kurz bei einem Bier, und den restlichen Tag verbringe ich dann einfach auf dem Sofa. Die Jungs kümmern sich um ihre Ausrüstung und die reichhaltigen Dosenbiervorräte. Draußen ist es zu ungemütlich, und in Fjällnäs tobt nicht gerade das Leben, um es mal vorsichtig auszudrücken. Morgen dann das ganze Programm noch mal. Sonntag ist Sonntag, da gibt's kein Paket, auch nicht für einen furchtlosen NPL-Wanderer.

Wie wichtig die Versorgung mit Paketen ist, habe ich bereits erwähnt. Schließlich kann ich weder die insgesamt 32 Karten noch das Essen für 120 Tage von Anfang an mit mir herumschleppen. Und wenn so ein Paket mal nicht ankommt, kann das zum echten Hindernis auf einer NPL-Wanderung werden, denn manche Dinge bekommt man nicht an jeder Ecke. Besonders beim Essen habe ich mir vorher lang und breit überlegt, was ich mitnehmen kann und was für mich überhaupt infrage kommt.

Für die Abende fiel meine Wahl auf gefriergetrocknetes Essen. Das sind in Thermobeutel eingeschweißte Portionen verschiedenster Gerichte, denen das Wasser entzogen wurde. Möchte man sie zubereiten, reißt man einfach eine Lasche auf, fügt kochendes Wasser hinzu und wartet zehn Minuten. Fertig ist das Abendessen. Sehr praktisch, ziemlich leicht und in meinen Augen sogar lecker. Auch wenn die Meinungen über diese Art der Verpflegung weit auseinandergehen, kann ich die Gerichte der norwegischen Firma Real Turmat sehr empfehlen. Gerade der Dorsch- und der Wildeintopf sind für mich echte Highlights am Abend! Ich freue mich jedes Mal sehr darauf, wenn ich eines dieser Gerichte aus dem Verpflegungsbeutel ziehe. Aber genau genommen ist das ja nur der Hauptgang vom Abendessen, dazu gibt es vielleicht vorher noch eine Suppe und hinterher Pudding oder rote Grütze aus der Tüte. Und wenn Schokolade übrig ist, dann gerne auch die als zusätzlichen Nachtisch. Zudem kann ich normalerweise auf den DNT-Hütten bis zur Höhe von Trondheim etwas zum Essen nachkaufen. Das ist zwar recht teuer, und man bekommt auch nur alles aus der Tüte oder Dose, aber immerhin.

Tagsüber gibt es wie auf den vorangegangenen Touren Schokoriegel, Müsliriegel, Schokoladentafeln und kleine Minisalamis. Dazu noch alle Arten von Nüssen: egal ob Erdnüsse, Paranüsse oder Cashewkerne. Das klingt zwar etwas öde, wenn man sich davon 120 Tage lang ernähren will, aber das soll ja auch keine kulinarische Erlebnisreise werden. Zum Frühstück plane ich mit Müsli oder Schwarzbrot. Den Belag für das Brot will ich mir jeweils vor Ort besorgen. In meinen Verpflegungsbeutel kommen außerdem noch Teebeutel, Multivitamin-Brausetabletten, Instantkaffee in Portionstütchen und Honig zum Süßen. Trotzdem wird das nicht reichen. Deshalb habe ich mir vorher alle Supermärkte und Läden entlang meiner Route notiert, um dort weitere Lebensmittel nachzukaufen. Die Größe der Pakete, die man verschicken kann, ist ja schließlich begrenzt, und je nach Gewicht wiegen die Portokosten auch die teureren Supermarktpreise in Norwegen locker auf.

Um die Pakete überhaupt verschicken zu können, benötige ich aus nachvollziehbaren Gründen jeweils einen Versender und einen Empfänger. Erfreulicherweise hatte sich Julia dazu bereit erklärt, mir beim Versand zu helfen. Ich konnte die Fertiggerichte des norwegischen Herstellers direkt zu ihr nach Norwegen schicken lassen. So mussten die 140 Gerichte, die ich in Tromsø bestellt hatte, nicht extra erst nach Deutschland reisen. Damit habe ich nicht nur Portokosten, sondern auch Zollgebühren gespart. Vor dem Start meiner Tour bin ich bei Julia vorbeigefahren und habe ihr die restlichen Lebensmittel, die Landkarten wie auch die Ersatzschuhe und den Brennstoff in Form von Gaskartuschen vorbeigebracht und vor Ort auf Pakete verteilt, sodass Julia sie nur noch zur Post bringen muss, wenn ich ihr kurz vorher Bescheid gebe.

Außer einem Versender benötige ich natürlich auch Empfänger. Deshalb habe ich vor der Tour im Internet entlang der geplanten Route nach Hotels, Postfilialen oder DNT-Hütten Ausschau gehalten, an die ich die Pakete schicken lassen kann. Bis auf die Postfilialen, die Pakete einfach postlagernd entgegennehmen, schreibe ich die jeweiligen Orte direkt per E-Mail an, um vorab zu klären, ob sie ein Paket für mich in Empfang nehmen können.

Zusammen mit den Supermärkten am Weg konnte ich mir so eine möglichst praktische Versorgungsreihenfolge zusammenstellen, immer mit den passenden Karten und mit ausreichend, aber nicht zu viel Essen im Rucksack. Insgesamt habe ich sechs Punkte geplant, an die ein Paket geschickt werden soll. Zwei davon sind jenseits der Grenze in Schweden.

Der Sonntag verspricht, wie erwartet, nicht viel Abwechslung im Vergleich zu gestern. Im Hotel kann ich per Wi-Fi kostenlos im Internet surfen, dann trampe ich erfolgreich die 25 Kilometer nach Funäsdalen zum Einkaufen und zurück. Als ich wieder am Campingplatz ankomme, machen sich meine beiden schwedischen Mitbewohner gerade auf nach Røros, der Altrocker muss dringend in ein Krankenhaus, denn er hat starke Schmerzen aufgrund einer Krebserkrankung, wie er mir mit gequältem Gesicht erzählt. In solchen Momenten habe ich immer einen dicken Kloß im Hals. Die eigene Endlichkeit wird einem schlagartig bewusst und vor allem auch, wie sehr man eine Zeit, wie ich sie gerade erlebe, genießen sollte. Ich wünsche ihm alles Gute, und schon brausen die beiden vom Hof. Mir bleibt nichts weiter übrig, als zu warten, zu essen, zu warten und zu hoffen, dass mein Paket morgen endlich ankommt.

Früh um Punkt acht Uhr rufe ich die Hotline der norwegischen Post an, da die Handy-App den Paketstatus nicht mehr aktualisiert. Mir fällt fast das Telefon aus der Hand: Das Paket liegt seit Tagen irgendwo im Nirgendwo. Die Post hat es nicht nach Schweden weitergeleitet, weil auf den Zollpapieren ein Warenwert fehlt. Julia hat in der Eile vergessen, ihn einzutragen. Sie hätte einen Fantasiebetrag aufschreiben können, es hätte niemanden interessiert. Nur ohne Warenwert wird das Paket nicht weiterversandt – ich habe also völlig vergeblich das ganze Wochenende hier gewartet.

Informiert wird man darüber natürlich nicht, und ändern kann das angeblich auch nur der Absender. Ich rufe also Julia an und erkläre ihr aufgelöst, was passiert ist. Eines ist jetzt schon sicher, es wird ein paar Tage dauern, bis das Paket weiterbefördert wird. So lange kann ich aber nicht warten. Ich bitte Julia deshalb – falls sie den Sachverhalt klären kann –, das Paket von der Post direkt weiter nach Storlien zur dortigen Jugendherberge schicken zu lassen. Meine Landkarte reicht noch bis dorthin, nur um Essen für die nächsten vier Tage muss ich mich kümmern. Julia verspricht mir, das zu regeln und sich dann noch mal bei mir zu melden. Ich bin ihr unendlich dankbar! Ohne sie wäre ich jetzt aufgeschmissen! Zeit also für Plan B!

Im Eiltempo gehe ich wieder zur Straße und versuche, zum zweiten Mal nach Funäsdalen zu trampen. Ein paar Kilometer kann ich mit einem älteren Paar mitfahren, und den Rest der Strecke verbringe ich bei Eva im Auto, sie hat sofort für mich angehalten. Die patente ältere Dame mit den kurzen blonden Haaren erzählt, ihr Sohn sei auch immer in der Weltgeschichte unterwegs und es beruhige sie ungemein, wenn er dabei sicher von A nach B komme. Von daher sei es für sie selbstverständlich, mich mitzunehmen. Erst vor Kurzem ist sie mit ihrem Mann Leif von Göteborg hier hochgezogen, wo sie als Schwedischlehrerin für Immigranten und Zugezogene arbeitet. Sie will nur kurz in die Stadt, um nach ihren E-Mails bei der Arbeit zu schauen und einzukaufen. Spontan bietet sie mir an, mich danach wieder mit zurückzunehmen. Da sage ich nicht Nein! In dem Moment erscheint eine Nachricht von Julia auf meinem Telefon. Sie war tatsächlich erfolgreich: Sie hat die geänderten Dokumente nachgereicht, zig E-Mails geschrieben und Telefonate geführt, und nun ist das Paket auf dem Weg nach Storlien zur Jugendherberge. Mir fällt ein Stein vom Herzen, Plan B gewinnt gerade enorm an Fahrt!

Nachdem wir alles erledigt haben, fragt mich Eva auf der Rückfahrt nach Fjällnäs ganz unvermittelt: »Hast du Hunger? Magst du Omelett?«

»Hunger, und ob?! Omelett wäre herrlich!«, entgegne ich.

»Prima, dann fahren wir zu uns, und ich koche für dich, du bist eingeladen! Unser Zuhause in Tänndalen liegt sowieso auf dem Weg, und hinterher bringe ich dich nach Fjällnäs.«

Widerrede ist zwecklos, ein paar Minuten später sitze ich am Tisch im gemütlichen Blockhaus der Lundins! Es ist ein beeindruckendes Haus mit einer offenen Wohnküche und vier Meter hohen Decken im Wohnzimmer. Am liebsten würde ich direkt einziehen. Manchmal kann ich mein Glück kaum fassen: Immer wenn etwas besonders Blödes passiert, geht es kurz darauf in irgendeiner Art und Weise besonders positiv weiter.

Bald darauf kommt Leif nach Hause. Evas Mann ist Rentner. Er war unterwegs, um etwas zu reparieren, und schaut nun zum Mittagessen vorbei. Neben dem Omelett gibt es frischen Salat und ein Bier. Wir unterhalten uns über alles Mögliche, über meine Wanderung und darüber, dass Leif den ganzen Winter jeden Tag zum Skifahren auf die nahen Pisten geht. Und der Winter ist hier wirklich lang! Die Gastfreundschaft von Eva und Leif rührt mich, hoffentlich kann ich die ganze Unterstützung, die mir all die Leute bisher entgegengebracht haben, irgendwann wieder zurück- oder auf irgendeine Art weitergeben.

Nach dem Essen würde ich mich gerne noch eine Weile auf das gemütliche Sofa im lichtdurchfluteten Wohnzimmer fläzen, um bei Kaffee und Zimtschnecken ein schönes Buch zu lesen. Leider kommt meine Verabredung mit dem Nordkap dazwischen, und Eva bringt mich zurück nach Fjällnäs. Danke zu sagen fällt mir nicht schwer, Eva hat mich heute gerettet und auch meine Stimmung wieder auf Vordermann gebracht. Begegnungen wie diese machen die Wanderung zu etwas ganz Besonderem!

Für mich geht es indes weiter. Einer der ausgesprochenen Klassiker unter den skandinavischen Wanderwegen steht auf dem Programm: der südliche Kungsleden. Zum ersten Mal überhaupt werde ich im schwedischen Fjäll wandern, endlich hat das Warten ein Ende! Durch einen Birkenwald entferne ich mich von der Straße und laufe bergan. Die Beschilderung ist zunächst verwirrend, aber die großen Wintermarkierungen der Schweden bringen mich wieder auf den richtigen Kurs. Allzu weit komme ich heute allerdings nicht mehr, da ich erst am Nachmittag losgelaufen bin. Gegen 19 Uhr finde ich eine passende Stelle zum Zelten, der Ausblick auf das Helagsfjäll zum Sonnenuntergang lässt verlorene Pakete und den Ärger der Zivilisation ganz schnell vergessen.

Nach dem Aufstehen liegt die erste richtige Etappe auf dem schwedischen Königsweg vor mir. Ich komme schnell voran, da der Weg gut ausgetreten ist und es nicht allzu viele Höhenmeter gibt. Außerdem strahlt die Sonne mit mir um die Wette. Zügig erreiche ich die Fjällstation Fältjägaren. Die Hütten hier in Schweden haben alle im Sommer einen Hüttenwart und sind vergleichsweise teuer, sogar teurer als in Norwegen, was mich verwundert.

Vor der Hütte sitzt ein Wanderer. An seiner Ausrüstung sehe ich, dass er Deutscher sein muss, denn kein Norweger oder Schwede wäre hier mit alpiner Extrembekleidung aus der Schweiz unterwegs. Tim aus Münster ist ziemlich erstaunt, als ich ihn mit einem Lächeln direkt auf Deutsch anspreche! Er ist gerade auf seiner ersten Solowanderung, und wir kommen schnell ins Gespräch. Die nächsten beiden Stunden laufen wir gemeinsam. Es macht Spaß, sich beim Wandern mit jemandem zu unterhalten. Nur läuft das Gespräch zunehmend einseitiger, Tim befindet sich zumeist hinter mir und wird immer schweigsamer. Ich drehe mich um und frage ihn, ob alles okay ist. »Du bist so verdammt schnell und trittsicher, ich komme kaum hinterher!«, antwortet er.

Das ist mir neu. Normalerweise laufe ich meinen Stiefel runter, womit ich mich mittlerweile ganz gut fühle. Dass ich dabei schon so routiniert und zügig bin, ist mir selbst noch gar nicht aufgefallen. Ich drossele mein Tempo und versuche, bewusst auf gleicher Höhe mit Tim zu wandern. Gegen 17 Uhr machen wir eine Pause. Tim fragt mich, wo er am besten sein Zelt aufschlagen könne, ich sei ihm einfach zu schnell. Er hat sechs Tage Zeit für eine Strecke, die ich in vielleicht vier Tagen laufen möchte.

»Keine Ahnung«, antworte ich, »ich zelte immer da, wo es schön ist, und wundere mich oft, dass es da nachts zu windig ist. Und ich verliere gerne mal mein Zelt! So erfahren bin ich also auch wieder nicht. Nur weil ich lange unterwegs bin, heißt das nicht, dass ich nicht trotzdem einen Haufen Fehler mache!« Ich rate ihm zumindest, exponierte Stellen zu meiden und für frisches Trinkwasser die Nähe zu einem Bach oder Fluss zu suchen. »Ansonsten schaue ich einfach immer, wo es mir gut gefällt.« Schließlich verabschieden wir uns – es werden die einzigen zwei Stunden auf der gesamten Tour bleiben, die ich gemeinsam mit einem anderen Wanderer unterwegs bin. Dann begebe ich mich auf die restlichen sechs Kilometer nach Helags, wo ich an der großen Fjällstation mein Zelt aufschlage und eine heiße Dusche genieße.

In der Hütte ist ziemlich viel los. Eine lange Schlange steht vor dem opulenten Salatbuffet, und überall sitzen die Leute bei einem Bier gemütlich in der Sonne. Es ist anders als in Norwegen: Viele

Wanderer übernachten hier im eigenen Zelt direkt an der Hütte – es sieht aus wie in der Zeltausstellung eines sehr bekannten schwedischen Herstellers. Die Norweger schlafen hingegen meist in der Hütte und sparen sich auf einer Hüttentour die Campingausrüstung.

Von Helags aus geht's am nächsten Tag rund, ich bin wahnsinnig gut drauf, total fit, und die Wege sind die reinsten Wanderautobahnen – jedenfalls für mich. Die Umgebung ist traumhaft: weite grüne Täler, eine tolle Fernsicht, und das Wetter ist zum Heldenzeugen. Nur einige Schäfchenwolken tummeln sich am Himmel. Eine leichte Brise ab und an vertreibt lästige Insekten. Ich überhole gefühlt sogar jeden, der am Morgen vor mir losgelaufen ist. Bei der ersten Schutzhütte habe ich bereits elf Kilometer in nur zwei Stunden zurückgelegt. Zum ersten Mal fühle ich mich richtig trainiert, ein Hochgefühl stellt sich ein. Um 14.30 Uhr habe ich bereits 19 Kilometer hinter mir.

Ich erreiche die riesige Sylarna-Fjällstation. Hier geht es ziemlich hektisch zu, ein Rettungshubschrauber landet gerade, überall wuseln unzählige Wanderer umher, und in dem Berghotel kann man sich verlaufen, so groß ist es. Die Umgebung und die Aussicht auf das imposante Sylarna-Massiv sind spektakulär. Da es noch früh ist, laufe ich weiter. Es ist unfassbar, wie viele Leute mir entgegenkommen, alle wollen zur Sylarna-Fjällstation. Der südliche Kungsleden muss einer der beliebtesten Wanderwege Schwedens sein, sogar Leute mit Mountainbikes sehe ich – deren Reifen allerdings die Wege regelrecht zerpflücken.

Nach einer kurzen Pause treffe ich auf Robin, der in dieselbe Richtung wie ich marschiert. Robins Schwiegervater kommt aus Deutschland, unglücklicherweise aus der verbotenen Stadt westlich von Herne – Schalke und Dortmund, immer und überall, egal wo … Wir gehen getrennte Wege, denn Robin will noch einen Gipfel mitnehmen. Auf einer Anhöhe oberhalb eines Baches schlage ich wenig später mein Zelt auf. Die Aussicht auf die Berge Sylarnas krönt den Tag. Bei einem Bier, das ich mir in der Fjällstation besorgt habe, lasse ich den Tag ausklingen. Die Abendsonne ist so kräftig, dass ich es kaum aushalte. Das ist doch mal ein Problem, das viel leichter zu ertragen ist als schmerzende Füße!

Heute ruft Storlien – und hoffentlich auch endlich mein Paket! Um 16 Uhr erreiche ich die Jugendherberge ein paar Kilometer außerhalb des Ortes. Es ist keiner da, die Rezeption geschlossen! Eine Telefonnummer hängt aus, und ich rufe die Betreiberin Tina auf dem Handy an. »Ich komme etwas später, bin noch unterwegs! Das Paket ist noch nicht angekommen, tut mir leid!«, lässt sie mich wissen. »Probier's doch mal im Supermarkt oder in der Tankstelle im Ort, vielleicht ist es dort abgegeben worden. Bis später!«

Die Nachricht frustriert mich. Bin ich vielleicht einfach zu schnell gelaufen? Die dreieinhalb Tage hierher waren womöglich zu kurz für das Paket und die schwedische Post. Soll ich in den Ort trampen und versuchen, das Paket zu finden? Ratlos sitze ich auf einem Plastikstuhl vor dem Eingang, als ein Bulli auf den Hof rollt und ein älterer Mann aussteigt. Er ist der Betreuer einer Gruppe blinder junger Menschen, die unter Anleitung im Fjäll wandern. Blind über Stock und Stein zu laufen, auf die Hilfe anderer zu vertrauen – ich bin beeindruckt, dazu muss unglaublich viel Mut gehören!

Aus der Erfahrung heraus weiß ich, dass es oft hilft, den Leuten von seinen Problemen zu erzählen. Woher sollen sie sonst wissen, welche Hilfe man gerade braucht? Also erzähle ich von meinem Paket, das ich in Storlien suchen möchte.

»Nimm doch den Bulli!«, sagt der Mann unvermittelt. Wie jetzt? »Ich mach's mir hier derweil gemütlich. Ich freue mich schon auf mein Feierabendbier, wir brauchen den Bulli gerade eh nicht. Du hast doch einen Führerschein, oder?«

Mir fällt die Kinnlade runter: »Klar hab ich 'nen Führerschein, das wäre super, wenn ich mir den Bulli borgen könnte!«

Er drückt mir den Schlüssel in die Hand, keine Minute später sitze ich am Steuer und versuche, mich zurechtzufinden; seit zwei Monaten bin ich nicht mehr selbst Auto gefahren. Gemächlich rolle ich den Weg hinab, biege auf die Landstraße ein und bin augenblicklich am Supermarkt. Dort frage ich nach dem Paket, doch ohne Erfolg. Eine Verkäuferin schickt mich weiter zur Tankstelle. Aber auch da: Fehlanzeige! Ich gebe auf und streiche die Segel für heute, es hat keinen Zweck weiterzusuchen. Frustriert kaufe ich noch im Supermarkt ein und fahre zurück zur Jugendherberge. An der Rezeption erwartet mich die blonde Tina, eine Bilderbuchschwedin: Sie ist Mitte vierzig und scheint hier seit ihrem Einstieg vor Kurzem reichlich frischen Wind in die Herberge gebracht zu haben. Im Keller gibt es sogar eine ziemlich coole Bar für die Gäste. Ich nehme ein Zimmer mit Vollpension, denn außer Warten kann ich sowieso nicht viel tun, schließlich brauche ich unbedingt die Karten und das Fertigessen aus dem Paket. Eine heiße Dusche und ein ausgiebiges Abendessen bringen mich auf andere Gedanken.

Gleich am Morgen ruft Tina für mich bei der Postbotin an. Zum Glück hat sie ihre Nummer. Die Postbotin war gestern hier, hat aber angeblich niemanden angetroffen und das Paket wieder mitgenommen. Ich könnte die Wand hochlaufen! Es waren den ganzen Tag Leute hier, die das Paket hätten annehmen können! Heute Morgen kann sie das Paket leider nicht mehr direkt hier vorbeibringen, denn sie hat zu viel zu tun. Aber gegen Nachmittag schafft sie es zum Supermarkt! Tina sieht mir meine Verzweiflung an. Kurzerhand ruft sie ihren Mann Nicklas an, der im Ort arbeitet und später zum Mittagessen vorbeikommen will. »Nicklas holt das Paket für dich ab und bringt es dann mit, mach dir keine Sorgen, das läuft!«, sagt sie mit einem Lächeln. Ich müsse mich nur bis zum Nachmittag gedulden.

Der Umgang mit solch banalen Dingen fällt mir im Moment schwer, ich will doch einfach nur wandern und draußen in der

Natur sein! Doch jetzt bin ich ein wenig erleichtert. Und wenn das Wandern so gut läuft wie in den letzten Tagen, dann werde ich es wohl doch noch bis zum Nordkap schaffen! »Das wird schon!«, »Det ordner seg!«, pflegt der zur Gelassenheit neigende Norweger zu sagen, ich werde es mir groß hinter die Ohren schreiben: *Det ordner seg!*

ZWEIFEL GEHEN,
SELBSTVERTRAUEN KOMMT
Skurdalsporten – Nesåsen

Das Paket ist da! Nicklas übergibt es mir feierlich in einer lässigen Art, die nur tätowierte blonde Bauarbeiter mit Sonnenbrille und ärmellosem Motörhead-T-Shirt hinbekommen. Ich bin so froh, es endlich in den Händen zu halten. Da es schon straff auf den Nachmittag zugeht, packe ich schnell den Inhalt um und verteile alles so, dass es in meinen Rucksack passt. Dadurch wird er wieder um einige Kilo schwerer.

Ein sehr spannender Teil meiner Wanderung liegt nun vor mir, der nächste Supermarkt wird erst wieder in Nordli kommen, und bis dorthin sind es in etwa sieben Wandertage. Zudem gilt es, eine der großen Unbekannten auf meiner Tour zu durchqueren, den weglosen Blåfjella-Skjækerfjella-Nationalpark. Über diese Gegend habe ich nicht sehr viele Informationen gefunden, und die Routen der NPL-Wanderer unterscheiden sich hier extrem. Mit viel Respekt habe ich während der Planung immer wieder auf diese Ecke im norwegisch-schwedischen Grenzgebiet geschaut, jetzt muss ich da durch. Sogar Bären und Wölfe soll es hier geben …

Überschwänglich und unglaublich dankbar verabschiede ich mich von Tina und Nicklas. Frohen Mutes mache ich mich auf den Weg, die Tage auf dem Kungsleden haben mir Selbstvertrauen gegeben. Hoffentlich komme ich auch auf den nächsten Etappen so schnell und problemlos voran. Erst mal laufe ich nach Storlien, an der Tankstelle genehmige ich mir noch kurz die obligatorische Cola, dann geht es in Richtung Fjäll. Der Weg ist schlecht ausgeschildert, oder ich bin einfach zu doof, um die Schilder zu finden. Es muss irgendwo den Berg hochgehen, nur wo? Entnervt laufe ich eine steile Skipiste durch hüfthohes Gras hinauf, bis der eigentliche Weg den Hang kreuzt. Vorbei am »Tempel des Windes«, einem kleinen Holzhäuschen, und hinüber zum Sylarna-Massiv geht es nun wieder in Richtung der norwegischen Grenze. Da es langsam spät wird, möchte ich nur noch bis auf die norwegische Seite gelangen und mir dort einen Zeltplatz suchen.

Am Grenzstein RT 161 betrete ich das Königreich Norwegen und finde oberhalb des Skurdalsjøen auf einer Kuppe einen wunderschönen Platz mit Aussicht auf den See. Das Abendessen muss ich allerdings im Zelt einnehmen, denn die Mücken sind hier eine echte Plage. Danach studiere ich bei einer Tafel Schokolade die Karten für die nächsten Tage. Zuerst stutze ich, dann suche ich alles ab, und schließlich trifft mich fast der Schlag: Ein Kartenblatt fehlt! Verdammt noch mal, ausgerechnet für die Gegend, in der ich ohne Wege laufen muss, fehlt mir die Karte! Ich habe wohl vergessen, sie zu kaufen ... Mal sehen, wie ich das nun wieder löse, es könnte spannend werden. Jetzt will ich aber erst mal nicht weiter darüber nachdenken und vertage das Problem.

Warmes Wetter treibt mich am Morgen aus dem Schlafsack und zurück auf den Wanderweg. Zügig komme ich voran, doch die Wegmarkierung ist nachlässig. Prompt versteige ich mich und fluche in der warmen Sonne vor mich hin, bis ich wieder richtig laufe und dem Grenzzaun folge, der hier nicht die Menschen, sondern die norwegische von der schwedischen Rentierpopulation trennt. Am Grenzstein 162 posiere ich für ein Foto. Diese Grenzsteine sind nicht so kleine Steine, wie man sie von einem Grundstück in Deutschland kennt. Es sind große runde Steinhaufen, die trocken gemauert sind. Vielleicht zwei Meter im Durchmesser und eineinhalb Meter hoch. Der obere Teil ist mit gelber Farbe angestrichen, und in der Mitte steckt hier eine Tafel aus verwittertem Stein mit der Nummer 162 und der Jahreszahl 1758 darauf.

Von hier geht es durch sumpfiges Gelände immer weiter von der Grenze weg. Plötzlich höre ich Donnergrollen hinter mir. Als ich mich umdrehe, blicke ich direkt in die sich auftürmenden Wolkenberge. Kurz darauf trommeln auch schon die ersten großen Regentropfen auf meine Kleidung. Jetzt heißt es die Füße in die Hand nehmen, denn es ist noch ein gutes Stück bis zur Angeltjønn-Hütte. Hier im Fjell möchte ich das Gewitter auf keinen Fall erleben. Durch einen breiten Gürtel Buschwerk laufe ich geradewegs hinein in einen Sumpf, die nächste Markierung steckt mitten in einem matschigen Feld. Der Weg wird hier von Holzstöcken markiert, deren oberes Ende rot angemalt ist. Oft sind sie einfach umgefallen und schwer zu erkennen. Das Grollen wird lauter, immer bedrohlicher. Ich will nur noch in die sichere Hütte. Um nicht unnötig Zeit zu verlieren, verzichte ich auf mein Regenzeug – ein Fehler. Der erste Blitz zuckt vor mir über den großen See, an dessen Ufer die Hütte liegt, und ein Regenguss gibt mir die volle Breitseite. Klatschnass arbeite ich mich der Hütte entgegen, meine Brille ist beschlagen und voller Wassertropfen, im Blindflug stürze ich voran.

Völlig durchnässt erreiche ich um 14 Uhr den Unterschlupf, das Wasser steht mir in den Stiefeln. Im Vorraum der Hütte bildet sich rasch eine große Pfütze um mich herum, ich will nur noch raus aus den Klamotten. Die Wände der Hütte wackeln, als sich das Gewitter direkt darüber entlädt. Heute laufe ich jedenfalls keinen Meter mehr. Die Natur hat mir mal kurz im Vorbeigehen gezeigt, was für ein kleines Licht ich doch hier draußen bin.

Eigentlich sollte es weiter in Richtung Ferslia-Hütte gehen, doch nun sitze ich hier im Gewitter, der Tag ist noch lang, der Nachmittag früh. Es fühlt sich an wie pure Zeitverschwendung. Auf dem Kungsleden war doch der Knoten geplatzt, oder etwa nicht? Stattdessen liege ich jetzt auf dem Sofa, während um mich herum die Welt untergeht. Meine Gedanken passen sich der düsteren Stimmung draußen an. Heftige Zweifel plagen mich mit einem Mal: Zu langsam, wegloses Gelände ohne Karte, vermutlich zu wenig Geld für die Tour, alles ist plötzlich schlecht. Mein Handy summt, eine SMS, ich habe hier offenbar Empfang: Der BVB hat die Bayern mit 4:2 im Supercup geschlagen, na wenigstens etwas Aufhellung an diesem unerwartet tristen Tag.

Am folgenden Morgen sind die dunklen Gedanken immer noch da, anscheinend habe ich mir völlig unerwartet eine richtige Depriphase eingehandelt. Aber ich will hier nicht weiter Däumchen drehen und Trübsal blasen, der Durst kommt ja bekanntlich beim Trinken – eine alte Sauerländer Schützenfestweisheit –, und so laufe ich missmutig los, um die kurze Etappe hinüber zur Ferslia-Hütte in Angriff zu nehmen. Dort wollte ich ja eigentlich gestern schon ankommen.

Matsch und warmes Wetter machen mir zu schaffen, der Schweiß rinnt an mir in Strömen herab. Es läuft ganz gut, aber eigentlich versuche ich nur, die Etappe irgendwie hinter mich zu bringen. Kraftlos erreiche ich schließlich die moderne Hütte in Ferslia, die in einem weiten Hüttenfeld liegt. Bei einer großen Dose eingelegter Pfirsiche lese ich im Hüttenbuch von Martin, der sich hier eingestehen musste, dass es für ihn nicht mehr weitergeht und er seinen Plan, »Norge på langs« am Stück zu absolvieren, aufgeben muss. Die Verhältnisse haben ihm seine Grenzen aufgezeigt, Matsch und Schlamm haben ihn niedergerungen. Hoffentlich muss ich so etwas nie in ein Hüttenbuch schreiben. Es wird ein nachdenklicher Tag, der meine Stimmung nicht gerade hebt und mir wieder mal zeigt, wie wichtig gute Verhältnisse im Fjell sind. Auch ein starker Kopf kommt nur so weit, wie die Natur es zulässt. Man sollte sich die Demut vor der Natur also immer bewahren.

Ich sitze in Vera, einer kleinen Siedlung weitab vom Schuss, auf einem braunen durchgesessenen Sofa, das im Vorraum der Dusche einer ehemaligen Pension steht. Die letzten zwei Tage waren anstrengend und haben mich oft zweifeln lassen. Wärme und Morast haben mich auf eine harte Probe gestellt, doch der Wille war da, ansonsten säße ich schon im Bus nach Hause. Nur gewaltige Mengen an Moltebeeren, die wie kleine orangefarbene Brombeeren aussehen, haben mir die Tage etwas versüßt.

In Vera gab es früher auf einem Bauernhof eine Art Pension, die leider mittlerweile geschlossen ist. Trotzdem bin ich zu dem Haus gegangen, denn ab hier muss ich zwei Tage weglos durchs Fjell laufen, und mir fehlt ja bekanntlich die entscheidende Karte. Die junge Besitzerin Wenche erklärte mir mit ihrem kleinen Sohn auf dem Arm, dass für den Nachmittag Starkregen mit heftigen Niederschlägen angesagt sei. Ihr Mann Rune kenne sich hier sehr gut aus, er könne mir gerne später die Route erklären und eine Karte ausdrucken, die er auf dem Computer habe. Sie bot mir zudem an, im Vorraum der Dusche zu übernachten oder vor dem Haus mein Zelt aufzubauen. In meiner Verfassung ließ ich mir das nicht zweimal sagen.

Die Duschen funktionieren noch und sind immer geöffnet für die wenigen Wanderer, die hier vorbeiziehen. Keine Ahnung, wie lange ich unter der heißen Dusche stand, am Ende verlor ich jedes Zeitgefühl. Später kam Rune vorbei und erklärte mir die weglose Route durchs Fjell nach Gaundalen, von wo ich einer alten Telegrafenleitung weiter folgen könne. Er übergab mir auch einen Kartenausdruck und beruhigte mich, dass das alles kein Problem und ganz einfach zu finden sei. Runes Worte in Gottes Ohr!

Da ich hier Handyempfang habe, werfe ich am folgenden Morgen einen Blick auf die Wettervorhersage: Regen, Regen, Regen! Es soll den ganzen Tag ohne Unterlass schütten. Mich verlässt der Mut, und ich beschließe, einen Ruhetag einzuschieben. Solche Tage sind ja eigentlich dazu da, die ganze Zeit zu essen und die leeren Speicher wieder aufzufüllen. Es gibt in Vera allerdings keine Möglichkeit zum Einkaufen, ich habe nur meine übliche Tagesration. Wenn man wie zu Hause aus Langeweile immerzu zum Kühlschrank rennen möchte, wird man hier sehr unglücklich. Der Vorraum zwischen den Damen- und Herrenduschen ist mein Heim.

Auf dem Sofa sitzend, starre ich zur Tür heraus und sehe dem Regen beim Regnen zu. Stundenlang, den ganzen Tag, nur der MP3-Player mit seinen Hörbüchern bietet mir Abwechslung.

Wer mit dem Gedanken spielt, »Norge på langs« zu laufen, dem empfehle ich, mal so einen Tag daheim auszuprobieren und zum nächstgelegenen Kreisligafußballverein zu gehen, ausgestattet mit einer Tafel Schokolade, zwei Snickers, ein bisschen Müsli und einem Fertigessen. Dann setzt man sich, nur mit seinem MP3-Player bewaffnet, von morgens um acht bis abends um zehn auf die nach Männerschweiß riechenden Holzbänke in der gekachelten und trostlosen Umkleidekabine aus den Achtzigern und versucht, den Tag herumzubekommen. Wem das, ohne durchzudrehen, gelingt, der wird auf einer langen Wanderung sicher ohne Probleme allein zurechtkommen.

Irgendwann ist der Tag jedenfalls rum, die Nacht auch, und es geht weiter. Mit einem groben Computerausdruck laufe ich los. Im Grunde ist es ganz einfach: Der Weg nach Gaundalen, zur nächsten Siedlung, kann an einem Tag geschafft werden, wenn man zügig läuft und sich nicht verirrt. Matsch und Sumpf bremsen mich jedoch aus, und mit meinen Orientierungskünsten ist es auch nicht so weit her, sodass ich mich gnadenlos versteige und inmitten eines riesigen Sumpfes wiederfinde. Fluchend steuere ich auf einen weiteren Tiefpunkt zu, als ich merke, dass ich in die völlig falsche Richtung gelaufen bin. Sich die eigenen Fehler einzugestehen, tut immer am meisten weh – es gibt schließlich keinen Sündenbock, den man beschimpfen kann.

Spät, aber glücklicherweise nicht zu spät, bekomme ich gerade noch die Kurve. Ich reiße mich zusammen und finde nach einem großen Umweg wieder die richtige Richtung. An diesem Tag werde ich es auf keinen Fall mehr bis Gaundalen schaffen, diesem einsamen Bauernhof im Niemandsland. Von einer Anhöhe aus blicke ich auf das weite Tal, durch das ich heute eigentlich noch hätte laufen sollen. Nun geht es erst mal hinab in das Tal. Das Gelände ist immer noch sumpfig, und es bereitet mir einige Mühe, einen Weg durch den ganzen Morast zu finden. Aber es gelingt mir, und am Ende entdecke ich sogar eine schöne Stelle zum Zelten. Für heute reicht es mir. Vor dem Schlafengehen mache ich mir kurz Sorgen über nächtliche Besuche von Meister Petz und Isegrim, aber mir fehlt die Kraft, weiter darüber nachzudenken. Die werden sich schon fernhalten – wenn es sie hier denn wirklich gibt!

Am nächsten Tag brauche ich nur wenige Stunden bis nach Gaundalen, die Erleichterung ist groß, habe ich mir doch vorgestern aus Angst vor der Strecke noch fast in die Hosen gemacht. Das Gehöft liegt idyllisch auf einem lang gezogenen, sanften grünen Hügel. Das Heu wird hier noch traditionell auf langen Leinen getrocknet. Sofort fällt mir die riesige Scheune auf, die eigentlich gar nicht zu dem gelben Holzhäuschen passt. Ein neugieriger strubbeliger Hund trottet auf mich zu und wedelt mit der Rute, kurz darauf kommt sein Herrchen Steinar Gaundalen um die Ecke. Wir kommen ins Gespräch, und er bittet mich in die Stube, wo ich Kaffee und Käsebrote serviert bekomme.

»Unglaublich, wie abgelegen ihr wohnt!«, sage ich zu ihm.

Er zuckt nur mit den Achseln: »Ist halt so, wir wohnen hier schon in der siebten Generation!«

Er und seine Frau haben alles, was man braucht: Strom wird in einem kleinen Wasserkraftwerk produziert, über die große Antenne erhalten sie Internet und Telefon. Allerdings kann man den Hof nicht mit dem Auto anfahren, der Feldweg führt lediglich zu einem See in sechs Kilometern Entfernung, von dort aus muss man das Boot nehmen, um dann eine Schotterpiste in Schweden zu erreichen, die irgendwann zu einer richtigen Straße führt. Ansonsten kommt man nur übers Fjell hierher. Sogar das norwegische Fernsehen NRK hat schon über Gaundalen berichtet. In einer Serie, in der Leute porträtiert werden, die selbst für norwegische Verhältnisse so abgelegen wohnen, dass man es kaum glauben mag. Wer denkt, er wohne irgendwo einsam auf dem Land, der sollte sich unbedingt mal die Sendung »Der ingen skulle tru at nokon kunne bu« (Wo keiner glauben würde, dass dort jemand wohnt) im Internet angucken, da bekommt »abgelegen« eine ganz neue Dimension.

Die große Scheune sei übrigens gar keine Scheune, erklärt mir Steinar. »Das ist ein Flugzeughangar!«, erzählt er augenzwinkernd. Es gibt hier tatsächlich eine offizielle Landebahn für Kleinflugzeuge, und ab und zu fliegt Steinar Gaundalen zum Einkaufen! Mich wundert hier gar nichts mehr.

Nach der Stärkung geht es für mich weiter. Steinar meint, die nächsten zwei Tage solle ich einfach nur der alten Telefonleitung folgen, verlaufen könne ich mich keinesfalls. Die Masten seien weithin sichtbar und würden über die DNT-Hütte Holden bis nach Gjefsjøen führen. »Dort leben die Bewohner noch abgelegener als wir«, lacht er beim Abschied. Kopfschüttelnd laufe ich dem alten Telefondraht hinterher.

Die Wanderung ist anstrengend, denn da der Weg nicht oft begangen wird, gibt es keine ausgetretene Spur. Die Masten stehen im Abstand von vielleicht fünfzig Metern und sind Relikte einer längst vergangenen Zeit. Hin und wieder ist ein Mast durchgefault und umgefallen, die Drähte hängen durch oder sind gänzlich durchgerissen. Kurz überlege ich, mir einen der heruntergefallenen Isolatoren aus Porzellan als Andenken mitzunehmen. Das Souvenir ist mir allerdings zu schwer und passt nicht mehr in meinen Rucksack. Das Gelände erinnert mich ein bisschen an die Austheiene am Anfang meiner Wanderung, nur dass hier alles sehr viel weitläufiger ist. Eine Gegend, die total vergessen im Grenzgebiet zu Schweden liegt.

Anderthalb Tage später erreiche ich endlich Gjefsjøen, wo es ein Wohnhaus, eine große Scheune und etwas abseits ein älteres Haus gibt, das anscheinend ein Ferienhaus ist. Um das rote Wohnhaus herum liegen grüne Wiesen und bestellte Felder, es duftet nach

Heu. Zu diesem Ort kommt man ebenfalls nur übers Fjell oder per Boot, es führt keine Straße hierher, und die Leute wohnen das ganze Jahr über auf dem Hof. Nach Snåsa, der nächsten Stadt, sind es dreißig Kilometer übers Fjell oder 250 Kilometer Umweg per Boot und Auto durch Schweden. Wenn man hier als Wanderer übernachten möchte, muss man sich vorher anmelden.

Als ich am Haus ankomme, startet dahinter gerade ein kleiner gelber Hubschrauber und entfacht einen gewaltigen Sturm. Frau Gjefsjø kommt mir entgegen und bittet mich in die Stube. Dazu muss man wissen, dass es für Norweger ziemlich ungewöhnlich ist, Fremde direkt in ihr Haus zu bitten. An den Wänden hängen Jagdtrophäen und Schwarz-Weiß-Aufnahmen von erlegten Wölfen. Zwei Hunde blicken mich skeptisch an. Frau Gjefsjø wohnt hier zusammen mit ihrem weißhaarigen Mann Nils, der in Feinripp und Hosenträgern und mit seiner leicht untersetzten Figur nach harter, ehrlicher Arbeit aussieht, und dem Sohn Christian, der Mitte zwanzig ist und den Hof übernommen hat. Sie leben von der Landwirtschaft und züchten Schafe.

In der Stube ist die Tafel gedeckt. Es gibt Brot, Kuchen, Wurst und Käse sowie selbst gemachte Moltebeerenmarmelade. Die Stärkung tut mir richtig gut, und ich erfahre nebenbei, dass die Männer des Hauses am Vormittag im Wald gearbeitet haben, wo sie ein etwa hundert Quadratmeter großes Ferienhaus bauen. Das Material dafür wird entweder im Winter über das verschneite Fjell gefahren oder per Hubschrauber angeliefert.

Den kleinen gelben Hubschrauber hat übrigens ein Freund von Christian gesteuert, der öfter mal mit dem Heli vorbeikommt, da sonst die Anreise einfach zu lang wäre. Die Männer zeigen mir auf der Karte, wie es für mich weitergehen könnte. Da ich mich ja so »zielsicher« im weglosen Fjell bewege, möchte ich nicht wie die anderen NPL-Wanderer eine lange Tagesetappe zur nächsten Alm nach Berglia gehen. Nein, ich werde den direkten Weg nehmen und geradewegs durch den Nationalpark laufen. Ich habe einfach keine Lust, meine Zeit auf der Straße nach Nordli zu verbringen. Die direkte Route erscheint mir viel reizvoller, und die Herausforderung, es auf diesem Weg nach Nordli zu schaffen, ist ziemlich verlockend.

Christian schaut für mich im Internet nach der Wettervorhersage für den Nachmittag: Wieder sind Regen, Sturm und Gewitter angesagt, ich würde später direkt hineinlaufen. Ein Anruf von der nächsten Alm macht mich neugierig und überzeugt mich endgültig davon, heute nicht mehr weiterzugehen: Sigbjørn, ein anderer NPLer, wird heute Abend hier ankommen. Von ihm habe ich bereits gehört. Martin hat ihn mir in seinen E-Mails als Schnellzug angekündigt, der erst vor Kurzem am Nordkap gestartet ist und in rasender Geschwindigkeit nach Süden läuft. Am Abend steht er dann vor mir in der Stube. Sigbjørn ist Anfang fünfzig, trägt einen Rauschebart und sieht ziemlich fit aus. Normalerweise betreibt er in der Nähe von Stavanger ein Wellnesshotel. Es ist großartig, einen anderen NPLer zu treffen, die Wahrscheinlichkeit, sich bei all den unterschiedlichen Routen unterwegs zu begegnen, ist ja nicht allzu groß. Umso mehr freue ich mich, mit ihm den ganzen Abend lang über unsere Erlebnisse und Empfindungen zu sprechen. Schnell stellt sich eine vertraute Stimmung ein. Frau Gjefsjø überreicht uns dazu zwei eiskalte Dosenbiere – eine besondere Wertschätzung für uns verrückte Wanderer, da die Getränke wohl ebenso weit gereist sind.

Auch für Sigbjørn ist die Tour eine große Herausforderung. Er hat nur begrenzt Zeit und plant deshalb mit ungefähr neunzig Tagen. Seine Ausrüstung ist entsprechend leicht, und er muss gewaltige Tagesetappen laufen, um sein Ziel zu schaffen. Genau wie ich hat er bereits stark an Gewicht verloren und isst alles, was ihm in die Hände fällt. Was den Zeitplan anbelangt, bin ich natürlich deutlich entspannter mit meinen geplanten 120 Tagen. Zum Glück muss ich zu keinem bestimmten Termin wieder zu Hause sein, nur der Winter oder ich selbst können die Tour vorzeitig beenden. Es ist bereits spät, als Sigbjørn und ich draußen in unsere Zelte kriechen. Die vorhergesagten stürmischen Böen haben wir zum Glück in der gemütlichen Stube abgewettert.

Schade, dass wir uns schon am frühen Morgen wieder voneinander verabschieden müssen, aber schließlich haben wir beide einen Job zu erledigen. Vor der Haustür der Gjefsjøs stellen wir uns für ein Abschiedsfoto auf: links und rechts die NPL-Wanderer, in der Mitte der alte Gjefsjø mit seinen Hosenträgern, über uns am Türrahmen thronen große Elchschaufeln – ein Bild wie aus einer anderen Zeit. In Schwarz-Weiß würde es sich bestimmt gut neben dem alten Foto in der Stube machen, das Urgroßvater Gjefsjø mit den vier erlegten und am Scheunentor aufgehängten großen Wölfen zeigt. Und dann brechen Sigbjørn und ich in unterschiedliche Richtungen auf. Mein GPS enthält die Wegpunkte, die mir die Männer in Gjefsjøen gestern auf der Karte gezeigt haben. Zwei Tage querfeldein liegen vor mir. Ich habe großen Respekt, fühle mich aber bereit dafür. Am Ende der Etappe wartet Nordli, eine größere Gemeinde, in der es einen Supermarkt und somit einen zusätzlichen Anreiz gibt: Cola und Chips!

Die Häuser verschwinden rasch aus meinem Blickfeld, durch Marschland geht es immer tiefer in den Nationalpark hinein. Ich versuche, möglichst systematisch GPS-Punkt für GPS-Punkt abzulaufen – es ist eine fordernde Gegend, da man sich seinen Weg selbst suchen muss. Immerzu laufe ich über Stock und Stein, durchs Unterholz, und ja, manchmal endet der eingeschlagene Weg auch in einer Sackgasse, und ich muss zurück auf Los, einen anderen Weg finden. Zahlreiche Birken und Kiefern stehen in großen Abständen zueinander, es gibt viele kleine und größere Seen, Bäche, die ruhig vor sich hin mäandern, und reißende Flüsse, in denen das Wasser zu kochen scheint. Ein bisschen komme ich mir vor wie der britische Abenteurer Bear Grylls, der in seiner Fernsehsendung irgendwo in der Wildnis von einem Flugzeug ausgesetzt wird und dann zusehen muss, wie er da wieder herauskommt. Mit dem kleinen Unterschied, dass ich Brennstoff, ein Zelt und etwas zum Essen dabeihabe und er meist nur sein Survival-Messer.

Über einen Bergrücken gelange ich in eine riesige flache Ebene, die sanft zu einem etwa zwei Kilometer entfernten Fluss hin abfällt. Auf dem Weg dorthin muss ich alle fünfzig Meter tiefe Felsrinnen durchqueren, die meine Laufrichtung kreuzen. Zwischen den Rinnen liegen große Felsplatten, und überall hat ein Troll gigantische Felsbrocken verteilt. Auch wenn ich mich ohne Ende quälen muss, macht es unglaublich viel Spaß, hier zu laufen. Die Weite der Landschaft ist unfassbar schön, ich tauche richtig ein und sauge die Freiheit mit jeder Pore auf. Das tolle Wetter tut sein Übriges, und die Erfahrung, hier auch ohne ausgetretene Pfade zurechtzukommen, stärkt mein Selbstbewusstsein. Am Fluss finde ich schnell eine geeignete Stelle zum Furten, und da es gerade so gut läuft, möchte ich noch einen Bergrücken erklimmen, um mein Zelt an einer besonders schönen Stelle aufzuschlagen. Leider dauert das alles länger als gedacht, doch als das Zelt endlich steht und ich mein Abendessen im Sonnenuntergang löffle, bekomme ich die Belohnung für die Mühen.

Die Hälfte der Wegstrecke nach Nordli habe ich bereits hinter mich gebracht, am nächsten Tag folgt der zweite Teil. Wieder machen mir tiefe Rinnen das Leben schwer, es ist fast wie in einem Irrgarten. Prompt nehme ich auch noch den falschen Weg und gelange in das falsche Tal. Als ich meinen Fehler bemerke, muss ich ziemlich umständlich über einen Bergrücken zurück auf meine eigentliche Route finden. Wieder mal habe ich die Navigation vermasselt. Das Schöne daran: Ich kann nur mir selbst die Schuld dafür in die Schuhe schieben. Will ich so etwas vermeiden und mir das Leben nicht unnötig erschweren, muss ich mich besser konzentrieren und mich zusammenreißen. Da an diesem Tag weitere sinnlose Umwege folgen, bekomme ich auch gleich noch eine Lektion darin, mich in Gelassenheit und *Det ordner seg!* zu üben. Die Geduld wird zu einer Tugend, die ich mir selbst mit dem Holzhammer einbläue. Dennoch ist das Gefühl, sich hier auf seine Fähigkeiten verlassen zu können, einfach unbezahlbar.

Nach einem mühsamen Anstieg erklimme ich schließlich eine Felskuppe. Der dahinterliegende Ausblick entlockt mir einen Jauchzer der Erleichterung: Vor mir befindet sich der riesige Laksjøen, an dessen gegenüberliegendem Ufer nach etwa 15 Kilometern Nordli liegt. Von hier sieht alles ganz nah aus, ich muss nur noch zum See hinab und die in der Karte eingezeichnete Schotterpiste finden, dann habe ich die große Wildnis tatsächlich durchquert und kann mein Zelt am Ufer aufbauen. Doch ganz so einfach ist es nicht: Vorher muss ich noch die weiten morastigen Hänge absteigen. Der Weg ist natürlich deutlich länger als gedacht, und zu guter Letzt muss ich mich noch durch dichtes Unterholz schlagen.

Eine Stunde später stehen meine Füße endlich auf der Schotterpiste! Ich bin einfach nur glücklich – und sehr stolz auf mich.

DET ORDNER SEG – DAS WIRD SCHON
Nesåsen – Krutvatnet

Der Supermarkt in Nordli kommt am späten Dienstagvormittag in Sicht. Am Morgen bin ich ohne Frühstück aufgebrochen, die »große Stadt« mit ihren einigen Hundert Einwohnern lockte mich zu sehr. Zugegeben, in erster Linie wollte ich nach der Etappe durch die vermeintliche Wildnis zum Supermarkt, um meinen Erfolg mit Cola und Chips zu feiern. Schnell habe ich deshalb die zähen 15 Kilometer über die Schotterpiste und die anschließende Landstraße zurückgelegt. Wie ein Cowboy, der gerade den Ritt seines Lebens hinter sich gebracht hat, betrete ich nun den kleinen Supermarkt und lasse mich in der Kaffee-Ecke nieder. Ich verputze zuerst einen großen Waldbeerenjoghurt, dann ein Puddingteilchen und spüle schließlich mit viel Cola nach. Es ist herrlich, ohne Rücksicht auf zu viele Kalorien oder zu viel Fett einfach das zu essen und zu trinken, worauf man gerade Lust hat!

Mein nächstes Versorgungspaket hat Julia nach Røyrvik geschickt. Ich bitte eine der Verkäuferinnen, dort in der Post nachzufragen, ob es schon eingetroffen ist. Ihre Antwort lässt mich aufatmen: »Es ist da, du kannst es abholen! Und falls keiner in der Post sein sollte, hast du hier die Telefonnummer von dem Mitarbeiter dort, du kannst ihn auch gerne nach Feierabend anrufen, er kommt dann und gibt dir dein Paket!«

Erleichtert von dieser guten Nachricht sehe ich mich weiter im Supermarkt um. Da fast alle NPL-Wanderer in Nordli vorbeikommen, gibt es hier für sie von der im Ort ansässigen und im ganzen Land bekannten Lierne-Bäckerei besonders große Tüten der süßen Lefse-Fladen, natürlich umsonst. Zwei Packen dieses typisch norwegischen Snacks wandern in meinen Rucksack. Mit viel Butter und

Zimt bestrichen, sind sie extrem lecker und gehaltvoll! Schon während der letzten Wochen habe ich einige davon verputzt.

Die Pause zieht sich in die Länge, erst gegen 13 Uhr gehe ich weiter. Meine Motivation ist nicht besonders hoch. Um schnell voranzukommen, werde ich die nächsten achtzig Kilometer auf der Landstraße verbringen müssen. Eine praktische Alternative durchs Fjell habe ich einfach nicht gefunden, und so quäle ich mich über die ziemlich verlassene Straße weiter nach Norden. Außer einem Paar, das auf der Suche nach Moltebeeren ist, begegne ich niemandem. Nach elf Kilometern erreiche ich den Ort Kvelia, wo mir ein kleiner Tante-Emma-Laden auffällt: Drinnen gibt es eine gemütliche Sitzecke mit Sofas, auf einer Anrichte stehen Kaffee und Gebäck. Ich mache es mir gemütlich und tue mich nach einer kleinen Spende am Kaffee gütlich.

Neben dem Laden beherbergt das Haus noch eine kleine Manufaktur, die Produkte aus gewalkter Wolle herstellt. Jeder, der NPL läuft, bekommt hier ein Paar warme Wolleinlegesohlen geschenkt. Ein schönes Souvenir, der nächste Winter kommt gewiss! Ein paar Einheimische schauen zum Einkaufen vorbei und gesellen sich zu mir aufs Sofa. Man erklärt mir, warum es überhaupt einen Laden in diesem kleinen Ort gibt: Einmal im Jahr findet hier seit etwas mehr als zehn Jahren ein großes Laientheater statt, das »PeTorsa«-Festival. Dabei wird ein Theaterstück, das in den Fünfzigerjahren spielt, auf einem Museumsbauernhof aufgeführt. Von Jahr zu Jahr kommen mehr Besucher, mittlerweile sind es ein paar Tausend – unglaublich viele für ein kleines Dorf wie Kvelia mit seinen 160 Einwohnern. Die Theaterfans werden im weiten Umkreis untergebracht oder schlagen ihre Zelte auf dem hiesigen Sportplatz auf. Der kleine Laden kann nur durch die Umsätze überleben, die an diesem einen Wochenende hereinkommen. Der Betreiber des Supermarkts gehört zu den Mitorganisatoren des Festivals, die ersten Vorstellungen liefen noch hier im Laden auf einer kleinen Bühne.

Es braucht nicht viel, um glücklich zu sein ...

Nieselwetter beim Aufbruch am Kap Lindesnes

Food for your mood – und endlose Straßen zu Beginn

Der erste Abend im Vorgarten an der Landstraße

Die Sehnsucht nach der Weite des Fjells treibt mich an.

Die alte Lady MB *Bitihorn* auf dem Bygdin-See

Einer von vielen Schokoriegeln in den Bergen Skarvheimens

Platz zum Durchatmen in der östlichen Hardangervidda

Zweiraumwohnung mit grandiosem Ausblick

Für Momente wie diese wandere ich durch Norwegen.

Zeit zum Verweilen: mit den Bergen Rondanes im Rücken

Die DNT-Hütte Knausen ist eine wahre Perle.

»Das Beste am ganzen Tag, das sind die Pausen!«

Am Grenzstein zu Schweden: mit einem Fuß bei den Nachbarn

Der südliche Kungsleden – ein Klassiker unter Skandinaviens Wanderwegen

Schweden wie aus dem Bilderbuch

Im Reich von Meister Petz und Isegrim – das Skjækerfjella

Die Natur schmeckt ungefiltert einfach am besten.

Mit dem NPLer Sigbjørn bei Nils und seiner Familie in Gjefsjøen

Der norwegische Abenteurer Trond Strømdahl spricht mir Mut zu.

Im Fjell ergänzen sich Sonne und Regen perfekt.

Worte können diesen Anblick nicht beschreiben.

Nach dem Gewitter kehrt wieder Ruhe ein.

Wo wird mich der Weg noch überall hinführen?

Feierabend in der Abendsonne vor der Krutvasshytta

Kaffeestunde auf dem Steikvasselv-Hof am Ufer des Røssvatnet

Momente voller innerer Ruhe

Das Okstindan-Massiv ist fast 2000 Meter hoch.

Norwegische Hüttenromantik mit iPod und bei Kerzenschein

Matilde und Robert laufen mit ihrem Hund Eira »Norge på langs«.

Die gemütliche Hütte in Umbukta ist Balsam für meine NPL-Seele.

Bäche und Steine, Bäche und Steine ...

Ein würdiger Rahmen für die Ankunft am Polarkreis!

Bis zum Nordkap muß ich noch unzählige Hürden überwinden.

Mein Weg führt mich auch durch die üppige Flora des Junkerdalen.

Rentierzäune trennen die unterschiedlichen Herden voneinander.

Am Ende der Tour lerne ich, die Vorzüge von Butter besonders zu schätzen.

Der perfekte Zeltplatz im schwedischen Padjelanta-Nationalpark

Zeit für Ruhe ist ein großartiger Luxus auf meiner Wanderung.

Spektakuläre Farben machen den Herbst im Fjell zur schönsten Jahreszeit.

Die weite Landschaft Lapplands mit Blick auf das Áhkká-Massiv

Ut på tur, aldri sur! – Bist du auf Tour, ist alles gut!

Helfende Hände sind auf Björn Klauers Huskyfarm immer willkommen.

Björns Hunde können den Winter kaum erwarten.

Dramatische Stimmung im Øvre-Dividal-Nationalpark

Zu meinem Geburtstag am 25. September gibt es den ersten Schnee.

Das Nábár-Plateau steckt voller Überraschungen.

Die norwegische Variante des »Magic Bus« kurz vor Alta

Die Kinder der Sámi wissen, woher ihr Rentierfleisch stammt.

Frust auf den letzten Metern – nicht immer ist die Tour ein Vergnügen.

Zu Gast bei Matze, Steffi und Marit in Stabbursnes

Sonnenuntergänge und Polarlichter sind die Belohnung für meine Mühen.

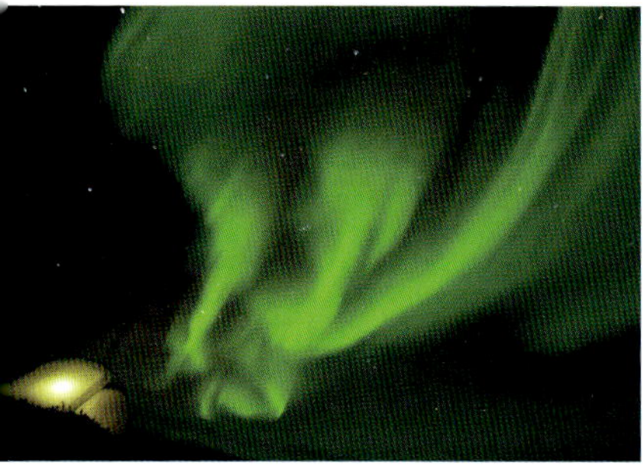

Der Tunnel ruft. Es geht 212 Meter unter das Meer.

Ein Dortmunder am Ziel seiner Wanderung

Auf dem Rückweg in Oslo: Nichts wird mehr so sein, wie es mal war.

Ich genieße es, mich mit den Leuten über Kvelia und das Festival zu unterhalten. Zudem ist es ein prima Vorwand, heute nicht mehr weiterzugehen. Im Keller des Hauses gibt es sogar eine von außen zugängliche Dusche und Toilette. Es gefällt mir hier so gut, dass ich nachfrage, ob ich nicht direkt am Laden mein Zelt aufschlagen darf. »Klar, kein Problem, mach's dir gemütlich da draußen!«, gibt mir Roland, der Besitzer, sein Einverständnis. Und so schlage ich im Nieselregen mein Zelt vor einem Dorfladen mitten in der tiefsten norwegischen Provinz auf.

Die nächsten beiden Tage führen mich über einsame Landstraßen und Schotterpisten. In diesem Landstrich nahe der schwedischen Grenze geht das Leben eher seinen geruhsamen Gang. Als ich schließlich in Røyrvik ankomme, versuche ich erst mal, eine Unterkunft zu finden. Die Suche fällt kurz aus – es gibt nur eine einzige in dem kleinen Ort. Das Hotel möchte von mir allerdings 750 Norwegische Kronen haben, ich muss schlucken, denn das übersteigt mein Budget. Wir einigen uns mit einem kräftigen NPL-Rabatt auf 550 Kronen, fast siebzig Euro. Das Frühstück ist zum Glück »inklu.«, wie man bei uns daheim so schön sagt. Meine Wäsche wird als Dreingabe auch noch umsonst gewaschen. Wenn ich daran denke, dass ich in den vergangenen Tagen kaum etwas ausgegeben habe, geht das in Ordnung. Immerhin ist mein Zimmer frisch renoviert und hat ein schönes Bad mit Fußbodenheizung. Das Bett wurde mit weißen Laken bezogen, an diesen Luxus könnte ich mich glatt gewöhnen ...

Doch bevor ich mich zu sehr davon hinreißen lasse, laufe ich zum Supermarkt, um mein Paket abzuholen. Später schaue ich noch in der Tankstelle gegenüber vom Hotel vorbei, denn dort gibt es ein Informationszentrum zum Børgefjell-Nationalpark, wo ich erneut ohne Wege vorankommen muss. In dem kleinen Besucherzentrum treffe ich auf Kent. Er ist etwas im Stress, denn in diesem Jahr feiert der Nationalpark sein fünfzigjähriges Bestehen. Zur

Feier des Tages ist hier heute für hiesige Verhältnisse die Hölle los. Kent muss gleich noch ein Radiointerview geben, und morgen wird für einen großen Podiumsvortrag unter anderem der Umweltminister erwartet. Auch ein großer norwegischer Abenteurer sei dabei, erzählt mir der junge Norweger, als ich ihm von meiner NPL-Tour berichte. »Du musst ihn unbedingt treffen, Trond Strømdahl ist ein echt feiner Kerl. Er ist mit seinem Kumpel Lars Monsen auch schon mal ›Norge på langs‹ gelaufen! Trond ist gerade mit einer Gruppe im Børgefjell unterwegs und wird morgen Abend vorbeischauen!« Irgendwie schade, den Vortrag würde ich mir gerne anhören, aber ich kann nicht schon wieder einen Ruhetag einlegen und bis morgen Abend warten.

Von Trond habe ich bereits gehört, und über Lars Monsen brauche ich nicht viele Worte zu verlieren, er ist der Outdoorgott in Norwegen! Lars und Trond sind zusammen nicht nur als Erste überhaupt NPL immer entlang der norwegisch-schwedischen Grenze gelaufen, Lars hat auch unzählige andere große Abenteuer bestritten. Unter anderem hat er mit seiner damaligen Freundin innerhalb von zehn Monaten Alaska zu Fuß von Süd nach Nord durchquert, und in Nordkanada ist er insgesamt zweieinhalb Jahre lang mit Schlittenhunden unterwegs gewesen. Und das sind nur zwei seiner unzähligen Abenteuer, der Mann ist eine Legende und steht in Norwegen noch über Chuck Norris! Entsprechend gibt es hier auch keine der augenzwinkernden Chuck-Norris-Facts, sondern Lars-Monsen-Facts wie »Die Wölfe machen nachts ein Feuer, um Lars Monsen fernzuhalten!« oder »Bären halten keinen Winterschlaf, sie verstecken sich vor Lars Monsen!«. Von der Erfahrung, die Lars und Trond draußen in der Wildnis haben, würde ich mir zu gerne eine Scheibe abschneiden.

Kent erklärt mir, wie ich durch das Børgefjell komme. Entweder gehe ich in zwei bis drei Tagen geradewegs in das nächste Städtchen Hattfjelldal, wo es unter anderem einen Supermarkt gibt. Oder ich lasse Hattfjelldal links liegen und laufe direkt an der schwedischen Grenze entlang nach Umbukta, wo bereits das nächste Paket auf mich wartet. Er gibt mir zur Sicherheit auch die Telefonnummer des Bootsführers am Namsvatnet mit, denn morgen muss ich wohl oder übel ein Boot nehmen. Jeder, mit dem ich gesprochen habe, hat mir davon abgeraten, den riesigen See zu Fuß zu umrunden. Da kein Wanderweg drum herumführt, müsste ich mich tagelang durchs Unterholz schlagen. Deshalb steigen fast alle NPL-Wanderer hier auf ein Boot um, das im Sommer zu festen Zeiten verkehrt. Es finden pro Tour aber immer nur vier Passagiere Platz, weshalb es ratsam ist, vorab zu reservieren, was Kent dann auch direkt für mich übernimmt. Meine Hausaufgaben für heute sind damit erledigt, ich gehe zurück ins Hotel und schlage mir am Abend den Bauch mit einer riesigen Portion Kartoffelsalat und Würstchen voll. Zum Nachtisch gibt es die obligatorische Dreihundert-Gramm-Tüte Chips.

Das Essen nimmt mittlerweile ungewöhnliche Ausmaße bei mir an. Bin ich in Lindesnes noch mit reichlich Ballast losgelaufen, schmilzt dieser mittlerweile wie Butter in der Sonne. Schon auf den ersten Etappen konnte ich nie an einer DNT-Hütte vorbeigehen, ohne dort eine große Dose mit Ananas oder Pfirsichen in Zuckerwasser zu verputzen. Meine Tagesrationen reichen zwar aus, um über die Runden zu kommen, aber zwischendurch bekomme ich regelrechte Heißhungerattacken. Nichts ist in solchen Momenten vor mir sicher. Dann fällt mir schon mal nach dem Abendessen, bestehend aus einem Fertiggericht und einer Tafel Schokolade, plötzlich noch eine Zweihundert-Gramm-Packung mit Erdnüssen zum Opfer. Direkt mit dem großen Suppenlöffel gehe ich diesen Kalorienbomben an den Kragen, und in Windeseile ist die Packung leer.

Egal wann und wo ich eine Tankstelle, einen Supermarkt oder einen Kiosk passiere, immer zieht es mich dort magisch zum Kühlschrank, und ich trinke gierig eine Cola. Außerdem kaufe ich mir mittlerweile in fast jedem am Weg liegenden Supermarkt eine riesige Dreihundert-Gramm-Tüte Chips, denn Kohlenhydrate, Fett und Salz sind perfekt, um schnell viele Kalorien zu sich zu nehmen. Natürlich ginge das auch gesünder, aber Chips gibt es überall, sie sind günstig, und man kann sie prima in großen Mengen verzehren. Auch jede Menge Gebäck steht ganz oben auf meinem Speiseplan, wie die vor Butter triefenden Lefse und Zimtschnecken. Für unterwegs gibt es noch Unmengen an gesalzenen Erdnüssen, die ebenfalls überall zu bekommen sind. Außerdem habe ich Kartoffelsalat mit Mayonnaise entdeckt. Generell gilt für mich: möglichst viele Kalorien in großer Menge zu einem günstigen Preis. Alles, was man im Alltag niemals in großen Mengen essen sollte und bei dem jeder Ernährungsexperte die Augen verdrehen würde, ist hier genau richtig. Und um mein Gewissen zu beruhigen, kaufe ich immer mindestens zwei Äpfel. Einen direkt auf die Hand, während der andere oft ein paar Tage im Rucksack bleibt. Wenn man möglichst weit weg von allen Einkaufsmöglichkeiten ist, schmecken gerade die frischen Sachen unbeschreiblich gut.

Nach dem Aufstehen muss ich mich sputen, denn das Boot legt pünktlich um 14 Uhr ab, und ich muss noch 15 Kilometer bis dorthin laufen. Ungefähr die Hälfte der Strecke liegt hinter mir, als ich an einem kleinen Bauernhof vorbeikomme. Eine größere Gruppe mit riesigen Wanderrucksäcken rastet dort. Vielleicht ist das ja die Gruppe von Trond? Als ich auf den Hof zusteuere, richten sich alle Augen auf mich. Rasch stelle ich mich vor, und einer der Teilnehmer wendet sich an die Gruppe und ruft laut: »Hei Leute, der Typ hier läuft gerade ›Norge på langs‹! Gebt ihm einen großen Applaus!« Ich werde rot, als die Leute tatsächlich applaudieren. Irgendwie ist es mir peinlich, dafür gefeiert zu werden. »Du musst unbedingt Trond treffen!«, sagt er dann zu mir. Jemand eilt los und holt den Abenteurer. Der stutzt kurz, als er mich sieht, schiebt sich die Sonnenbrille ins kurze Haar und kommt lässig auf mich zugeschlendert. Ein Typ wie ein Baum, locker einen Kopf größer als ich und eher jemand, mit dem man gerne mal einen draufmachen möchte. Wie eine Mischung aus Filmstar und Bär, gemütlich und irgendwie in sich ruhend, kommt er mir vor, und gar nicht wie ein asketischer Athlet.

»Hei, ich bin Trond!«, stellt er sich vor und reicht mir seine große Hand.

»Hei Trond, ich bin Simon! Ich komme aus Deutschland und laufe gerade NPL!«, entgegne ich.

»Coole Tour! Die hab ich mit meinem besten Kumpel Lars auch mal gemacht! Vielleicht hast du schon von ihm gehört«, sagt er augenzwinkernd.

Natürlich habe ich von Lars gehört! Wir unterhalten uns entspannt über den Hunger unterwegs, und wie das ist, nach langer Zeit wieder frisches Essen zu bekommen. Lars und er haben sich damals auf ihrer NPL-Tour wochenlang von selbst gefangenem Fisch ernährt. Ich gestehe Trond, dass ich oft an mir zweifle und manchmal den Glauben daran verliere, jemals am Nordkap anzukommen. Trond schaut mich freundlich an und meint, ich solle das Ziel Nordkap nicht so wichtig nehmen. »Das Wichtigste ist doch, eine schöne Zeit in der Natur zu haben und die Tour zu genießen. Hab Spaß da draußen und mach dir keinen Druck, dann wirst du auch eine tolle Zeit haben!«

Irgendwie hat er recht, nur ist das manchmal einfacher gesagt als getan. Ich nehme mir jedenfalls vor, diesen Tipp auf meinen weiteren Etappen zu beherzigen. Als noch ein anderer Wanderer hinzukommt, muss die Gruppe leider aufbrechen, dabei hätte ich mich gerne weiter mit Trond unterhalten. Lange klingen seine Worte in mir nach.

Um 14 Uhr besteige ich mit drei anderen Wanderern das Aluminiumboot über den Namsvatnet. Unser Kapitän Kurt ist ein cooler Hund: Sonnenbrille, lange Haare, Schnauzbart, Army Cap und schlaksige Statur. Wir verstauen unser Gepäck sicher im Bug, und das Boot verlässt mit leise blubbernden Motorengeräuschen die kleine Bucht. Der 225 PS starke Motor beschleunigt das Boot mühelos auf 35 Knoten, über sechzig Stundenkilometer, und der Bug hebt sich dabei weit aus dem Wasser. Lässig sitzt Kurt hinter dem Steuer und verzieht keine Miene. Einer der Mitpassagiere brüllt mich mit einem Lächeln durch den Lärm an: »Hört sich an, als würde der Motor nur fünf Prozent seiner Leistung abrufen!« O ja, und ich will gar nicht wissen, was dieses Höllengerät mit dem Boot tatsächlich anstellen könnte ...

Kaum zwanzig Minuten später haben wir den See überquert. Ein paar Angler warten schon an der Anlegestelle darauf, mit dem Boot wieder zurückfahren zu können. Ich verabschiede mich von Kurt und den anderen Passagieren und nehme Kurs auf den Nationalpark. Am Anfang gibt es noch einen Trampelpfad, doch wenig später muss ich mir selbst einen Weg suchen. Die Landschaft steigt sanft an, der Boden ist matschig, und überall stehen große Felder aus krüppeligen Birken. Zunächst möchte ich dem breiten Virma-Fluss durch das Virmadalen folgen. Trotz aller Widrigkeiten komme ich ganz gut in dem Tal voran, und gegen 18 Uhr finde ich einen passenden Platz für mein Zelt. Ich richte mich ein und esse ausgiebig, sogar eine Dose Apfel-Cidre habe ich dabei. Die habe ich am Bootsanleger in der offenen Virma-Hütte gefunden und extra bis hierher mitgeschleppt.

Die nächste Etappe fällt mir dank des guten Wetters leicht. Ich komme schnell voran, denn das Gelände ist angenehm zu gehen, und es gibt nur wenige Steigungen. So bereitet mir auch die Orientierung keine Probleme, vor der ich hier so großen Bammel hatte. Die Aussicht auf den Kvigtinden-Gletscher oberhalb des lang gezogenen Store-Kjukkel-Sees versüßt mir den Wandertag. Ich entschließe mich dazu, ohne besonderen Grund über Hattfjelldal zu laufen. Vermutlich hat sich der dortige Supermarkt mit seinen Leckereien schon länger in meinem Unterbewusstsein eingenistet. Gegen Nachmittag muss ich dann innerhalb einer halben

Stunde gleich zweimal die Stiefel ausziehen und breite Flüsse furten. Das Wasser ist eiskalt, was ich nicht ausstehen kann. Nur das Gefühl danach, wenn die Füße von einem warmen Kribbeln durchflutet werden und ihre Farbe wieder von Bläulich zu Rötlich wechselt, ist auf eine sehr spezielle Art angenehm – man merkt, dass man noch am Leben ist. Ein wenig später suche ich mir zufrieden und erschöpft einen Zeltplatz.

Vor dem Børgefjell hatte ich anfangs enormen Respekt, aber wie sich heute gezeigt hat, kann man in dieser weitläufigen Landschaft sehr schön wandern. Es ist ein fantastisches Fleckchen Norwegens – das Børgefjell wird mich auf jeden Fall irgendwann wiedersehen.

Da ich so gut vorangekommen bin, versuche ich, am nächsten Tag direkt bis nach Hattfjelldal zu gelangen. Wegen der Etappenlänge von etwa vierzig Kilometern ist das zwar ein sehr optimistisches Vorhaben, aber es soll dort einen Campingplatz geben. Nach recht kurzer Zeit erreiche ich eine in der Karte eingezeichnete Fahrspur und folge dieser hinaus aus dem Fjell ins Susendalen, wo eine kleine Straße die wenigen im Tal verstreuten Bauernhöfe miteinander verbindet. Kurz ruhe ich mich im Schatten eines großen Baumes aus, bevor ich mich an die restlichen 25 Kilometer bis nach Hattfjelldal mache. Die nächsten fünf Stunden werden zu einer Bewährungsprobe für mich. Warum habe ich mir gerade Hattfjelldal als Ziel ausgesucht? Ich muss von allen guten Geistern verlassen gewesen sein, aber wenn ich mir etwas in den Kopf setze, dann hält mich so schnell keiner davon ab. Auf der letzten Rille erreiche ich den Campingplatz kurz vor Hattfjelldal. Mein Zustand ist kaum zu beschreiben, ich habe es übertrieben – morgen werde ich gewiss dafür bezahlen müssen.

Der winzig kleine Campingplatz besteht aus lediglich vier oder fünf Hütten und einer alten Scheune, die zum Versorgungshaus umgebaut worden ist. Im oberen Teil gibt es Zimmer, die der geschäftstüchtige baltische Vermieter für 150 Kronen vermietet.

Da muss ich nicht lange überlegen. Ein älteres Pärchen rollt mit einer schweren BMW-Reiseenduro auf den Platz. Wir unterhalten uns kurz, dann brausen sie schon wieder davon, um noch einzukaufen. Ich habe eine große Cola bei ihnen »bestellt« – darauf freue ich mich schon tierisch, als ich mich endlich unter die heiße Dusche verabschiede.

Die Anstrengung vom Vortag ist nicht spurlos an mir vorübergegangen. Doch als ich mit gepacktem Rucksack am Morgen vor dem Haus mit dem Motorradpärchen plausche, bin ich noch guter Dinge. Das Windschild ihrer schweren BMW zieren unzählige Aufkleber, viele davon aus Südamerika. Neugierig frage ich nach. Jonny – mit seinen langen weißen Haaren, die sein lichtes Haupt einrahmen, und der derben Motorradjacke Abenteurer durch und durch – erzählt mir, dass er im Jahr 2010 die Panamericana von Patagonien nach Alaska und dann weiter quer durch Kanada und die USA bis nach New York gefahren ist. Insgesamt 35 000 Kilometer in siebzig Tagen! Was für ein Höllenritt, ich bin ziemlich beeindruckt, immerhin ist Jonny bereits um die siebzig.

»Diese verrückten Norweger!«, sage ich zu ihm. Dabei hält er mich selbst für total verrückt.

»Ein Kumpel von mir ist genauso drauf wie du!«, lacht er. »Kennst du Børge Ousland? Ich war sein Tauchlehrer, als er in der Tiefsee getaucht ist und noch nicht diese verrückten Abenteuer gemacht hat!«

Er macht Witze, denke ich. Børge Ousland ist wie Lars Monsen einer der krassesten Norweger überhaupt. Das Buch über seine Nord- und Südpolexpeditionen mit Ski und Pulka habe ich verschlungen, und ich bin immer wieder beeindruckt, wie zäh er ist. Der lange drahtige Børge sieht zwar aus wie der nette Bankberater von nebenan, ist aber einer der führenden und bekanntesten Polarabenteurer überhaupt. Die Liste seiner Expeditionen ist lang, er hat zum Beispiel als erster Mensch allein und ohne Nachschublieferungen die Arktis und auch die Antarktis über die jeweiligen Pole durchquert. Und nun fuchtelt Jonny mit seinem Telefon vor mir herum, weil er ihn anrufen und ihm von mir erzählen will. Ich kann ihn gerade noch davon abhalten, schließlich muss man so einem großen Abenteurer doch nichts von meiner kleinen Wanderung erzählen. Norwegen ist so groß und doch so klein ...

Kopfschüttelnd und mit einem Lächeln auf den Lippen verlasse ich den Campingplatz, um im Supermarkt zu frühstücken. Mein grobes Tagesziel liegt etwa 35 Kilometer die Straße hinunter, dort gibt es eine Hütte, die Wanderer kostenfrei nutzen können. Mal sehen, ob ich es bis dorthin schaffe. Doch bereits als ich Hattfjelldal verlasse, beschleicht mich ein ungutes Gefühl. Mir scheint die Kraft ausgegangen zu sein, der Tank ist leer. Und die Landstraße präsentiert mir heute die Rechnung für die vielen Kilometer von gestern. Meine Füße schmerzen wie schon lange nicht mehr, und ich quäle mich regelrecht die Anstiege hinauf. Schnell vergeht mir jegliche Freude, mit der Geschwindigkeit einer lahmen Schnecke zwinge ich mich vorwärts. Für 15 Kilometer brauche ich statt der üblichen drei weit über vier Stunden, dann reicht es mir! An einem Abzweig steht auf einem Schotterparkplatz eine Bank, daneben gibt es ein verblichenes Hinweisschild mit den Adressen der Sehenswürdigkeiten und Unterkünfte in der Umgebung. Zuerst esse und trinke ich lustlos etwas. Kopf und Körper sagen übereinstimmend: Heute geht gar nichts mehr! Dann rufe ich leicht verzweifelt eine der auf dem Schild angegebenen Nummern an und frage nach einer Unterkunft, werde aber ziemlich barsch abgewiesen. Und nun? Ich könnte natürlich zurück nach Hattfjelldal trampen, dort auf dem Campingplatz übernachten und am nächsten Tag wieder hierher trampen und weiterlaufen. So einfach wollte ich es mir eigentlich nie machen, es kommt mir einem Verrat an der Tour gleich. Aber mein Zelt hier irgendwo am See aufzuschlagen kommt für mich heute überhaupt nicht infrage, mein Kopf spielt total verrückt. Rational ist das jedenfalls nicht mehr zu erklären. Meine Entscheidung steht fest, ich habe jetzt keine Lust, mit mir und meinem Wander-Ego zu diskutieren.

Geschlagene drei Stunden lang bekomme ich nun quasi noch das Trinkgeld zu meiner Rechnung obendrauf: Niemand hält an, keiner nimmt mich mit! Ich bin kurz vorm Durchdrehen, werfe wütend Schottersteine durch die Gegend, verfluche alles und jeden, unflätige Worte hallen über den kleinen Parkplatz. Gerade als ich schon nicht mehr daran glaube, rollt ein Mercedes-Kombi auf mich zu. Das Paar darin hat mich bereits vor einigen Stunden hier stehen gesehen, es war zum Einkaufen in Schweden. Aus Mitleid nehmen mich die beiden mit zurück nach Hattfjelldal. Der Wald fliegt draußen am Fenster vorbei, als wir über die Landstraße brettern. Kaum zehn Minuten später bin ich am Supermarkt von heute Morgen und besorge mir Chips, Cola und einiges mehr, um meinen Frust zu bekämpfen. Wortlos nehme ich wieder mein Zimmer von gestern auf dem Campingplatz. Als Erstes rufe ich zu Hause an – heute ist der Geburtstag meiner Mutter! Den ganzen Tag hat es mich beschäftigt, dass ich mal wieder an ihrem Geburtstag nicht zu Hause, sondern in Norwegen bin. Das ist nun schon das dritte Mal.

Doch zu Hause fiebern alle kräftig mit mir mit, und sogar die anfänglichen Sorgen meiner Eltern haben sich in der Zwischenzeit in eine Portion Stolz gewandelt. Für mich ist es schön zu spüren, dass sie mich bei meinen Plänen unterstützen. Als ich ihnen das erste Mal von der NPL-Tour berichtet habe, stieß ich noch auf wenig Verständnis. Wieso sollte man auch seinen sicheren Job aufgeben, um sich auf ein unbekanntes Abenteuer einzulassen? Meine Eltern haben immer hart gearbeitet, und uns hat es nie an etwas gefehlt. Selbst wenn ich mal wieder einen verrückten Plan ausgeheckt hatte, standen sie für gewöhnlich hinter mir. Doch in dem Moment hatten sie wohl Angst davor, dass ich mich in eine sinnlose Idee verrennen und hinterher völlig abgebrannt und ohne

Arbeit dastehen würde. Das ist sicher auch eine Frage der Generation. Wenn man wie meine Eltern Anfang der Fünfzigerjahre so kurz nach dem Krieg geboren wurde und aus einfachsten Verhältnissen stammt, gibt man nicht so leichtfertig auf, was man sich hart erarbeitet und aufgebaut hat. Existenzängste oder einen leeren Kühlschrank kenne ich allerdings nur vom Hörensagen, und mittlerweile haben auch meine Eltern ihre Bedenken über Bord geworfen. Umso mehr freue ich mich jetzt, die vertraute Stimme meiner Mutter zu hören und ihr ein bisschen von meinem Tag zu berichten. Da ich ihr allerdings nicht den Geburtstag versauen möchte, erzähle ich ihr nur in Ansätzen, wie blöd das heute alles gelaufen ist. Nach dem Anruf will ich nur noch essen und trinken – und den Scheißtag vergessen!

Leicht erholt von gestern stehe ich frühmorgens wieder an der Straße. Der Frust sitzt zwar noch tief, aber ich muss weiterkommen. Tatsächlich hält nach kurzer Zeit ein Handwerker und nimmt mich mit. Allerdings nur acht Kilometer, dann ist er am Ziel. Da sonst niemand stoppt, laufe ich die anderen sieben Kilometer ein zweites Mal. Um zwölf Uhr bin ich wieder da, wo ich gestern aufgegeben habe – Strafe muss ein! Diesmal lasse ich den Parkplatz links liegen. Ich würdige ihn keines Blickes, wie einen Feind, den es zu besiegen gilt. Es geht weiter in Richtung der schwedischen Grenze, die Straße führt entlang eines kleinen Flusses in das wunderschöne Krutådalen hinein. Hier liegen einige einsame Gehöfte und Ferienhäuser verstreut, dann geht es steil bergan. Um mich herum ragen rötliche Felsen auf, die mich an den Wilden Westen erinnern. Wie in einer Karl-May-Kulisse laufe ich hinauf zum Krutvatnet, wo die Straße etwa fünf Kilometer am Ufer entlangführt. Auf der anderen Seite des Sees befindet sich die Hütte, zu der ich es heute schaffen möchte. Plötzlich fängt es im herrlichsten Sonnenschein an zu regnen. Riesige Wassertropfen bringen alles um mich herum zum Glitzern, ein großer Regenbogen erscheint über dem See. Irgendwie surreal, ich staune, wie schön ein Regenschauer sein kann.

Endlich erreiche ich das östliche Ufer des Sees – nur ein Kilometer trennt mich von der Grenze zu Schweden. Die Landstraße kann ich nun zum Glück verlassen, und ich folge einem Fahrweg, der zu einigen Hütten führt. Ganz am Ende des Hüttenfeldes liegt versteckt meine Unterkunft, die alle Wanderer frei benutzen dürfen. Das kleine Haus gehört nicht dem DNT, sondern dem Statskog. Diese Gesellschaft verwaltet einen großen Teil der norwegischen Wälder und stellt an einigen Stellen Wanderern Hütten zur Verfügung.

Rund um die Hütte stehen einige lichte Birken, direkt daneben gibt es ein großes Feld mit Wollgras. Im Inneren geht es einfach, aber sauber zu, und es ist alles vorhanden, was man zum Kochen braucht. Ich richte mich in einem der Zimmer ein und hole mir unten am See Trinkwasser. Danach lasse ich auf der Holztreppe vor der Hütte bei einem dampfenden Kaffee meine Gedanken schweifen. Die vergangenen Tage haben mich nachdenklich gestimmt. Die geografische Hälfte der »Norge på langs«-Tour ist nun ungefähr erreicht, aber es ist schon Tag achtzig, und ich bin mir immer noch nicht sicher, ob ich es wirklich schaffen kann.

»Hab Spaß da draußen!«, kommen mir Tronds Worte wieder in den Sinn. Recht hat er, erst mal sollte ich meinen Kaffee trinken und einfach nur den Augenblick in der warmen Abendsonne genießen. Heute ist heute, und morgen kommt noch früh genug.

ÜBERALL »NORGE PÅ LANGS«
Krutvatnet – Umbukta

Grübelnd wandere ich am Morgen auf der sogenannten Nordlandsruta, einer eher unbekannten Wanderroute entlang der Grenze zu Schweden. Über diesen Weg, dem ich die nächsten zwei Tage folgen werde, und besonders zu den hiesigen Unterkünften habe ich nur vage Informationen im Internet gefunden. Bald ist die Statskog-Hütte aus meinem Blick verschwunden, ich laufe durch einen Birkenwald bergan. Weiter oben im Fjell erblicke ich eine sanfte und weitläufige Landschaft, und ab und an stoße ich auf ein Rentier. Der Pfad schlängelt sich durch eine Landschaft in den unterschiedlichsten Grüntönen.

Schon jetzt kann ich das von Wolken umhüllte Okstindan-Massiv in der Ferne erblicken. Sein höchster Gipfel ist der beinahe 2000 Meter hohe Osskolten, der sich über den das Massiv bedeckenden Okstindbreen-Gletscher erhebt. Ich kann es kaum erwarten, dort hinzukommen, doch erst mal konzentriere ich mich auf den Famvatnet, einen größeren See einige Hundert Höhenmeter weiter unter mir. Dort soll es eine private Unterkunft geben, allerdings wäre das eine überaus kurze Etappe, wenn ich dort für heute schon einkehren würde. Aber mal sehen, der Konjunktiv wird vorerst zur Seite geschoben ...

Der Weg hinab zum See zieht sich ein bisschen. Hier befindet man sich mitten im Nirgendwo, es gibt nur einzelne Gehöfte oder Ferienhäuser, die nächste größere Ortschaft ist bestimmt vierzig Kilometer entfernt. Wenig später entdecke ich den Abzweig zur Nordlandsruta, die mich weiter gen Norden bringen soll. Aber ich will mir die Unterkunft, sofern es sie wirklich gibt, einmal ansehen. Das heißt im Grunde, dass ich dort bleiben werde, wenn es sie gibt – dafür kenne ich mich zu gut.

Am nächsten Bauernhof treffe ich auf einen Mann, der mir vielleicht weiterhelfen kann. Als ich ihn nach der privaten Übernachtungsmöglichkeit frage, verweist er mich an das Haupthaus und seine Mutter Randi. Die Frau, die mir die Tür öffnet, kenne ich bereits, sie hatte gestern auf der Landstraße angehalten und gefragt, ob sie mich mitnehmen könne. Jetzt bietet sie mir für 200 Kronen pro Nacht ein kleines Häuschen an, das sie an Reisende vermietet. Die Einrichtung stammt noch aus den Sechzigerjahren, ist aber tadellos. Ich muss nicht lange überlegen und nehme die Unterkunft. Es ist zwar noch recht früh am Tag, ich bin kaum 15 Kilometer gelaufen, aber meine Füße schmerzen, und ich bin irgendwie müde. Nieselregen und Wind tun ein Übriges, also gehe ich duschen und mache es mir gemütlich. Am Abend sehe ich Schwedens Fußballhelden Zlatan Ibrahimović im Fernsehen dabei zu, wie er beim Länderspiel zwischen Schweden und Norwegen mit drei Toren Kleinholz aus den unterlegenen Nachbarn macht. Die historisch bedingte Rivalität zwischen den beiden Ländern macht eben auch vorm Fußball nicht halt.

Bereits zu Beginn der nächsten Etappe fühle ich mich kränklich und ausgelaugt, der kalte Wind setzt mir zu, meine Nase läuft unentwegt. Der Weg nach Steikvasselv, zu einer privaten Unterkunft am riesigen Røssvatnet, ist nicht so lang, bis dahin sollte ich es heute auf jeden Fall schaffen. Da man hier von einem großen See zum nächsten schmale Höhenzüge überwindet, kann ich auch schon bald das vermeintliche Tagesziel von einer Anhöhe aus sehen. Der See wird umsäumt von Wald und grünen Wiesen, dahinter erhebt sich majestätisch das Okstindan-Massiv. Es geht erneut bergab, und ich finde mich rasch in einem Urwald aus Birken und Farnen wieder. Manche Bäume sind grotesk verbogen. Anscheinend werden sie im Winter regelmäßig von großen Schneemassen und Lawinen geplagt und wachsen so in erstaunlichen, allen natürlichen Gesetzen trotzenden Bögen weiter. Der Boden ist von saftigem Moos bedeckt, es gibt reichlich Blaubeeren zum Naschen und Pilze, die ich nie zuvor gesehen habe. Jetzt fehlen nur noch riesige Elche und gemütliche Braunbären, die sich an den Beeren gütlich tun oder an einer Birke den Rücken schubbern.

Als Nächstes überquere ich eine breite Hängebrücke. Fünf Meter unter mir rauscht ein gewaltiger Bach zwischen den ausgewaschenen Felsen durch, ich muss gut aufpassen, dass ich nicht hinunterfalle. Das Geländer trägt zwar locker die Brückenkonstruktion, aber auf die Sicherung, die einen aufhalten soll, falls man ausrutscht, würde ich nicht unbedingt vertrauen. Am anderen Ende des Übergangs führt eine Traktorspur zu einer verlassenen Straße, an der ein kleines verwittertes Schild die nächste Unterkunft in einigen Kilometern Entfernung ankündigt.

Der Steikvasselv-Hof liegt weitab von der nächsten größeren Ortschaft, direkt an einer idyllischen Bucht am nordöstlichen Ufer des Røssvatnet, der mit beinahe 220 Quadratkilometern Norwegens zweitgrößter Binnensee ist. Ziemlich kaputt komme ich dort nach fünf Stunden an, aber außer einer riesigen angebundenen Ziege ist niemand da. Auf das Gemecker habe ich keinen Bock, deshalb folge ich den Anweisungen, die an der Haustür ausgehängt sind: Man möge sich doch einfach im Haus gegenüber ein Zimmer beziehungsweise Bett suchen und sich dann später am Abend anmelden, wenn die Besitzer wieder daheim sind. Die Tür steht offen und führt in ein gemütliches Altenteilerhaus, das bis vor einigen Jahren wohl von den Groß- oder Urgroßeltern bewohnt wurde. Alles ist so belassen, wie es damals war. Das ist schon irgendwie merkwürdig, man fühlt sich dadurch wie ein Störenfried in einer fremden Wohnung. Doch scheine ich nicht der einzige Gast zu sein, in der offenen Küche finde ich einige Lebensmittel. Im Hüttenbuch geben unzählige Einträge von anderen NPLern Aufschluss darüber, dass ich hier richtig sein muss.

Nach einer Dusche mache ich es mir vor dem Haus in der Sonne gemütlich, Kaffeeduft und wohlige Wärme bringen schnell gute

Laune. Ungefähr die Hälfte der gesamten Strecke liegt nun hinter mir. Ich schicke Kai ein Bild von meinem Bart. »Die Wette gewinne ich locker!«, schreibe ich dazu. Die Antwort lässt nicht lange auf sich warten, wenig später erhalte ich ein augenzwinkerndes »Du machst es also wahr, alte Fellfresse!!« und muss grinsen – so kenne ich Kai.

Gegen 17 Uhr erscheint mein Mitbewohner: Bjørn arbeitet für die Straßenaufsicht, er kontrolliert hier die Wege und Straßen. Bald darauf kommen auch Kari und Håkon nach Hause, die Besitzer des Hofes. Bei meiner Anmeldung drückt mir Kari ein paar Scheiben Brot und eine Packung Frischkäse in die Hand, ich scheine hungrig auszusehen …

Nach dem Abendessen gehen Bjørn und ich zu den Hofbesitzern hinüber, um unsere Übernachtung zu bezahlen. Ohne Umschweife laden die zwei uns in ihre gemütlich eingerichtete Wohnstube ein. Wir kommen natürlich schnell auf meine NPL-Wanderung zu sprechen, die mich immerhin schon bis hierher geführt hat. Kari und Håkon erzählen, dass es nur wenige Alternativrouten gibt und daher nahezu jeder NPL-Wanderer, egal ob im Winter oder im Sommer, bei ihnen vorbeikommt und übernachtet. Weitab von irgendwelchen Lebensmittelgeschäften bieten die beiden außerdem an, für die Wanderer und Übernachtungsgäste einzukaufen, da sowohl Kari als auch Håkon in der nächsten größeren Ortschaft arbeiten und so täglich an einem Supermarkt vorbeikommen.

Ja, das Essen ist ein großes Thema, mittlerweile sei ich fast ständig hungrig, erzähle ich. Kari lacht, sie kennt das schon und berichtet die wildesten Geschichten. Insbesondere im Winter steigt der Energieverbrauch der Wanderer so stark an, dass sie alle ständig am Essen sind. Einmal kamen drei junge Frauen auf ihrer langen Skiwanderung durch Norwegen hier vorbei, die Kari drei volle Tage lang permanent mit Essen versorgt hat. Sie kam kaum nach und konnte nur mit Mühe so schnell Essen besorgen, wie es in den drei hungrigen Mäulern verschwand. Zum Frühstück haben die Mädels ihr Müsli mit Sahne statt Milch gegessen! So weit bin ich noch nicht, aber von meinen Cola- und Chipsgelüsten kann ich mittlerweile ein Lied singen.

Wir könnten uns noch stundenlang weiter unterhalten, aber es wird allmählich spät. Auf dem Weg zur Haustür schwärmen mir Kari und Håkon vor, wie toll sie es finden, Gäste zu haben. Sie wohnen so abgelegen, dass für sie die Gäste das Salz in der Suppe des Alltags sind. Da hier nicht so viel los ist, bringt ihnen jeder Besuch ein wenig Abwechslung. Zum Abschied verschwindet Kari noch kurz in der Speisekammer und holt für mich eine Cola und eine große Tüte meiner Lieblingschips hervor. »Hier, für dich, eine kleine Aufmerksamkeit. Du hast so davon geschwärmt, lass es dir schmecken!«

Ich bin baff und bedanke mich tausendmal. Die Gastfreundlichkeit der Norweger ist schon etwas ganz Besonderes! Kurz bevor ich ins Bett gehe, gibt mir Bjørn noch einen großen Becher selbst gemachten Honig mit auf den Weg. Chips, Cola und Honig, so kann es gerne bis zum Nordkap weitergehen!

Ein echtes Filetstück einer jeden NPL-Wanderung wartet am nächsten Tag auf mich, so haben es mir zumindest Kari und Håkon versprochen. Wie recht sie damit haben, werde ich gleich mit eigenen Augen sehen. Kurz nachdem ich von der Straße abgebogen bin, erklimme ich den ersten Anstieg – und bekomme den Mund vor lauter Staunen nicht mehr zu: Hinter mir kann ich weit über den riesigen Røssvatnet blicken, und auf der anderen Seite liegen direkt vor mir das spektakuläre Okstindan-Massiv und das grüne Spjeltfjelldalen. Die Gipfel des Bergmassivs werden eingefasst von dem großen Gletscher, und durch das unfassbar schöne Tal mäandert gemächlich, flankiert von lose gruppierten Birken, ein schmaler idyllischer Fluss. Die Schönheit, die sich vor mir auftut, kann man mit Worten kaum beschreiben. Leider stehe ich hier etwas exponiert, und der Wind pfeift mir um die Ohren, also setze ich mich wieder in Bewegung und folge in einem weiten Bogen den sanften Hängen, die mich tiefer ins Tal hineinführen. Immer parallel zum Talgrund und dem dahinter thronenden Okstindan-Massiv laufe ich auf der Ostseite des Tals entlang. Einige Rentiere weiden vor mir, und an einem großen Findling entschließe ich mich zu einer Pause in der wärmenden Sonne. Entschleunigung pur! Von den negativen Gedanken der vergangenen Tage gibt es keine Spur mehr, ich nicke kurz ein.

Nach der Rast streife ich durch das weite Tal, um zu dem kleinen Fluss zu gelangen. Der Weg führt an brüchigen und morschen Birken vorbei, wird matschiger und feuchter. Das hohe Gras drum herum wiegt in sanften Wellen hin und her – wie ein Meer, das durch das Tal schwappt. Kurz darauf gelange ich zu einer Kote, einer traditionellen Behausung der Sámi. Diese kuppelartige und mit Grassoden belegte Behausung dient als Schutzhütte für Wanderer und Jäger. Im Inneren kann man sogar Feuer machen und sich aufwärmen, wenn es draußen kalt und unangenehm ist. Für mich geht es allerdings weiter, schließlich möchte ich heute noch zum Ende des Tals und zu der nächsten DNT-Hütte gelangen.

Irgendwann kommt der große Gresvatnet in Sicht, kurz darauf erreiche ich die gleichnamige Hütte. Diese scheint frisch renoviert zu sein, ist ziemlich groß und dank des schönen Sofas auch sehr gemütlich. Es gibt sogar einen großen Ofen mit Backrohr, hätte ich doch bloß eine Fertigpizza im Gepäck! Nach einer kurzen improvisierten Dusche am Bach koche ich Kaffee und widme mich den Büchern, die in der Hütte ausliegen und mir das Wandergebiet mitsamt dem imponierenden Okstindan-Massiv näherbringen.

Später, gegen Abend, kommt noch ein weiterer Gast: ein Schwede, der in Oslo lebt. Wir reden über Gott und die Welt, über das teure Leben in Oslo und das Wandern in dieser fantastischen Gegend, doch allzu spät wird es nicht, denn morgen folgt eine sehr lange Etappe für mich. Ich möchte unbedingt nach Umbukta gelangen, wo hoffentlich neben einem Paket mit neuen Schuhen auch ein großes Bier und ein großer Hamburger mit sehr vielen Pommes auf mich warten. Ein Filetstück war die Etappe heute zweifellos, eine der schönsten Strecken bisher. Bevor ich ins Reich der Träume entschwinde, beschließe ich, mir diese Gegend irgendwann noch einmal ausführlicher anzusehen. Ein großes, saftiges Filetstück – dieses Bild werde ich auch im Schlaf nicht los, das wäre es jetzt!

Am Tag darauf erhöht das Wetter den Schwierigkeitsgrad erheblich: Es regnet in einer Tour. Gegen acht Uhr stehe ich vor der Hütte und mache mich trotzdem auf, um die geplanten dreißig Kilometer zu absolvieren. Gleich zu Beginn geht es über nasse, glitschige Felsen am Ufer des Gresvatnet entlang, prompt rutsche ich aus und stürze krachend auf meinen Wanderstock. Fluchend und meckernd versuche ich mich zu konzentrieren, um diesen gefährlichen Abschnitt hinter mich zu bringen. Nach zwei Stunden erreiche ich die Talsperre, die den See für die Stromgewinnung anstaut. Über einen Fahrweg geht es weiter. Ich höre Donnergrollen, das ich nicht einordnen kann. Die Wolken hängen sehr tief, die reinste Waschküche.

Über eine Brücke gelange ich wieder ins Fjell. Hier steht ein Schild, das in großen Buchstaben erklärt, was hier vor sich geht. Im Inneren des angrenzenden Berges wird ein neues Wasserkraftwerk gebaut, die Gegend scheint ausgehöhlt zu sein wie ein Schweizer Käse. Das Donnergrollen rührt von Sprengungen her, nun sehe ich auch eine gigantische Abraumhalde, auf der sich riesige Baufahrzeuge im Schneckentempo bewegen. Unter der Brücke rauscht eine gigantisch große Wassermenge mit unfassbarer Wucht und riesigem Getöse hindurch, vermutlich ist das der Überlauf des Stausees. Ohne erkennbaren Weg folge ich von nun an den Markierungen hinein in das Storskardet-Tal, über dem die dunklen Wolken und die teils steilen Felsen eine dramatische Kulisse bieten. Ein Schauer läuft mir über den Rücken, es herrscht eine ganz besondere Stimmung: rau und ein wenig feindlich, aber doch so anziehend. Im Tal mache ich rasch Strecke, und bald darauf stehe ich auf einer Anhöhe und blicke über den nächsten großen See. Da es wieder anfängt zu nieseln, beschließe ich, bis zu einer kleinen Schutzhütte zu laufen, die ich auf der Karte entdeckt habe. Dort möchte ich meine Pause im Trockenen verbringen.

Nur wenig später erreiche ich die Grasfjellkoia-Hütte und staune nicht schlecht: Ein hagerer Typ mit einem langen Bart und in viel zu großen Klamotten macht gerade die Tür auf und kümmert sich um einen großen Schlittenhund, der draußen mächtig Radau macht. Kurz stutze ich, der Kerl sieht mir irgendwie ähnlich. Dann erscheinen in der Tür zwei weitere Personen, sie stellen sich als Matilde, Robert und Håkon vor und sind ungefähr so alt wie ich, der weiß-graue Hund heißt Eira. Als ich berichte, dass ich »Norge på langs« laufe, gibt es ein großes Hallo. Matilde und Robert laufen mit ihrem Hund ebenfalls NPL, Håkon begleitet sie auf diesem Abschnitt.

Wie hoch ist eigentlich die Wahrscheinlichkeit, dass man sich als NPL-Wanderer ohne Verabredung zufällig irgendwo in Norwegen trifft? Umso schöner ist dieser Moment. Wir trinken Kaffee und erzählen durcheinander von unseren Erlebnissen und Begegnungen. Matilde und Robert sind zusammen mit ihrem Hund etwa ein Jahr lang unterwegs, um NPL entlang der Grenze zu Schweden zu laufen. Was für eine Reise! Sie sind bereits im Februar im tiefsten Winter bei unglaublich kalten Temperaturen hoch im Norden an der Barentssee gestartet und wollen erst gegen Ende des Jahres in Halden, südlich von Oslo, ihre Wanderung abschließen. An manchen Tagen laufen sie nur ein paar Kilometer und genießen es einfach, draußen zu sein, angeln zu gehen oder Blaubeeren zu sammeln. Gerade waren sie zehn Tage in Umbukta, denn Matilde hat Probleme mit dem Knie und musste sich ausruhen. Sie haben sich einfach auf die faule Haut gelegt und die ganze Zeit gegessen, was ihnen in die Finger kam. Robert erzählt, dass er bereits zwanzig Kilogramm abgenommen habe, alle Klamotten seien ihm mittlerweile zu groß. Das kenne ich, pflichte ich ihm bei. Auch ich kann meine Hose ohne Gürtel nicht mehr tragen, sie ist bereits zwei Nummern zu groß. Als ich berichte, dass ich Trond Strømdahl getroffen und ihm die Hand geschüttelt habe, drehen sie beinahe durch. Immerhin laufen sie die Tour von Trond und Lars Monsen nach. In manchen alten Hüttenbüchern entlang der Grenze sind sie sogar auf Einträge von den beiden Abenteurern gestoßen, die noch von ihrer Tour aus dem Jahr 1989 stammen.

Leider drängt für mich die Zeit, es ist bereits 14 Uhr, und nach Umbukta sind es noch einige Kilometer. Ich will es heute unbedingt bis dorthin schaffen. Schade, dass ich nicht ein paar Tage eher dort angekommen bin, dann hätten wir sicher ausgiebiger über unsere Abenteuer sprechen können. Wir verabschieden uns herzlich voneinander und wünschen einander Glück für den weiteren Fortgang unserer Reisen. Für mich geht es von nun an wieder durch den Nieselregen und die Waschküche. Der Weg zieht sich, aber die zurückliegende Begegnung und die Aussicht auf ein feudales Mahl in Umbukta geben mir Auftrieb. Dreieinhalb Stunden später stehe ich endlich auf der E12, das letzte Stück durch ein großes Sumpfbecken hat mich noch einmal ganz schön gefordert. Es sind nur noch wenige Meter bis zur Umbukta Fjellstue, mein Herz macht einen großen Sprung, denn das hier ist für mich ein echter Meilenstein!

Umbukta ist so etwas wie das Herz von »Norge på langs«. Es liegt ungefähr auf der Hälfte der Strecke, und schon während der Vorbereitung habe ich immer wieder zu mir gesagt, wenn du es wenigstens bis dorthin schaffen würdest, wäre das ein riesiger Erfolg! Nun stehe ich tatsächlich vor dem Berggasthof und mache stolz ein Foto von mir, bevor ich eintrete und nach einem Schlafplatz frage. Thor Inge ist der Besitzer der Herberge und selbst zweimal NPL gelaufen. Im Sommer hat er 77 Tage und im Winter sogar nur unfassbare 64 Tage gebraucht. Jeder NPLer, der hier vorbeiläuft, bekommt eine kostenlose Übernachtung von ihm. Leider ist Thor geschäftlich unterwegs, aber seine Tochter Siri und ein kleiner drahtiger Mann, Sølve, der sich hier verdingt hat und eine Art Hansdampf in allen Gassen ist, zeigen mir alles.

Meine Unterkunft ist das kleine *stabburet*, ein ehemaliger Lebensmittelspeicher, der etwas erhöht auf dicken Holzpfosten ruht. Umgebaut zu einer kleinen Gästehütte, ist es darin überaus gemütlich. Im unteren Bereich befinden sich ein Ofen und eine kleine Küche, und sogar ein Sofa hat darin Platz. Über eine schmale Holzstiege erreicht man das niedrige Obergeschoss, in dem vier alte Holzbetten stehen. Völlig begeistert gehe ich duschen. Danach mache ich es mir in der Gaststube gemütlich und gratuliere mir selbst mit einem Hamburger, Pommes und Bier zu diesem Etappenziel. Ein Gefühl tiefer Zufriedenheit stellt sich ein, ich bin unglaublich stolz auf mich!

Am nächsten Tag, einem Sonntag, entspanne ich, das habe ich mir fest vorgenommen. Mein Versorgungspaket mit den neuen Stiefeln liegt noch in Mo i Rana auf der Post, deshalb muss ich sowieso bis Montag warten – es gibt also keinen Grund zur Eile. Das Frühstück ist reichhaltig, und ich esse, bis nichts mehr geht, was schon mal einige Zeit in Anspruch nimmt. Dann holt mich Sølve ab. Wir haben uns gestern verabredet, weil er mich zum *matbus* bringen will. Die Grenze zu Schweden ist nur ein paar Kilometer entfernt, und dort steht am Wochenende auf einem Parkplatz, wenige Meter neben dem Grenzstein, ein alter Linienbus, den man zu einem fahrenden Supermarkt umgebaut hat. Es gibt sogar Kühltheken darin. Die Norweger nutzen diese Möglichkeit gerne, um dort zu schwedischen Preisen Lebensmittel einzukaufen. Dass es auch günstiges Bier gibt, brauche ich wohl nicht extra zu erwähnen – ein eindeutiger Standortvorteil.

Staunend betrete ich den Bus, in dem sich schon einige Leute über das Angebot hermachen. Ich folge ihrem Beispiel, und so wandern Chips und Cola, Kartoffelsalat und Würstchen, Kekse und Weingummi sowie ein paar Dosen Bier in meine zum Bersten gefüllte Einkaufstüte. So macht Einkaufen am Sonntag Spaß!

Den restlichen Tag verbringe ich in meiner Unterkunft, wobei ich es mir so richtig gut gehen lasse. Der Ofen verströmt behagliche Wärme, und Siri hat mir ihr Netbook geliehen, damit ich etwas für meinen Blog schreiben kann. Gegen Nachmittag gehen dann meine Einkäufe vom Vormittag schon beinahe zur Neige. Um den entspannten Sonntag abzurunden, gewinnt der BVB mit 2:1 gegen Braunschweig, dank des Internets kann ich das Spiel hier im Radio bei Würstchen, Kartoffelsalat und einer Dose Bier bequem verfolgen.

Heute steht ein kleiner Kulturschock auf dem Programm. Nach dem Frühstück werde ich mit Sølve nach Mo i Rana fahren. Ich brauche unbedingt mein Paket, und Sølve hat dort zufällig etwas zu erledigen. Zusammen steigen wir in den riesigen Toyota Land Cruiser, hinter dessen Lenkrad der nicht allzu große Sølve beinahe verschwindet. Es sind fast vierzig Kilometer hinab nach Mo i Rana, das mit seinen 18 000 Einwohnern direkt am Fjord liegt. Damit auf der Straße keine Langeweile aufkommt, kreuzen einige Rentiere unseren Weg. Um Sølves recht zügigen Fahrstil zur Nebensache werden zu lassen und meine Nerven zu beruhigen, unterhalte ich mich mit ihm über Fußball. Er mag Bayern München, ich mag den Verein überhaupt nicht – eine gute Grundlage, um sich angeregt zu unterhalten. Außerdem ist mein Norwegisch eher rudimentär, und er spricht nur Norwegisch mit schwedischem Akzent – ich kann ihn daher kaum verstehen. Umso kurzweiliger wird die Unterhaltung, und die Fahrt vergeht sprichwörtlich wie im Flug. Vor allem die alten Recken der Siebzigerjahre wie Sepp Maier und Franz Beckenbauer haben es Sølve angetan; da könne ich nicht so mitreden, sage ich und schwärme ihm stattdessen von der Stimmung im Dortmunder Westfalenstadion vor.

Wie erwartet liegt das Paket auf der Post und ist schnell eingesammelt. Auf die neuen Stiefel darin freue ich mich schon sehr, denn mein zweites Paar hat seine beste Zeit schon hinter sich und ist aufgrund der Beanspruchung und der nassen Verhältnisse kaum noch zu gebrauchen. Danach geht es in die kleine Innenstadt. Ampeln, Verkehr, viele Menschen, Geschäfte, Hektik – ich komme mir etwas verloren vor. Seit Beginn der Reise war ich nicht mehr in einem so großen Ort, und jetzt fühlt es sich komisch und fremd an. Merkwürdig, aber das Wandern und die Zeit in der Natur haben offenbar ihre Spuren hinterlassen, gerne wäre ich jetzt dort und nicht hier. In einem Sportgeschäft kaufe ich neue Wanderstöcke und eine neue Unterhose. Die Stöcke sind ja schon lange fällig, und nach beinahe drei Monaten finde ich auch eine neue Unterhose ohne Löcher ganz angebracht. Im Supermarkt besorge ich noch ein paar Kleinigkeiten, die ich für die nächste Etappe benötige, es wird schließlich einige Tage dauern, bis ich wieder etwas einkaufen kann.

Zu guter Letzt fahren wir in das Büro der örtlichen DNT-Sektion, denn ich würde gerne ein paar Erkundigungen einholen, und praktischerweise kennt Sølve den Mitarbeiter dort sehr gut. Als ich von meiner Wanderung erzähle, werde ich sofort zu Kaffee und Butterbroten eingeladen. Da sage ich natürlich nicht Nein, essen kann ich schließlich immer und überall und ist quasi zu meinem Hobby geworden. Es macht Spaß, hier zwischen all den Büchern, Zeitschriften und Bildern zu sitzen und von meinen Erlebnissen zu berichten. Die ehrliche Neugier gegenüber meiner Tour beeindruckt mich. Irgendwann wird es Zeit, zurück nach Umbukta zu fahren, und ich verabschiede mich dankbar für den freundlichen Empfang. Dank Sølve sind wir ziemlich zügig wieder in der Herberge, und ich kann mich meiner Lieblingsbeschäftigung widmen: dem Essen.

DER POLARKREIS RUFT
Umbukta – Argalad

Nach dem Essen ist vor dem Essen. Die nächste Etappe flößt mir ein wenig Respekt ein, denn es wird ungefähr zehn bis zwölf Tage dauern, bis ich wieder etwas einkaufen kann. Lediglich kurz vor dem Junkerdalen gibt es ein Hotel und einen Campingplatz, wo ich vielleicht etwas bekommen kann. Vorsichtshalber schreibe ich beiden eine E-Mail. Als ich in Umbukta ankam, war mein Rucksack schön leicht, das ganze Essen war aufgebraucht. Jetzt ist er wieder richtig schwer, voll bepackt mit neuen Lebensmitteln – hoffentlich werden die Vorräte in den nächsten Tagen für meinen Bärenhunger reichen.

Irgendwie mag ich mich von diesem wunderbaren Ort nicht recht lösen, das Frühstück nehme ich deshalb gemächlich ein. Dann wird es aber höchste Zeit, mich von Umbukta, diesem NPL-Paradies, zu verabschieden. Sølve drückt mir noch einen Stapel frisch gebackene Waffeln in die Hand, und dann stehe ich in meinen nigelnagelneuen Wanderstiefeln vor der Tür, bereit für weitere Abenteuer. Der folgende Abschnitt wird für mich wieder einen ganz besonderen Moment bereithalten – sofern alles gut geht. In fünf bis sechs Tagen möchte ich den Polarkreis erreichen. Ihn zu Fuß zu überschreiten ist für mich eine große Sache.

Mir ist in den Tagen in Umbukta vor allem eines klar geworden: dass ich es wirklich bis zum Nordkap schaffen kann. Wenn das Wetter hält, werde ich zwar länger benötigen als die ursprünglich geplanten 120 Tage, aber das Nordkap ist in greifbarer Nähe! Eines der wirklich positiven Dinge an meiner Wanderung ist, dass ich bis hierher ohne größere körperliche Probleme gekommen bin. Ich bin in einer ausgezeichneten Verfassung, Schmerzen plagen mich nur auf Asphaltpassagen, ansonsten habe ich einiges an Gewicht verloren und in gleichem Maß Kondition und Kraft hinzugewonnen. Auch die langen Tagesetappen, die nun kommen und mit bis zu zehn Stunden angegeben sind, schrecken mich nicht mehr. Mein Selbstvertrauen wächst, die Zweifel verfliegen immer mehr, offenbar habe ich meinen ganz persönlichen NPL-Rhythmus gefunden.

Mir dämmert allmählich, dass ich mich nicht von außen verrückt machen lassen darf. Im Gästebuch von Umbukta stoße ich beispielsweise auf den Eintrag einer anderen NPL-Wanderin, die im Norden gestartet ist. In vielen Hütten habe ich von ihr gelesen, sie aber leider nie getroffen. Sie hat wie Sigbjørn riesige Etappen zurückgelegt und war in rasender Geschwindigkeit weit in den Süden vorgedrungen. Nun lese ich, dass sie das ganze Stück vom Nordkap bis nach Sulitjelma mit dem Fahrrad gefahren ist. So habe ich mich also völlig unnötig unter Druck gesetzt und andauernd gefragt, warum sie so schnell ist. Es nützt einfach nichts, sich an anderen zu orientieren, man muss seinen eigenen Rhythmus finden und auf seinen Körper hören. Jetzt zahlt es sich zumindest aus, dass ich am Anfang so langsam war. Ich bin gut trainiert, habe keine Beschwerden, Entzündungen oder schmerzende Gelenke und muss nur geduldig so weitermachen, dann werde ich es auch schaffen!

Um nicht aus meinem Rhythmus zu kommen, werde ich heute lediglich bis zur nächsten DNT-Hütte gehen, die ungefähr drei oder vier Stunden entfernt liegt. Wenn ich meinen Plan durchziehe, werde ich drei Tage lang recht kurze Etappen laufen, um dann zwei lange Tage anzuhängen, die mit neun und zehn norwegischen Wanderstunden ohne Pausen angegeben sind. Ich kenne nur diese eine Etappe in ganz Norwegen, die mit zehn Stunden ausgewiesen ist.

Wehmütig lasse ich Umbukta zurück, die Gastfreundschaft der Leute dort ist einfach phänomenal. Jetzt geht es erneut ins Fjell, das dank Wind und Nieselregen sozusagen in meiner Lieblingsstimmung vor mir liegt: dramatisch und ungemütlich – aber absolut faszinierend. Ich tauche wieder ein in meine Welt und gehe heute voll darin auf. In meiner Regenjacke folge ich dem gut markierten Weg. Die größte Herausforderung ist der Wind, der mir mehrfach heftig die Regenhülle vom Rucksack reißt und sie immerzu lautstark im Wind flattern lässt.

Im Sauvasskardet-Tal ragen auf beiden Seiten steile Felsen auf, ein Schild mahnt mich zu raschen Schritten und warnt vor gefährlichem Steinschlag. Schon bald muss ich auf einem losen Stahlträger, wie auf einem Schwebebalken, über einen reißenden Bach balancieren, bevor der letzte kurze Anstieg zur Hütte am Nachmittag erreicht ist. Die Hütte liegt an einem größeren See, auf dem der Wind kleine Wellen mit weißen Schaumkronen über die Wasseroberfläche treibt. Vom Fenster aus kann man bis zum Okstindan hinüberschauen, selbst der Gletscher ist zu erkennen.

Mit zwei großen Metalleimern hole ich Trinkwasser vom Bach. Dabei muss ich mehrfach über meine eigene Tollpatschigkeit lachen. Mittlerweile habe ich so viel Gewicht verloren, dass meine Hose ohne Gürtel oder Rucksackgurt an mir herunterrutscht. Da ich mit den zwei Eimern keine Hand frei habe, die den Hosenbund halten kann, rutscht mir andauernd die Hose bis zu den Knien hinab. Drei Schritte vorwärts, Eimer abstellen, Hose wieder hochziehen. Es dauert eine kleine Ewigkeit, bis ich auf diese Art wieder zurück in der gemütlichen Hütte bin. Hoffentlich hat mich keiner gesehen, die Szene hätte gut in einen Monty-Python-Film gepasst. Den Rest des Tages verbringe ich auf dem Sofa vor dem Kamin und lasse mich auf meinen Rhythmus ein: Was so viel heißt wie Kaffee, Waffeln und mitgebrachte Brote aus Umbukta genießen. Draußen zerrt der Wind an der Hütte, Regen schlägt gegen das Fenster, und im Inneren lodern wärmende Flammen im Kaminofen. Was will man mehr, norwegische Hüttenromantik pur!

Die nächsten zwei Tage treffe ich absolut niemanden im Fjell. Dieses Gebiet liegt gänzlich ab vom Schuss der bekannteren Wanderregionen weiter westlich und hinterlässt bei mir einen tiefen Eindruck. Eine so einnehmende Landschaft gab es bisher kaum. Man kann kilometerweit unter den düsteren Wolken in die Ferne blicken und seinen melancholischen Gedanken hinterherhängen.

Keiner hätte wohl nach den anfänglichen Schwierigkeiten gedacht, dass ich so weit kommen würde – am wenigsten ich selbst. Doch mittlerweile bin ich seit drei Monaten unterwegs, und selbst matschige Wege, felsige Anhöhen und breite Bäche können mich nicht bezwingen. Der Polarkreis wartet darauf, von mir überschritten zu werden! Bei dem Gedanken daran bekomme ich eine Gänsehaut!

Die beiden Tage sind verhältnismäßig kurz, ich komme schon am frühen Nachmittag bei den DNT-Hütten an, die ich für mich allein habe. So bleibt genug Zeit, um mich zu erholen und mich meinem Rhythmus hinzugeben. Die Begegnung mit Trond Strømdahl hat etwas in mir ausgelöst. Langsam fallen die Puzzleteile an ihren Platz, und ich komme in meiner eigenen Wanderwelt an, beginne mit der Tour zu verschmelzen und alles als ein Geschenk zu begreifen. Mit dem Polarkreis kommt ein Ziel in Sicht, das das alles nun auch in Form von Breitengraden messbar macht! Die Vorfreude darauf steigt Meter um Meter!

Am dritten Tag, nachdem ich in Umbukta losgelaufen bin, erreiche ich die Virvasshytta. Die Hütte ist riesig! Wunderschön an einem See gelegen, kann ich sie schon von Weitem erkennen. Insgesamt besteht der Komplex aus drei Gebäuden: Das größte von ihnen ist das Haupthaus. Eins dient als Toilette, Holzschuppen und Nothütte, falls das Haupthaus im Winter niederbrennen sollte. Und eine weitere Hütte gehört offenbar dem Statkraft-Unternehmen, das hier die Pegelstände der Seen misst. Alles in dieser Gegend ist für die Stromgewinnung unterirdisch über Tunnel verbunden und wird per Satellit überwacht.

Nachdem ich das Hauptgebäude mit meinem DNT-Standardschlüssel aufgeschlossen habe, fällt mein erster Blick in die Küche. Mein enormer Hunger steht in krassem Gegensatz zum Inhalt meines Rucksacks. Meine Vorräte reichen zwar, um voranzukommen, aber richtig satt werde ich davon nicht. Zum Glück sind hier noch Knäckebrot und Spaghetti von einem meiner Vorgänger übrig. Die goldene Hüttenregel besagt, alles, was in der Küche zurückgelassen wurde, darf von jedem verbraucht werden!

Als Erstes heize ich den großen Ofen an, dann hole ich Holz, das ich im Schuppen noch sägen und spalten muss. Die Virvasshytta gleicht eher einem Einfamilienhaus denn einer kleinen Wanderhütte. Zahlreiche Zimmer gehen von einem langen Flur ab, und in der ersten Etage befinden sich weitere Räume mit Betten. Das Wohnzimmer hat locker über zwanzig Quadratmeter, und in der offenen Küche gibt es zwei Gaskochstellen und einen großen Esstisch. Es dauert eine Weile, bis der Ofen in Gang kommt und sich im Wohnzimmer eine behagliche Wärme ausbreitet. Rasch schlüpfe ich in ein bequemes Outfit, ein gemütlicher Pulli und lange Unterhosen samt dicken Socken sind jetzt gerade recht. Dabei ist völlig egal, wie das aussieht, denn auf der DNT-Hütte sind alle gleich. Da könnten auch der derzeitige Ministerpräsident Jens Stoltenberg oder die Kronprinzessin Mette-Marit vorbeikommen, man würde ihnen den Unterschied nicht ansehen. Sie müssten ebenso auf das gleiche Plumpsklo gehen und auch beim Wasserholen am See helfen. Aber sicher würde ich mich freiwillig melden, um Mette-Marit beim Abwasch zu helfen. Wann steht auch schon mal die Prinzessin persönlich in lässigen Wanderklamotten vor einem?

Die Prinzessin kommt heute allerdings nicht mehr vorbei, ich muss wohl vorerst mit mir selbst auskommen. Bei einem Teller voller Knäckebrot mit Butter und einer großen Kanne Kaffee widme ich mich den zurückgelassenen Zeitschriften. Zur Auswahl stehen das *Traktor*-Magazin und das *Rolling Stone*-Musikmagazin – eine interessante Mischung, da waren wohl Vater und Tochter gemeinsam auf Tour? Gegen Abend bereite ich mir aus den Spaghetti zusammen mit einem meiner Fertiggerichte von Real Turmat ein riesiges Abendessen, das jedem Tour-de-France-Fahrer zur Ehre gereichen würde. Es dauert eine ganze Weile, bis ich alles verputzt habe.

Gerade als ich fertig bin und mich kaum noch bewegen kann, öffnet sich die Tür, und zwei Frauen im besten Alter kommen völlig fertig herein. Sie haben zehn unendlich lange Stunden für die Etappe von Bolna, der nächsten Hütte, bis hierher gebraucht. Zwei Stunden länger als angegeben. Da weiß ich ja gleich, was mich morgen erwartet. Die beiden essen direkt zu Abend, und später unterhalten wir uns im gemütlichen Wohnzimmer bei Kerzenschein über unsere Touren.

Am nächsten Morgen geben mir die beiden Frauen noch etwas zum Essen mit, das sie nicht mehr benötigen und nur zu gerne an einen verfressenen NPL-Wanderer loswerden. Da es ein langer Tag werden soll, geht es heute zeitig los. Das Wetter ist nicht so gut, die graue Wolkendecke hängt tief. Ich komme aber gut voran, und die ersten gemächlichen Anstiege über sanfte grüne Hügel liegen schnell hinter mir. Die Weite ist unglaublich, man hat so viel Platz für sich und seine Gedanken, in so einem Moment könnte für mich die Wanderung auf ewig weitergehen. Ballastlosigkeit stellt sich ein, man schleppt nur noch das wenige mit sich herum, was man am Körper trägt, ein fantastisches Gefühl! Nach so langer Zeit begreife ich endlich, was so eine enorme Tour mit einem anstellt. Das Hier und Jetzt bekommt eine völlig neue Bedeutung, man genießt jede Sekunde, jeden Moment.

Da die Etappe so lang ist, wurde etwa auf halber Strecke eine kleine Schutzhütte für Wanderer errichtet, die es hier mit schlechtem Wetter zu tun bekommen. Ich nutze den Ort für eine erste kurze Pause, bevor ich ein steiles Stück den Berg hinaufgehen muss. Das Wetter nimmt eine unerwartete Wendung: Der Wind schiebt die Wolken weiter, und erste Sonnenstrahlen bahnen sich vorsichtig ihren Weg. Der höchste Punkt des Tages ist fast erreicht, und ich lege an einem Bach eine zweite, diesmal ausführliche Pause ein. Mit dem Kopf auf dem Rucksack nicke ich kurz in der warmen Sonne ein. In der Ferne und in meiner Vorstellung muss schon beinahe der Polarkreis zu erkennen sein, er liegt in ungefähr 15 Kilometern Entfernung auf der anderen Talseite des Dunderlandsdalen im Saltfjell. Eine Gegend, über die ich schon viel gelesen habe. Dieses malerische Wandergebiet reicht hinab bis zum Fjord, wo riesige Gletscher und grüne Täler die Landschaft bestimmen.

Die Pause tut mir gut und sorgt für neue Energie. Ich suche mir eine geeignete Furt über den Bach, dann folge ich dem Wanderweg talwärts. Ein merkwürdiges Schild warnt mich plötzlich davor, denselben Bach über einen kleinen begehbaren Damm erneut zu überqueren. Aber laut Karte muss ich darüber. Nach kurzer Inspektion geht mir ein Licht auf. Der Bach verschwindet direkt an dem kleinen Damm im Boden, ein riesiges Gitter deckt ein großes schwarzes Loch im Flussbett ab – die zapfen also hier tatsächlich den ganzen Bach für die Stromgewinnung ab! Das alte Flussbett dient nur noch bei Hochwasser als Überlauf. Das ist ein ziemlich merkwürdiger Anblick, aber jetzt verstehe ich auch, was mir das Schild sagen möchte: Es warnt davor, dass das dunkle Wasserloch von Zeit zu Zeit aufstoßen beziehungsweise richtig ausgeprägt rülpsen muss! Dann entladen sich riesige Luftblasen direkt aus dem tiefen dunklen Schlund, die jeden, der sich gerade in der Nähe befände, einfach wegfegen würden. Da ich ein Angsthase bin und immer brav auf solche Schilder höre, laufe ich ein Stück weiter zur Hängebrücke, die extra für die Wanderer errichtet wurde und in einigem Abstand über das ausgetrocknete Flussbett führt.

Bolna erreiche ich entgegen meinen Befürchtungen ohne Probleme, die angegebene Wanderzeit vom DNT unterbiete ich locker.

Die beiden Gebäude, die zu diesem Komplex gehören, liegen unweit einer Landstraße, die geradewegs zum Polarkreis führt. Man kann also auch bequem mit dem Auto hierherkommen. Sogar an eine Rampe für Rollstuhlfahrer wurde bei der neueren der beiden Hütten gedacht, und auch das Plumpsklo ist barrierefrei zugänglich. Meine Wahl fällt jedoch auf das ältere, etwas gemütlichere Haus. Ich habe hier alles für mich allein. Morgen steht mir, so sagt es der DNT-Wanderführer »Til fots i Norge« (Zu Fuß in Norwegen), eine der längsten Etappen der ganzen Reise bevor, zehn Wanderstunden gibt der DNT dafür an. Ich könnte es mir auch einfach machen und der E6 zum Polarsirkelen-Hotel folgen, aber das kommt für mich nicht infrage. Selbst wenn mich der Schlenker durch das Saltfjell zwei Tage extra kostet, ist mir das völlig egal. Das Saltfjell gilt als eines der schönsten Wandergebiete Norwegens, das lasse ich doch nicht so einfach links liegen!

Irgendwann höre ich Motorengeräusche, der Kies in der Einfahrt knirscht. Jetzt ist es wohl vorbei mit der Ruhe, ich bekomme Besuch. Zwei Pärchen sind mit dem Auto vorgefahren und nehmen die neuere, größere Hütte in Beschlag. Neugierig, wie ich bin, stelle ich mich kurz vor, und schon sitzen wir gemeinsam auf einer Bank in der Sonne. Die Leute sind ein bisschen älter als ich und schleppen nach und nach bergeweise Lebensmittel und Dosenbier in die Hütte.

»Was wird das denn?«, frage ich.

Zur Antwort bekomme ich ein eiskaltes Bier überreicht. »Wir treffen uns hier von der Arbeit aus«, erklärt mir einer der beiden Männer. »Morgen kommen dann die übrigen Kollegen, wir bereiten nur heute schon mal alles vor! Es sind auch ein paar lustige Spiele geplant, wir wollen einfach zusammen eine gute Zeit haben!«

»Sag mal, hast du eigentlich schon zu Abend gegessen?«, fragt mich der andere.

»Ähm, noch nicht. Das wollte ich gerade machen, als ihr gekommen seid!«, erwidere ich, auf eine Einladung zum Abendessen spekulierend – meine Vorräte sind schließlich nicht so üppig.

»Dann bist du hiermit eingeladen, die Mädels haben Lasagne vorbereitet, die wird dir bestimmt schmecken! Es ist mehr als genug davon da!« Und schon bekomme ich ein neues Bier gereicht. Anscheinend bin ich mal wieder zur richtigen Zeit am richtigen Ort!

Kurz darauf ist der Tisch gedeckt. Neben duftender Lasagne, warmem Brot und einer großen Schüssel mit frischem Salat haben auch Wein und Schnapsgläser den Weg auf den Tisch gefunden. Wenn das so weitergeht, könnte sich morgen zu den zehn Wanderstunden auch noch ein gehöriger Kater gesellen. Da das aber erst morgen sein wird, will ich jetzt noch keinen Gedanken daran verschwenden! So ein unglaublich leckeres Abendessen habe ich schließlich schon lange nicht mehr zwischen die Zähne bekommen. Und es tut gut, in gemütlicher Runde zu sitzen. Wenn ich ehrlich bin, habe ich das während der letzten Tage ein wenig vermisst.

Nach dem Essen verbringen wir den Abend draußen an der Feuerstelle, die Flammen knistern, Funken steigen auf, und über uns scheint der Mond! Erst spät komme ich endlich ins Bett. Das ein oder andere zusätzliche Dosenbier am Feuer hat mir dann doch irgendwann die nötige Bettschwere verpasst. Morgen mindestens zehn Stunden wandern? Alles halb so schlimm, schließlich wartet der Polarkreis auf mich – die Feier zur Überquerung haben wir schon heute begangen!

In meinem Kopf rufen sich die Biere von gestern Abend unangenehm in Erinnerung. Aber vom Jammern wird es bekanntlich nicht besser, also mache ich mich um halb neun auf den Weg. Im Rucksack sind noch einige Leckereien, die die beiden Pärchen übrig hatten, Studentenfutter und Müsliriegel werden mich heute zusätzlich stärken, die restliche Lasagne gab es bereits zum Frühstück. Die Sonne lacht, und schon nach dem ersten kurzen Anstieg hinein ins Fjell sind die Kopfschmerzen beinahe vergessen. Als ich eine Anhöhe erreiche und tief hinein in das weite Bolnadalen blicke, bin ich der glücklichste Mensch der Welt. Die sanften Hügel des Raudfjellet und der 1460 Meter hohe Bolna-Gipfel rahmen das spektakuläre Panorama ein. Die Gletscher haben hier ganze Arbeit geleistet, überall liegen die felsigen Überbleibsel der Grundmoränen ungleichmäßig verteilt herum, nur unterbrochen von glasklaren kleinen Bächen und Seen. Ein großartiges Wanderparadies – und meiner ersten Polarkreisüberquerung mehr als nur angemessen.

Gegen elf Uhr entdecke ich die kleine Schutzhütte, die man am Polarkreis errichtet hat. Davor steht ein einfacher Torbogen aus zwei Holzstangen, darüber ein Schild: »Polarsirkel«! Es ist nur ein verwittertes Schild irgendwo in einem riesigen Tal, aber für mich ist es das Größte! Der magische Polarkreis auf 66° 33' 55" Nord – wie lange habe ich darauf gewartet! Mit einem Freudenschrei überquere ich die imaginäre Linie. Mir kommen beinahe die Tränen, es hat fast drei Monate gedauert, um hierher zu gelangen! Voller Stolz gehe ich die paar Schritte zur Hütte und lege dort meinen Rucksack ab. Mit der Kamera nehme ich eine ganze Serie von Selbstporträts auf: hüpfend, springend, tobend – alles vor dem Schild! Ich freue mich unglaublich über diesen Schritt, der mir schon während der Planung so sehr am Herzen lag! Der zweite große Meilenstein ist erreicht: zu Fuß zum Polarkreis, unfassbar und dennoch wahr! Mein Selbstvertrauen steigt genauso wie die Zuversicht, mein großes Ziel zu erreichen: das Nordkap.

Etwa eine Stunde verbringe ich an dem Polarkreis-Schild, bevor ich meinen Weg fortsetze. Immerhin habe ich heute noch nicht einmal die Hälfte geschafft. Ein paar Meter entfernt von der Hütte gelange ich zu einer außergewöhnlichen Stelle: Im Boden steckt ein geschmiedetes Schwert, davor wurde eine Plakette im Boden verankert. Erst vor wenigen Tagen, so stand es im Hüttenbuch geschrieben, wurde hier die Asche eines jungen Mannes verstreut, der sehr viel jünger war als ich und viel zu früh gestorben ist. Seine Freunde haben ihm an diesem idyllischen Ort seinen letzten Wunsch erfüllt. Das Schwert hat ihm wohl viel bedeutet, und nun erinnert es an ihn. Schlagartig wird mir wieder bewusst, was für ein Glück ich habe, dass ich gesund bin und diese Wanderung machen kann. Nachdenklich gehe ich weiter.

Der Abstieg ins Bjøllådalen erweist sich als anspruchsvoller als gedacht. Ich muss höllisch aufpassen, damit ich nicht stürze. Über zwei große, vom DNT selbst gezimmerte Hängebrücken gelange ich auf die andere Seite des Flusses, der dem Tal seinen Namen gibt. Auf der westlichen Uferseite wurde Ende des 19. Jahrhunderts eine Telegrafenleitung errichtet, deren Verlauf ich nun folgen möchte. Die Leitung gibt es mittlerweile nicht mehr, nur die hier und da erhaltenen großen Telegrafenmasten zeugen noch von dieser Zeit. Einige der DNT-Hütten entlang der alten Trasse sind ursprünglich Telegrafen- und Instandhaltungshütten gewesen.

Das malerische Tal ist an Idylle kaum zu überbieten. Der Fluss schlängelt sich durch die Talmitte, von Zeit zu Zeit gibt es große Überschwemmungsflächen, die während der Schneeschmelze vom Fluss eingenommen werden. Auf meiner Uferseite säumen Birken und Kiefern den Pfad, erste herbstliche Farben künden vom nahenden Ende des Sommers. Es ist zwar tagsüber noch sehr warm, aber hier oben am Polarkreis kann es auch schon Ende August in der Nacht ziemlich kalt werden.

Allmählich beginne ich, den langen Tag in meinen Knochen zu spüren. Pause um Pause reiht sich aneinander. Beim Anblick der Telegrafenmasten muss ich immer wieder daran denken, wie es wohl für die Leute gewesen sein muss, die diese Leitung errichtet und unterhalten haben. Schwarz-Weiß-Bilder tauchen vor meinem inneren Auge auf, und ich schaue den Arbeitern dabei zu, wie sie die Masten mühevoll im Boden verankern.

Und dann sehe ich sie wahrhaftig vor mir: die alte Telegrafenstation. Die Krukkistua liegt traumhaft und bietet einen Blick über den weiten Talboden und die Sumpfflächen des Flusses. Neben der alten Stube stehen eine weitere, ziemlich neue Hütte und daneben ein Holzschuppen mit Toilette. Aber die große Besonderheit an Krukki ist etwas anderes: Es gibt hier tatsächlich eine kleine Sauna im Holzschuppen – völlig unüblich für norwegische Hütten! Beim Blick auf die Uhr muss ich kurz lachen. Trotz der langen Pause am Polarkreis habe ich nur etwa neun Stunden gebraucht. Wenn es noch einen Beweis gebraucht hätte, dass ich langsam richtig in Fahrt komme – hier ist er. Außer mir ist noch ein Pärchen da, das die neuere Hütte bezogen hat und mich mit vorzüglichen Blaubeerpfannkuchen versorgt. Die frisch renovierte und total urige Telegrafenstation von 1881 wird dagegen meine Unterkunft. Den Abend lasse ich natürlich in der Sauna ausklingen. In die winzige Schwitzstube passen genau zwei Personen hinein. Der Ofen heizt die Kammer unglaublich auf, und so lasse ich den langen Wandertag auf der Türschwelle des Schuppens sitzend ausklingen. Dampfend und die kühle Luft genießend, hänge ich meinen Gedanken nach und freue mich darüber, dass ich den Polarkreis zum ersten Mal in meinem Leben überquert habe.

Zufrieden mit mir und der Welt löffle ich zum Frühstück mein Müsli und trinke Kaffee an dem alten Küchentisch, der bestimmt viele Geschichten erzählen könnte. Um neun Uhr breche ich zur nächsten DNT-Hütte auf, die nur einen einstündigen Katzensprung entfernt ist. Gestern habe ich von dem Pärchen erfahren, dass der Hüttenwart da sei. Er soll ein ganz netter Kerl sein und jedes Jahr im Winter angeblich einen Jahresvorrat an geistigen Getränken per Schneemobil hinaufschaffen. Die Norweger wissen halt, wie man's macht, denke ich mir.

Bald erreiche ich die Saltfjellstua und sehe, wie sich auf der Veranda der Hüttenwart, sein Kumpel und ihr Jagdhund gerade fertig zum Angelausflug machen. Man reicht mir einen Kaffee, und ich erzähle von meinem Trip und meiner Befürchtung, dass ich zu wenig Essen dabeihabe. Der Hüttenwart verschwindet kurz und übergibt mir dann grinsend ein Real-Turmat-Gericht sowie zwei große Reisgerichte. Alles ist zwar schon seit einer Ewigkeit abgelaufen, aber das ist nicht weiter schlimm. Auf einer früheren Tour habe ich mal eine vorzügliche Dose Ananas gegessen, die bald zehn Jahre abgelaufen, aber noch vollkommen in Ordnung war. Als Krönung wandert am Ende noch eine Tafel Schokolade in meinen Rucksack. Der Zwischenstopp hat sich also richtig gelohnt. Bei strahlendem Sonnenschein ziehe ich weiter, um das sogenannte Tal der Steine zu durchqueren.

Nach einem kurzen Stück laufe ich über eine Hängebrücke, die einen unfassbar schönen, tief ausgewaschenen Fluss-Canyon überspannt, um danach den großen grünen Søre Bjøllåvatnet am Südufer zu passieren. Nach einem Plausch mit einem deutschen Wandererpaar, das überaschenderweise auf der bekannten Reiseplattform VisitNorway von mir gehört hat, geht es von nun an steil den Bergrücken hinauf. Oben wird mir schlagartig klar, warum es Tal der Steine heißt: Es gibt große Steine, kleine Steine, runde Steine, spitze Steine, Kiesel, Sand, Splitt, Wackersteine, Findlinge und Oschis so groß wie Autos! Stundenlang könnte ich von den verschiedenen Steinarten berichten, ähnlich wie Benjamin Buford »Bubba« Blue in »Forrest Gump« von Shrimps. Genau genommen ist es gar kein *Tal* der Steine, sondern ein *Meer* der Steine! Ein Meer, eingerahmt von runden Bergen. Dieses gilt es nun zu überwinden. »Fischer, Fischer, wie viele Steine liegen zwischen hier und dem anderen Ufer?« – »Eine Fantastilliarde Steine!« – »Und wie komme ich da rüber?« – »Wie wohl, du musst über jeden einzelnen drübersteigen!«, rufe ich laut, bevor ich gefühlt jedem Stein meine Aufwartung mache.

Bei Sauwetter und Nebel wäre das hier ein Höllenritt über glitschige Felsen. So aber macht die Wanderung richtig Spaß! Zwei

Stunden später liegt das Tal hinter mir, und an einem breiten Bach genehmige ich mir zur Belohnung eine ausgedehnte Pause. Es ist noch ein ganzes Stück bis zur DNT-Hütte Lønsstua, meinem Tagesziel für heute, und zu meinem Leidwesen wird es eine lange und zähe Etappe. Ich mache drei Kreuze, als ich endlich die Bahnlinie von Fauske nach Mo i Rana durch einen kleinen Tunnel unterquere. Von hier aus ist die Siedlung, in der die DNT-Hütte liegt, nur noch einen Katzensprung entfernt. Ganz in der Nähe steht auch das Polarsirkelen-Hotel, wo ich mir an der Rezeption zwei Flaschen eiskalte Cola kaufe. Dann trotte ich zur Lønsstua, die riesig ist. Man kann sogar mit dem Auto an sie heranfahren. Bevor ich die Hütte aufschließe, entledige ich mich meiner Stiefel und zische genüsslich die erste Cola direkt auf der Holztreppe vor der Haustür. Langsam erhole ich mich. Es reicht zumindest dafür, danach wie ein breitbeiniger Cowboy langsam die Hütte zu betreten und mir anschließend dank der Lebensmittel vom Saltfjellstua-Hüttenwart ein riesiges Abendessen zu kochen.

Meine Formkurve hat während der letzten Etappen noch mal einen deutlichen Sprung nach oben gemacht – ich bin in Topform und fühle mich von Tag zu Tag stärker! Nur das Wetter bremst am nächsten Morgen meinen Elan, doch mit dem Nieselregen kann ich mich recht schnell arrangieren. Über einen Campingplatz kurz vor dem Junkerdalen – einem Nationalpark, der bekannt für seine vielfältige Pflanzenwelt ist – laufe ich in das enge Tal des Junkerselva-Flusses. Dort stehe ich in einer Art Miniatur-Canyon. Neben mir rauscht der Fluss, und um mich herum ragen steile Felsen auf. Die herbstliche Färbung der Bäume ist atemberaubend schön. Auf einem alten Fahrweg, der teilweise durch Felsrutsche versperrt ist, gelange ich durch das spektakuläre Tal. An einer Stelle entdecke ich riesige Himbeersträucher, auf die ich mich mit Begeisterung stürze. Schließlich esse ich gerade alles, was ich kriegen kann!

Überraschend schnell erreiche ich die nächste DNT-Hütte, die in einem alten Weiler zusammen mit einigen anderen Gebäuden steht. Ich lege eine kurze Pause ein und entschließe mich dann hoch motiviert, weiter bis zur Hütte in Argalad zu wandern. Gerade läuft es einfach richtig gut, und die Hütte wird überall als »Perle« beschrieben. Die Gehzeit wird von hier aus mit ungefähr drei Stunden angegeben. Ich bin zwar bereits über fünf Stunden unterwegs, doch irgendwie reizt es mich, heute meine Grenzen auszutesten. Also laufe ich wieder zum Fluss hinab. Meine Wanderstöcke rotieren, die Socken qualmen, und ich nehme richtig Fahrt auf. Meter um Meter fliege ich meinem Ziel entgegen und erreiche dabei eine ganz neue Geschwindigkeit – das Wanderhoch hat mich anscheinend wieder!

Das Tal wird langsam enger, und eine wackelige Holzbrücke führt mich auf die andere Seite des Flusses. Bei einem Blick auf die Karte und die Uhr stelle ich erfreut fest, dass ich die Hälfte der Strecke bald geschafft habe. Und auch die andere Hälfte bringe ich schnell hinter mich. Der Platz, an dem die Argalad-Hütte – genau genommen sind es zwei Hütten – liegt, könnte nicht schöner sein. Das enge Tal öffnet sich, der Fluss macht eine s-förmige Kurve und läuft am Ufer zu einem kleinen Kiesstrand aus. Das Ganze wird von einem satten Grün eingerahmt. Im neueren der beiden Gebäude mache ich es mir gemütlich. Mein Mitbewohner heißt Georg und ist Deutscher. Er richtet mir Grüße aus von einem anderen Wanderer, den ich aus einem Outdoorforum im Internet kenne und hier knapp verpasst habe. Manchmal muss man sich wirklich wundern, wie klein die Welt ist! Nach einem erfrischenden, zweisekündigen Bad im eiskalten Fluss unterhalte ich mich lange mit Georg. Wir sind beide bezaubert von der Idylle Argalads. Es hat sich zweifellos gelohnt, dass ich heute bis hierher weitergegangen bin.

DER HERBST STEHT VOR DER TÜR
Argalad – Abisko

Ich sitze in der großen DNT-Hütte Ny-Sulitjelma, wo ich morgen einen Pausentag hoch über der alten Bergbaustadt Sulitjelma einlegen will. Bis Anfang der Neunzigerjahre wurden in dieser Region Kupfer und Schwefelkies abgebaut. Für jemanden, der im Ruhrgebiet geboren wurde, kommen da heimatliche Gefühle auf, wenn er die Straße aus den Bergen hinab in das industriell geprägte Städtchen läuft. Zeugnisse des Bergbaus finden sich in Sulitjelma an jeder Ecke und geben dem Ort einen ganz besonderen herben Charme.

Die zweieinhalb Tage von Argalad hierher waren perfekt. Nach den langen Etappen vor und nach dem Polarkreis habe ich es ruhiger angehen lassen, die Landschaft genossen und mir viel Zeit zum Ausruhen auf den Hütten gelassen. Das Fjell hat mittlerweile die von mir lang ersehnte herbstliche Färbung. Gräser, Sträucher und Bäume leuchten in den unterschiedlichsten Rot- und Gelbtönen, der Indian Summer des Nordens zeigt sich von seiner schönsten Seite. Außerdem ist es kühler, und in der Nacht sinken die Temperaturen noch mal rapide. Besonders die Route rund um den Balvatnet war berauschend. Man läuft den ganzen Wandertag um diesen riesigen See, was eigentlich ziemlich frustrierend sein kann, wenn man weiß, wie kurz der direkte Weg über den See per Boot oder im Winter über das Eis ist. Aber es herrschte eine besondere Stimmung: Immer wieder fiel bei strahlendem Sonnenschein feiner Nieselregen, und so wurde ich permanent von einem Regenbogen begleitet, als würde er mir den Weg zum Ziel, zu meinem Schatz weisen. Meine Gedanken verselbstständigten sich.

Während der Hälfte des Weges entwarf ich einen Businessplan für ein Abenteuercafé daheim. Einen Laden, in dem es neben der

Bar mit unzähligen Zimtschnecken auch einen zweiten Bereich gibt, wo man Reiseliteratur und alle möglichen Landkarten erstehen kann. Ein Geschäft zum Stöbern und Schmökern für alle, die dem Fernweh genauso verfallen sind wie ich. Und in dem man abends auf einer kleinen Bühne Lesungen und Vorträgen von Abenteurern und Weltreisenden lauschen kann. Ab und zu gibt es handgemachte Livemusik in der gemütlichen Atmosphäre, die sich mit viel hellem Holz und rohen Backsteinwänden irgendwo zwischen traditionellem irischen Pub und skandinavischem Café einordnet.

Am darauffolgenden Tag verbrachte ich wieder die meiste Zeit auf der Straße. Von der Coarvi-Hütte am Balvatnet ging es über eine schmale Landstraße hinab nach Sulitjelma. Ein Versorgungspaket wartete auf mich im Supermarkt, doch ich wusste nicht, wie lange er geöffnet hat und vor allem wie ich anschließend das riesige Paket und meine Einkäufe für den Ruhetag hinauf zur Hütte bringen sollte, die einige Hundert Höhenmeter über dem Ort liegt.

Ziemlich platt und mit schmerzenden Füßen erreichte ich schließlich gegen 13 Uhr den Supermarkt. Und hier gab es eine Überraschung: Als ich eintrat, entdeckte ich in der kleinen Kaffee-Ecke am Eingang zwei bekannte Gesichter – Ågot und Per, ein Ehepaar im Ruhestand, das ich bereits unterwegs an der Landstraße getroffen hatte, wo sie gerade Moltebeeren sammelten. Sie haben früher in Sulitjelma gelebt, wohnen nun aber im Süden und kommen nur noch einmal im Jahr zum Heimatbesuch hierher. Da Ågot hervorragend Deutsch spricht, kamen wir bei unserer ersten Begegnung schnell ins Gespräch, und ich erzählte ihr, dass ich noch keinen Plan hätte, wie ich meine Einkäufe und das Paket von Sulitjelma hoch zur Hütte transportieren sollte. Es stellte sich heraus, dass die beiden deshalb extra im Supermarkt auf mich gewartet haben. Sie machten mir ein Angebot, das ich nicht ablehnen konnte, und schlugen mir vor, mich und meine Einkäufe mit ihrem Geländewagen bis hoch zur Hütte zu fahren. Eine tolle Idee – und wenn ich morgen ohne Gepäck in den Ort und wieder zurücklaufe, habe ich auch nicht gemogelt. Es ist mir schließlich wichtig, die gesamte Strecke möglichst zu Fuß zurückzulegen.

Wenig später sitze ich mit meinen Einkäufen und dem Paket von Julia neben Per im Jeep und werde auf direktem Weg hinauf zur Hütte gefahren. Mit dem ganzen Essen hätte ich zu Fuß mindestens zweimal gehen müssen, um alles hinaufzuschaffen. Umso glücklicher bin ich, dass ich nun auf dem Sofa sitze und mir bei Musik ein halbes Weißbrot mit reichlich Wurst, Käse und sechs Spiegeleiern als Zwischenmahlzeit einverleiben kann. Mein Bärenhunger macht mir langsam ein wenig Angst. In der Form habe ich das zu Hause noch nicht erlebt, da esse ich solche gewaltigen Portionen natürlich nicht. Doch auch wenn ich wie eine ganze Flotte Scheunendrescher alles futtere, was mir in die Finger kommt, sind mir meine Klamotten mittlerweile viel zu groß. Einen Vorteil hat also die ganze Sache, denn vor der Tour habe ich noch eine andere Wette abgeschlossen: Mehr aus Spaß habe ich mit Marc um ein paar Biere im Stadion gewettet, dass ich nach der Tour weniger wiegen würde als er. Wir kennen uns nicht nur vom gemeinsamen Fußballspielen, sondern gehen seit einigen Jahren auch zusammen mit ein paar guten Freunden regelmäßig zum BVB, wo wir auf der Südtribüne Dauerkarten für den Block 81 haben. Wie dem auch sei, Marc ist jedenfalls deutlich schlanker als ich, aber das Studium und das Älterwerden sind auch an ihm nicht spurlos vorübergegangen. Wir foppen uns deswegen andauernd, und so kam irgendwann vor der Tour auch das jeweilige Gewicht des anderen zur Sprache. Marc wiegt mindestens zwanzig Kilo weniger als ich, und er glaubt nicht, dass ich ihn einholen könne. Um ehrlich zu sein, habe ich das selbst nicht richtig geglaubt. Schaue ich aber jetzt an mir herunter, könnte ich es vielleicht doch schaffen, auch wenn ich den ganzen Tag am Essen bin.

An meinem freien Tag hole ich die verpassten Meter von gestern nach und laufe nach einem ausführlichen Frühstück die paar Kilometer hinab nach Sulitjelma. In dem kleinen Café an der Bushaltestelle trinke ich einen Kaffee, um mich in Ruhe mit einer Sache zu befassen, die mir schon seit einer Weile Kopfzerbrechen bereitet: Mein Reisebudget schmilzt dahin, es könnte bis zum Ende richtig knapp werden.

Über das Budget wollte ich vor der Tour nicht wirklich nachdenken – meine Ersparnisse mussten einfach reichen! Durch einen glücklichen Zufall kam ich außerdem zu einem zusätzlichen kleinen finanziellen Polster. In der Firma, bei der ich acht Jahre lang im Einkauf und Produktmanagement gearbeitet hatte, musste gespart werden, natürlich betraf das in erster Linie die Angestellten. Ich gab freiwillig meinen Job auf und bekam dafür eine kleine Abfindung, somit hatte ich nicht nur Zeit, sondern auch etwas finanziellen Spielraum gewonnen, um meine Tour zu verwirklichen. Mit einem befristeten Job in einem Outdoorladen überbrückte ich die restliche Zeit bis zum Tourbeginn.

Das tägliche Budget für meine Wanderung war also schnell ausgerechnet: Es standen mir pro Tag ungefähr dreißig Euro zur Verfügung, in meinen Augen gerade genug, wenn man mit den Preisen in Norwegen vertraut ist. Die Tour sollte auf jeden Fall Spaß machen, und ich wollte mich gerade beim Essen nicht ständig fragen, ob ich mir dieses oder jenes leisten kann. Bei der Unterkunft konnte ich nicht ganz so wählerisch sein. Da schon eine Übernachtung in einer DNT-Hütte ungefähr 285 Kronen – etwa 28 Euro – kostet, wollte ich so oft wie möglich im Zelt schlafen. Wenn ich mich daran hielt, sollte das alles gar kein Problem sein.

So sah also mein Budget aus: nicht gerade üppig, aber auch nicht wenig – es musste einfach reichen. Sponsoren wollte ich nicht versuchen mit ins Boot holen. Zum einen zweifelte ich daran, dass mir überhaupt irgendjemand irgendetwas geben würde, zum anderen wollte ich auch keine Verpflichtung eingehen. Wenn ich nach zwei Wochen wieder heulend zu Hause sitzen würde, weil ich es nicht gepackt habe, wollte ich mich nicht auch noch vor anderen dafür rechtfertigen müssen. Das sollte meine eigene Wanderung werden, da wollte ich mir nicht reinreden lassen. Gutes Haushalten war also nötig, große Sprünge konnte ich mir auf keinen Fall erlauben.

Das verlorene Zelt war leider der erste große Schlag ins Finanzkontor, und auch die zahlreichen privaten Unterkünfte waren manchmal teurer als erwartet. Irgendwann unterwegs denkt man allen guten Vorsätzen zum Trotz automatisch darüber nach, ob man nicht zum Beispiel statt der Hütte lieber im Zelt übernachtet, weil es günstiger wäre. Und gerade das wollte ich unter allen Umständen vermeiden, denn die Tour an sich war auch schon ohne finanzielle Hürden schwierig genug. Mittlerweile ist mein Ziel jedoch greifbar, und es wäre jammerschade, wenn ich jetzt nach Hause fahren müsste, weil mir das Geld ausgeht. Bei einer zweiwöchigen Wanderung wäre das natürlich etwas anderes, aber da kam ich in Norwegen bisher gut mit vierzig bis fünfzig Euro pro Wandertag zurecht. Da waren dann sogar mal einige Hüttenübernachtungen und ein paar Bier locker drin.

Alles in allem wird mir am Ende keine große Summe fehlen, aber da ich noch keine Arbeit nach der Tour in Aussicht habe, muss ich das schleunigst klären. In einem Brief an meine Familie schildere ich also, wie es mir geht, wie gut die Reise mittlerweile läuft und was mir die Wanderung bedeutet. Da wir im Laufe der Tour mehrfach über meine Reisekasse gesprochen haben, greife ich das Thema wieder auf und frage, ob ich mit der Unterstützung meiner Familie rechnen könne, falls ich nicht auskäme.

Anschließend sende ich VisitNorway, dem norwegischen Fremdenverkehrsamt in Hamburg, eine E-Mail, in der ich von meiner Tour erzähle und mich dafür bedanke, dass sie stets die Berichte über meine Wanderung auf Facebook teilen. Unglaublich viele Menschen sind dadurch auf mich aufmerksam geworden, senden mir mehr und mehr Nachrichten, und ich begreife langsam, wie viele Leute mir von zu Hause aus die Daumen drücken. Vorsichtig frage ich nach, ob VisitNorway mir eventuell helfen und für die Rückreise einen Flug oder Ähnliches vermitteln kann. Das würde mein Budget gehörig entlasten.

Insgeheim hege ich den großen Traum, von meiner Wanderung per Schiff und Bahn heimzureisen, um mich langsam und gemächlich wieder in den Alltag einfinden zu können. Davon berichte ich auch in meiner E-Mail. Eine Rückkehr mit dem Flugzeug würde mich dagegen direkt in die Hektik des normalen Lebens zurückkatapultieren. Aber ich wage nicht, irgendwelche Sonderwünsche zu äußern, wäre ich doch unendlich dankbar für jede Form der Unterstützung!

Ganz egal, wie ich letztendlich nach Hause reisen werde, zuerst einmal muss ich das Nordkap erreichen, und das wird noch eine ganze Weile dauern und weiterhin eine große Herausforderung bleiben. Frühestens in Alta, wenn es nur noch 250 Kilometer bis zum Ziel sind, kann ich vorsichtig damit beginnen, konkrete Pläne für meine Rückreise zu schmieden. Bis dahin gilt es, nicht nachzulassen und sich weiter tüchtig ins Zeug zu legen. »Am Ende kackt die Ente!«, würde der für seine verrückten Sprüche bekannte Sportkommentator Frank Buschmann dazu sagen. Und damit hat er natürlich völlig recht.

Nach meinem Ruhetag geht es weiter, die Alltagsprobleme werden sich hoffentlich schon irgendwie regeln. Das Wetter zeigt sich wieder von seiner besten herbstlichen Seite. Zuerst laufe ich über eine Schotterpiste bergan, zahlreiche Autos und Lkw fahren dicht an mir vorbei und hüllen mich in aufgewirbelten Straßenstaub, der sich durch den Bau eines neuen Wasserkraftwerks oben in den Bergen hier angesammelt hat. Nahezu der komplette Strombedarf Norwegens wird durch Wasserkraft gedeckt. Es wäre sogar noch genug Potenzial vorhanden, um weitere Kraftwerke zu bauen, die

die Nachbarländer und sogar Deutschland teilweise mit Strom versorgen könnten.

Mein Plan sieht vor, heute ins Fjell zurückzukehren. Mit Spannung fiebere ich diesem Abschnitt entgegen, denn es soll für mich – wie für fast alle NPLer – erneut über die Grenze nach Schweden gehen. Dort werde ich komfortabler und auch zügiger als auf der norwegischen Seite vorankommen. In dem schwedischen Gebiet gibt es viele Hütten, auf denen ich etwas kaufen kann. Auch die Wanderwege sind dort gut ausgebaut, denn ich werde einige Abschnitte der sehr bekannten und oft als mystisch beworbenen Padjelanta- und Kungsleden-Routen laufen. Als Wander- und Skandinavienliebhaber liest man häufig über diese Region, und auch der nahe Sarek-Nationalpark, der oft als Europas letzte richtige Wildnis ohne Wanderwege glorifiziert wird, liegt dort.

Voller Vorfreude mache ich mich daran, diese Wege unter die Füße zu bekommen. Die herrliche Umgebung ist Motivation pur, die Ausblicke auf die Ausläufer des Sulitjelmaisen sind gigantisch. Der große Gletscher liegt hinter den schroffen Bergen, die ich gerade umrunde. Der Untergrund läuft sich angenehm, und mein Rhythmus passt. Die kurzen Etappen und der Ruhetag haben, wie beabsichtigt, für ausreichend Erholung gesorgt. Nun laufe ich mit Volldampf der Grenze entgegen. In die gemütlich eingerichtete Sorjushytta des DNT werfe ich lediglich einen kurzen Blick während der Mittagspause.

Am Nachmittag erreiche ich das gelbe Schild, das die Grenze markiert. Den Ausblick hinüber zum Sulitjelmaisen kann man eigentlich gar nicht mit Worten beschreiben. Im Vordergrund rauscht ein Bach, der das Schmelzwasser vom Gletscher hinab zu dem See führt, an dem ich stehe. Graue Wolken ziehen gemächlich über die Berggipfel, während mich noch die Nachmittagssonne wärmt.

Nach einigen Fotos überschreite ich die Grenze und begebe mich auf die Suche nach einem Zeltplatz, der am östlichen Ufer des lang gezogenen Vuolep-Sårjåsjávrre-Sees liegen soll. Matsch und Schlamm machen das Vorankommen allerdings schwer, und die Markierungen der Schweden lassen auch zu wünschen übrig, sodass es eine Weile dauert, bis ich den richtigen Weg und einen passenden Übernachtungsplatz gefunden habe. Gerade als das Zelt aufgebaut ist und ich es mir gemütlich mache, ziehen Wolken auf, aus denen leichter Nieselregen sanft herabfällt.

Vor mir liegt der Padjelanta-Nationalpark, Schwedens größter Nationalpark und Teil des gigantischen Laponia-Gebiets, das 1996 zum Weltkulturerbe erklärt wurde. Mit fast 9400 Quadratkilometern ist es eines der größten zusammenhängenden Wildnisgebiete Europas. Die Ureinwohner, die Sámi, leben hier schon seit vorgeschichtlicher Zeit und betreiben bis heute ausgedehnte Rentierzucht. In Padjelanta gibt es eine ganze Reihe von Hütten, die oft in der Nähe von kleineren samischen Siedlungen liegen und auch von den Sámi unterhalten und verwaltet werden. Im Sommer besteht teilweise die Möglichkeit, auf diesen Bergstationen Verpflegung zu kaufen. Mitunter bekommt man frisch gefangenen oder geräucherten Fisch und all die Dinge, die man auch auf norwegischen Hütten weiter im Süden erhält.

Vom Anblick der weiten und offenen Landschaft bekomme ich Gänsehaut. Der Herbst ist hier schon voll im Gange, die Luft morgens kalt und klar, und rund um die größere samische Siedlung Stáloluokta verfärben sich die niedrigen Fjällbirken allmählich herbstlich gelb. Zwischen den zahlreichen Häusern treffe ich einen jungen Deutschen, der gerade aus dem Sarek kommt. Er stellt mir eine Frage, die mir noch lange nachhängt: »Ich war hier gerade drei Wochen unterwegs und schaffe es einfach nicht, die ganzen Eindrücke zu verarbeiten – wie schaffst du das eigentlich nach bald hundert Tagen?« Darauf falle mir, ehrlich gesagt, nichts ein, entgegne ich unsicher, weil ich noch nicht darüber nachgedacht habe. Vielleicht schreibe ich darüber ja ein Buch, scherze ich, denn

Schreiben hilft mir oft, meine Gedanken zu ordnen und die Dinge zu verarbeiten. Aber um die Wahrheit zu sagen: Ein bisschen fürchte ich mich davor, von der Größe der Wanderung zu Hause erdrückt zu werden und in ein tiefes Loch zu fallen.

Ich werde sicher noch viel Zeit haben, um über diese Frage nachzudenken. Im Moment beschäftigt mich jedoch viel mehr, ob ich auch weiterhin so gut vorankomme. Leider hat der kleine Laden in Stáloluokta gerade nicht geöffnet, erst später am Nachmittag macht er nach einer längeren Mittagspause wieder auf. Schade, das Angebot hätte ich mir gerne angesehen, aber ich habe zum Glück genug Verpflegung dabei. Dem Rat der erfahrenen Norweger, die ich bisher getroffen habe, folgend, habe ich mittlerweile auch eine Packung Butter im Rucksack, von der ab jetzt immer am Abend ein großes Stück in mein Fertiggericht wandert. Manchmal esse ich sogar einen Löffel Butter pur, es gibt im Augenblick kaum etwas Leckereres für mich.

Da es heute so hervorragend läuft, beschließe ich, nach zwanzig Kilometern Marsch noch ein bisschen weiterzugehen. Es geht den Berg weiter hinauf, und nach vier oder fünf Kilometern erreiche ich eine schöne Erhebung etwa dreihundert Meter über dem gigantischen Virihaure-See, der sich bis zum Horizont erstreckt. Weit hinter mir in Richtung der steil aufragenden Berge des Sarek-Nationalparks türmen sich die Wolken in einer spektakulären grauen Wolkenwalze, und vor mir auf der Anhöhe liegen einige kleinere Seen, bevor sich dahinter der große Virihaure-See zeigt. Der Sonnenuntergang taucht mein Zelt in goldgelbes Licht. Im Tagebuch vermerke ich ein schlichtes »Einfach geil hier!« – aber selbst das trifft es nur unzureichend.

Bei der Wanderung durch Padjelanta könnte ich mich unentwegt kneifen. Ich habe das Gefühl, in einem bunten spektakulären Traum gefangen zu sein, der nicht enden will. Durch die guten Wege komme ich super voran, und die Kulisse ist unglaublich. Sanfte Berge und Hügel wechseln sich mit breiten Tälern und reißenden Flüssen ab. An einigen Stellen sind die Fjällbirken schon knallgelb, und die flache übrige Vegetation schillert in den schönsten Rottönen. Auch am nächsten Tag baue ich mein Zelt auf einer Anhöhe auf und genieße den magischen Sonnenuntergang. Alles erstrahlt in einer herben Schönheit, wie sie wohl nur der hohe Norden im Herbst bieten kann. Den perfekten Soundtrack zu dieser malerischen Stimmung liefern die schottischen Folkrocker von »Runrig«, deren Songs ich auf meinem iPod dabeihabe.

Langsam sollte ich mir Gedanken darüber machen, wie ich über den großen Áhkkájaure-See gelange, der nur noch zwei Wandertage entfernt ist. Es würde einige Tage dauern, den See zu Fuß zu umrunden. Tage, die mir in der Endabrechnung fehlen könnten. Es gibt auch eine Bootsverbindung hinüber auf die andere Seite, nur wird die schon in wenigen Tagen für dieses Jahr eingestellt. Wenn ich mich aber spute, kann ich sie noch nutzen. Das Boot ist sicher eine gute Wahl, fast alle NPLer nehmen es. Wie der Namsvatnet stellt der Áhkkájaure ein riesiges Hindernis dar, das einem bei einer Umrundung sehr viel Zeit kosten würde. Deshalb ist es völlig legitim, dort auf das Boot umzusteigen.

Um das Boot noch rechtzeitig zu erreichen, laufe ich am nächsten Tag weiter bis nach Kutjaurestugan, wo ich in der Hütte des Schwedischen Wanderverbandes (STF) einkehre, um mich aufzuwärmen und vom Regen zu trocknen. Als ich auf die Hütte zulaufe, geht schon die Tür auf, ein älterer Mann stellt sich in vier verschiedenen Sprachen vor und bittet mich höflich hinein! Das nenne ich mal einen warmen Empfang! Er fragt mich wie üblich nach meiner Tour und meinem Ausgangspunkt. Zwei weitere Wanderer sind da, beide heißen Lars. Der eine Lars ist beinahe 1,90 Meter groß und um die fünfzig, sein drahtiger Namensvetter ist zwei Köpfe kleiner und etwas älter. Um nicht alles dreckig zu machen, ziehe ich meine Hose und die Stiefel aus und erzähle ganz beiläufig mit einem Lächeln, dass ich am Kap Lindesnes gestartet bin, vor ungefähr hundert Tagen.

Sechs Augen und drei Gesichter starren mich völlig entgeistert an. Der Hüttenwart verschwindet hektisch und kramt einen alten Atlas hervor. Nach Luft schnappend, zeigt er auf die entsprechende Karte: »Kap Lindesnes in Norwegen? In der Nähe von Kristiansand? Heiliger Strohsack!« Langsam gewinnen alle ihre Fassung zurück, und ich muss natürlich die komplette Geschichte erzählen. Bei einem heißen Tee taue ich wieder auf, doch auch wenn das Wetter nicht gerade zum Weitergehen einlädt, zieht es mich irgendwann wieder hinaus. Ein Stück möchte ich heute noch gehen, dann schaffe ich es morgen auch pünktlich zum Boot, ohne mich abzuhetzen.

Die Entscheidung erweist sich als goldrichtig. Am Abend klart es schließlich auf, und ich werde mit einem Zeltplatz belohnt, der alles Bisherige schlägt. Der Blick oberhalb des Kutjaure-Sees reicht hinüber bis zum Sarek, und die weite Ebene des breiten Vuojatädno-Flusses mit seinen markanten Brücken liegt vor mir. Um mich herum streifen halbwilde Rentiere und kommen nah an mein Zelt heran. Die untergehende Sonne taucht alles in ein Meer aus warmen Strahlen. Ein goldener Weichzeichner legt sich über die unendliche Landschaft, und ich sitze auf einem Stein – die Belohnung für all die Mühen ist eben der einfache, pure Genuss.

Am nächsten Abend genehmige ich mir eine große Grandiosa-Tiefkühlpizza zusammen mit Lars und Lars in der STF-Unterkunft in Ritsem, einer kleinen Siedlung mit saisonaler Busanbindung. Die beiden waren in Kutjaurestugan ganz früh am Morgen aufgebrochen und haben mich an der Bootsanlegestelle wieder eingeholt. Die Überfahrt über den Áhkkájaure am Nachmittag war eine einzige Freude. Das nahe und spektakuläre Áhkká-Massiv mit seinen bis zu 2000 Meter hohen Gipfeln ließ mich ehrfürchtig staunen. Der Matrose an Bord der *Storlule* sah mit seinem Holzfällerhemd und dem Bart aus, als ob er der Werbung eines sehr bekannten schwedischen Outdoorlabels entsprungen sei. Wieder hing ich meinen Gedanken nach und konnte kaum glauben, wie frei ich mich gerade fühlte.

Der Ort Ritsem, ein beliebter Ausgangspunkt für Wanderungen in dieser Gegend, ist das totale Kontrastprogramm zu gestern. Die Unterkunft ist riesig und sieht von außen genauso aus, wie sie im Inneren ist: etwas angestaubt und wenig einladend. Als wir aber in der Küche gemeinsam mit ein paar anderen Wanderern bei Pizza und Bier fröhlich auf unsere Touren anstoßen, erfüllt sich der Raum mit einer angenehmen Wärme. Es sind vor allem diese fremden Menschen, die mit ihrer Herzlichkeit den Moment verzaubern.

Zusammen mit dem kleineren Lars sitze ich noch lange am Tisch. Er ist früher zur See gefahren und war Kapitän auf einem Schiff, das den Atommüll zwischen den schwedischen Atomkraftwerken hin und her fuhr. Jetzt genießt er seinen Ruhestand und würde gerne mehr Touren unternehmen, aber die Rente fällt nicht so üppig aus. Mit Wehmut in den Augen blickt er auf meine Wanderung, so etwas hätte er auch gerne gemacht, als er noch jünger war. Er spricht mir Mut für den Rest der Strecke zu, und ich spüre ehrliche Anerkennung für das, was ich gerade mache.

Von Ritsem aus sind es ungefähr drei Tageswanderungen bis zum bekannten Kungsleden, der wie kein Zweiter für den Mythos und die Sehnsüchte Lapplands steht. An der Sitasjaure-Hütte bekomme ich von der jungen Familie, die hier zusammen mit ihrem kleinen Nachwuchs vier Wochen lang als Hüttenwart gearbeitet hat, Leckereien wie Kuchen, Äpfel und eine Dose mit eingelegten Birnen geschenkt. Da die Hütte in zwei Tagen für den Winter schließt, hat die Familie noch einiges an Lebensmitteln übrig. Und weil sie bereits viele andere NPLer gesehen haben, zum Beispiel drei Jungs, die im Norden losgelaufen sind und hier schon ziemlich ausgezehrt waren – noch meilenweit von ihrem Ziel im Süden Norwegens entfernt –, überlassen sie mir bereitwillig all ihre Leckerbissen.

Am nächsten Abend, kurz vor dem Kungsleden, wähle ich einen Zeltplatz, der mir eine schlaflose Nacht bereitet. Mitten in der Nacht zieht ein Sturm auf und fegt durch das enge Tal, in dem ich genau in der Mitte relativ ungeschützt mein Zelt aufgestellt habe. Mehrmals drückt mir der Wind das Gestänge ins Gesicht, und ich mache schon verzweifelt Pläne für den Fall, dass ich das Zelt verliere und sich mein Hab und Gut im gesamten Tal verteilt. Glücklicherweise überstehe ich die Nacht schadlos, und am nächsten Abend suche ich mir einen geschützteren Platz, das schont nicht nur meine Nerven, sondern auch das Material – manchmal lerne ich eben doch noch dazu.

Auf dem Kungsleden begreife ich schnell, warum so viele Leute hierherkommen. Die weiten Trogtäler und die herbstliche Landschaft ziehen einen sofort in den Bann. Ich habe mir bereits unzählige Berichte und Fotos von dieser Gegend angeschaut, hier aber tatsächlich durchzulaufen bereitet weit mehr Freude. Das Wetter hält sich gut: Blauer Himmel und Sonnenschein werden mich bis nach Abisko begleiten. Allerdings ist nicht zu übersehen, dass der Kungsleden wirklich populär ist. Selbst jetzt, Anfang September und kurz vor Saisonschluss, begegne ich an einem Tag mehr Leuten als auf meiner gesamten bisherigen Wanderung. Aber klar, die Wege sind breit, lassen sich gut laufen und sind teilweise mit erheblichem Aufwand befestigt worden. An den Hütten kann man sich bequem mit Lebensmitteln eindecken oder sogar verpflegen lassen. Das ist perfekt für unerfahrene Wanderer, die den hohen Norden erleben wollen. Für mich ist es beinahe schon zu viel Komfort. Ungern möchte ich mir vorstellen, wie es hier zugeht, wenn ein schwedischer Outdoorausrüster einen großen Lauf mit einigen Tausend Wanderern organisiert, die dann alle gleichzeitig auf dem Kungsleden unterwegs sind.

Die Tage auf diesem Weg sind dennoch etwas ganz Besonderes für mich. Der Herbst ist die perfekte Jahreszeit, um hier zu wandern. Da ich außerdem großes Glück mit dem Wetter habe, eröffnet sich mir die Landschaft in einer Farbenpracht und Schönheit, wie ich sie bisher in Skandinavien noch nicht erlebt habe. Alles strahlt in den prächtigsten Rot- und Gelbtönen, die glasklaren Bäche schimmern grünlich blau, und die Sonne strahlt jeden Tag mit mir um die Wette. Es ist eine Gnade, gerade jetzt hier zu sein. Mein verunglückter Zeitplan entpuppt sich mehr und mehr als Vorteil. Wenn ich jetzt noch auf dem Kungsleden Polarlichter zu sehen bekäme, wäre mein Glück vollkommen.

An der großen Alesjaure Stuga lege ich eine kurze Kaffeepause ein, als mir plötzlich ein bekanntes Gesicht über den Weg läuft. Woher kenne ich den Typen bloß? Dann fällt es mir wieder ein. Der junge Kerl mit den dunklen lockigen Haaren, dem dicken Holzfällerhemd und dem riesigen Rucksack ist mir genau in diesem Aufzug letztes Jahr in Jotunheimen auf dem Weg zum Galdhøpiggen über den Weg gelaufen, wir haben damals ein paar Worte gewechselt, mehr nicht.

Eigentlich trifft man nie – wirklich nie! – einen Wanderer, der einem im Fjäll begegnet ist, ein zweites Mal. Den Kerl hier aber schon, und ich mache mir einen Spaß daraus und spreche ihn sehr direkt und energisch auf Englisch an: »Ich kenne dich! Du warst doch letztes Jahr in Jotunheimen! Was hast du da gemacht, und was machst du jetzt hier?« Er heißt Bas und stammt aus Holland, wie ich kurz darauf erfahre, aber im ersten Moment guckt er ziemlich verwirrt aus der Wäsche. Doch bald fällt bei ihm der Groschen, und er kann sich wieder an unsere Begegnung erinnern. Wir verabreden uns lose für ein Treffen in Abisko, wo ich einen Ruhetag einlegen möchte und hoffentlich ein Paket von Julia einsammeln kann.

Da es heute ganz ausgezeichnet läuft, wandere ich von Alesjaure aus noch eine ganze Weile weiter, bis ich einen herrlichen Zeltplatz finde. Wegen der vielen Wanderer auf dem Kungsleden bin ich hier natürlich nicht allein. Das macht mir aber nichts aus, denn als sich später die Sonne verabschiedet und die Nacht hereinbricht, zeigt sich ein Sternenhimmel, den man daheim in Deutschland vermutlich so kaum erleben kann. Je länger man draußen in der Kälte in den Himmel starrt, umso mehr Sterne erscheinen. Der klare Nachthimmel im hohen Norden, weitab von jeglicher Lichtverschmutzung, lässt mich abends immer wieder mit offenem Mund vor dem Zelt stehen. So viele Sterne, die hell leuchten und ein glitzerndes Netz über den Himmel spannen, habe ich daheim noch nie gesehen! Ich bin gefangen in diesem himmlischen Spektakel und kann gar nicht genug davon bekommen. Wenn jetzt auch noch die grünen Schleier der Lady Aurora hinzukämen, würde ich wohl überhaupt nicht zu Bett gehen.

Die Wanderung nach Abisko verläuft am nächsten Tag etwas zäh. Während einer Pause schalte ich mein Telefon ein, um zu prüfen, ob ich hier vielleicht schon Empfang habe. Zu gerne würde ich nachsehen, ob mein Paket bereits eingetroffen ist und ob mir VisitNorway geantwortet hat. Und tatsächlich funktioniert mein Handy hier. Während ich allerdings zu meinem Paket nur kryptische Informationen erhalte, entlockt mir eine E-Mail aus Hamburg erst einen kurzen und dann einen sehr langen Freudenschrei …

UNBESCHWERTE TAGE IN INNSET
Abisko – Innset

Hurtigruten steht deiner Wanderung sehr positiv gegenüber! Wenn alles gut geht, können sie dir die Reise von dort oben bis Bergen ermöglichen! Aber jetzt erst mal weiterhin eine gute Tour!

Diese E-Mail von VisitNorway aus Hamburg versetzt mich in große Euphorie. Der Wahnsinn, ich muss mich zusammenreißen, um nicht laut herumzutanzen, was für eine Nachricht! Damit hätte ich nie im Leben gerechnet! Wenn ich es tatsächlich bis zum Nordkap schaffe, komme ich auch wieder zurück – und dann sogar mit der schönsten Seereise der Welt, ich bin erleichtert und stolz auf diese Anerkennung! Wenn jemand weiß, wie lang Norwegen ist, dann die Leute von der traditionellen Postschifflinie.

Und auch von meiner Familie habe ich eine Nachricht bekommen, in der sie mir ihre volle Unterstützung versichert haben – daheim drücken mir alle die Daumen und verfolgen gespannt und voller Stolz meinen Weg! Ohne den Rückhalt meiner Familie wäre die ganze Wanderung sicher nicht möglich gewesen, sie unterstützen mich, wo sie nur können, gerade jetzt spüre ich das sehr. Das alles gibt mir einen richtigen Schub, und befreit von diesen Sorgen kann ich unbeirrt meinen Weg gehen. Ich muss nur noch ankommen, und genau das rückt nun direkt wieder in den Vordergrund. Ich beschließe, über meine Möglichkeiten für die Rückreise erst zu berichten, wenn es wirklich so weit ist. Wie auf Wolke sieben laufe ich zum großen Berghotel des schwedischen Wanderverbandes hier in Abisko.

Abisko kann man auch bequem mit der Bahn erreichen, der Ort liegt direkt an der Strecke zwischen Narvik und Kiruna. Bekannt ist diese Verbindung durch das Eisenerz geworden, das auch heute noch auf diese Weise zur Verschiffung an die norwegische Küste transportiert wird und im Zweiten Weltkrieg heftig umkämpft war. Dank der guten Zuganbindung ist Abisko bei Touristen sehr beliebt, viele Wanderer nutzen die kleine Siedlung als Ausgangspunkt für ihre Wanderung auf dem Kungsleden. Und nicht zuletzt ist der Ort auch ein Mekka für Fotografen aus aller Welt, weil man hier besonders gut Polarlichter beobachten kann. Selbst wenn sich im Tal über dem großen Torneträsk-See eine dichte Wolkendecke befindet, kann man per Sessellift bequem die Aurora Sky Station auf einem der nahen Berge erreichen, von wo aus man fast immer einen sehr guten Blick auf das Spektakel hat.

In der Lobby des großen Hotels begegnen mir »Jäger des grünen Spektakels« aus aller Welt, die meisten schwer beladen mit teuren Fotoausrüstungen im Wert eines Kleinwagens, um das Foto aller Fotos vom tanzenden Polarlicht zu schießen. Irgendwie ist mir hier zu viel Trubel, und ich beschließe, lieber auf dem günstigen Zeltplatz nahe dem Hotel zu übernachten. Dort mache ich es mir vor meinem Zelt bequem und feiere mit einem Bier und einer Cola die E-Mail aus Hamburg. Meine Wäsche wandert hier in die Maschine, während ich mich auf den Weg zum drei Kilometer entfernten Supermarkt mache, um etwas einzukaufen. Mein Paket soll ja auch dort ankommen, ich hoffe, es schon heute oder spätestens morgen in den Händen zu halten. Es enthält alle Landkarten, die den Weg von hier aus bis zum Nordkap abbilden, ohne die wäre ich ziemlich aufgeschmissen, denn man kann sie hier nirgendwo nachkaufen.

Der Supermarkt ist unglaublich groß, was nicht zuletzt an der nahen Grenze zu Norwegen liegt. Es gibt hier wirklich alles, die große Abteilung mit Dosenbier und die riesigen Fleisch- und Wurstpackungen fallen mir sofort auf – es sind genau die Dinge, die in Norwegen besonders teuer sind. Leider ist mein Paket noch nicht bei der Post angekommen, also kehre ich nur mit meinen Einkäufen zum Zeltplatz zurück. Dort treffe ich dann wie verabredet Bas, den Wanderer aus Holland, der hier ebenfalls sein Zelt aufgeschlagen hat. Es ist winzig, eine Dackelgarage wäre größer. Wenn er abends noch in einem Buch liest, stößt er mit der Nase schon an das Außenzelt. Mittlerweile geht es ihm selbst auf den Keks, und er spielt mit dem Gedanken, sich hier im Shop des Hotels ein schickes neues Zelt zu kaufen – der Saisonschlussverkauf lockt ihn. Wir verabreden uns für den späteren Abend, aber vorher möchte ich noch zur Feier des Tages im Restaurant des Hotels essen. Während ich hinübergehe, versuche ich per Handy-App zu erfahren, wo sich mein Paket gerade befindet. Irgendetwas stimmt nicht, ich bekomme nur merkwürdige Informationen wie »Adresse unbekannt«. In Norwegen wurde mir immer alles problemlos angezeigt, aber hier in Schweden habe ich ein ungutes Gefühl.

In mir steigt so langsam ein bisschen Panik auf, und ich versuche, bei der Hotline der Post anzurufen. Es dauert eine Ewigkeit, bis ich endlich durchkomme. Die freundliche Frau gibt mir zu verstehen, dass dies die Hotline der Briefpost sei, ich aber bei der in Schweden privaten Paketpost anrufen müsse. Im gleichen Satz erwähnt sie noch, mich leider nicht verbinden zu können, weil die private Hotline für heute nicht mehr erreichbar ist – vor fünf Minuten war dort schon Feierabend! Verdammter Mist, was mache ich denn jetzt? Die Euphorie von heute Nachmittag ist schlagartig verflogen, mir bricht der kalte Schweiß aus. Wo ist mein Paket? Ratlos und einsam stehe ich in der Telefonzelle und weiß nicht mehr weiter. In meiner Verzweiflung rufe ich Julia an, ich muss einfach mit jemandem reden. Sie kann mir dabei heute zwar auch nicht helfen, versucht dafür aber, mich wieder aufzubauen. Wir verabreden, dass ich mich morgen früh an die Hotline wenden werde, um mehr herauszubekommen. Wenn ich etwas erfahre, rufe ich sie an und berichte – hoffentlich ist das Paket auf dem Weg hierher, eine dunkle Vorahnung beschleicht mich. Dann mache ich mich nachdenklich auf den Weg zum Restaurant.

Eine Kellnerin in weißer Bluse und schwarzem Rock empfängt mich direkt am Eingang und fragt nach meiner Reservierung, die ich leider nicht habe. Hier scheint es etwas anders als in den großen, bewirtschafteten norwegischen Hütten abzulaufen. Sie weist mir einen freien Platz an einem Tisch mit drei älteren Herren aus Deutschland zu. Beim Blick auf die Karte trifft mich der Schlag: Die Preise würden durchaus zu einem gehobenen Restaurant in Oslo passen. Aber da ich mit Abisko ein weiteres großes Etappenziel erreicht habe und die Rückreise auch geregelt zu sein scheint – und das auf die denkbar schönste Weise –, möchte ich mir etwas gönnen. Außerdem: Wann saß ich zum letzten Mal an einem Tisch mit weißem Tischtuch und gestärkten Stoffservietten? Ein wenig Esskultur tut mir vielleicht mal ganz gut und lenkt mich vom verschollenen Paket ab. Auch mit meinem knappen Budget im Hinterkopf werde ich mich nun nicht lumpen lassen, jedenfalls nicht ganz. Also bestelle ich mir nur den hoffentlich opulenten Hauptgang – so wie man ihn von den norwegischen Hütten kennt. Um mich herum herrscht eine gediegene Stimmung, die anderen Gäste prosten sich einander mit großen Rotweingläsern zu und unterhalten sich gepflegt über ihre Polarlicht-Abenteuer im hohen Norden.

Mit den drei Herren komme ich rasch ins Gespräch, sie sind um die siebzig, und der sportlichste von ihnen war zum Wandern im Sarek-Nationalpark – und das nicht zum ersten Mal, wie er mir stolz erzählt. Seine Kumpel waren in der Zeit hier mit dem Auto unterwegs, und gemeinsam wollen sie sich in den nächsten Tagen wieder auf die Heimreise machen. Der Hauptgang kommt rasch, die Kellnerin bringt gekonnt die großen weißen Porzellanteller und wünscht uns einen guten Appetit. Mein Blick wandert über den großen Teller: Drei mit Rosmarin parfümierte Butterkartoffeln an Lammspieß mit einem zarten Hauch Rucola auf einem leichten Spiegel raffinierter brauner Soße verlieren sich dort ... Anerkennend nicke ich meinen Tischnachbarn zu und ärgere mich insgeheim über meine eigene Dämlichkeit! Was habe ich in diesem Ambiente anderes erwartet? Ein All-you-can-eat-Buffet bis zum Platzen? Selbst daran schuld, denke ich mir und mache mich über das leckere Häppchen her. Es schmeckt wirklich gut, aber die Menge ist nichts für jemanden, der gerade seit etwas mehr als hundert Tagen wandernd unterwegs ist. Das Brot auf dem Tisch bestreiche ich schnell mit viel Butter, wodurch sich der Genuss kalorientechnisch erheblich aufwerten lässt. Zusammen mit den drei Herren frotzele ich über das Abendessen, wenigstens bin ich mit meiner Meinung nicht allein.

Der Wanderer unter meinen drei Tischnachbarn hat einen etwas dramatischeren Ausflug in den Sarek hinter sich. Er hat ein Herzleiden und bekam unterwegs Probleme, weshalb er umkehren musste und die letzten Tage zur Kontrolle im Krankenhaus verbrachte. Der Sarek ist der wohl denkbar ungünstigste Ort, den ich mir vorstellen mag, um auf einer Solowanderung Herzprobleme zu bekommen. Dort gibt es außer einem Notfalltelefon im Zentrum des Nationalparks nichts, was einem in solch einer Situation irgendwie helfen könnte. Keine Hütten, keine Wanderwege, gar nichts.

Mir schießen die vielen Gedanken durch den Kopf, die ich mir vor meiner eigenen langen Solowanderung gemacht habe. Im Vorfeld hatte ich mir bereits überlegt, ob ich einen Notfallsender mitnehmen möchte. Gerade wenn man lange allein unterwegs ist, sollte man unbedingt darüber nachdenken. Im Fall der Fälle lässt sich damit per Satellit oder Notfallfunkfrequenz Hilfe rufen. Allein der Gedanke daran, mit einem entzündeten Blinddarm in einer Hütte zu sitzen, die drei Tage von der nächsten Straße entfernt ist, und keine Hilfe rufen zu können, gab mir zu denken. Bei schlimmeren Unfällen hingegen ist das so eine Sache. Da nützt einem vermutlich nicht mal ein Notfallsender etwas. Hat man jedoch einen Unfall, bei dem man sich zum Beispiel noch in ein Zelt, ein Biwak oder eine Hütte retten kann, ist es eine sehr gute Möglichkeit, um Hilfe herbeizurufen.

Es gibt allerhand Modelle solcher Sender mit unterschiedlichen Funktionsweisen. Ich habe mich für den SPOT-Notfallsender entschieden, mit dem ich auch meine aktuelle Position und eine »Mir geht's gut«-Nachricht an vorher festgelegte Empfänger per E-Mail oder SMS durchgeben kann. Mit den sogenannten PLB-Sendern kann man hingegen nur einen Hilferuf absetzen. Im Internet gibt es zu diesem Thema viele Informationen und ausführliche Diskussionen. Mein SPOT-Notfallsender funktioniert gut, und alle zu Hause wissen immer, wo ich gerade bin. Außerdem habe ich die geplante Route auf meinem Blog für alle sichtbar hinterlegt. Sobald die Nachricht mit meiner Position rausgeht, bekommen alle zuvor von mir bestimmten Leute eine Nachricht mit den Koordinaten. Im Notfall werden zwei meiner Freunde, die gut Englisch sprechen und mit solchen Situationen umgehen können, von der SPOT-Einsatzzentrale angerufen. Absichtlich habe ich dafür keine engen Familienmitglieder gewählt.

Ein Outdoorhandy habe ich ebenfalls angeschafft, es ist unempfindlich und kann auch mal mit Wasser und Schmutz in Berührung kommen. Allerdings ist das mit der Netzabdeckung so eine Sache. Ich habe schon häufig die Erfahrung gemacht, dass der Akku sehr schnell leer ist, wenn man sich weit entfernt vom nächsten Handymast befindet und das Telefon entsprechend viel Sendeleistung benötigt. Es ist mir auch schon passiert, dass sich der Akku wegen der Kälte ziemlich schnell entladen hat. Aus diesem Grund würde ich das Handy niemals als Gerät für Notrufe einplanen, das wäre mir gerade hier in Skandinavien zu unsicher.

Für den Fall der Fälle liegen zu Hause bei meinen Eltern die nötigen Verfügungen und Vollmachten bereit. Ohne die kann es sehr kompliziert sein, in Krankenhäusern Auskunft zu bekommen oder auch den Rücktransport zu organisieren. Die Vorstellungen für den Fall einer Beerdigung sind ebenso besprochen, auch wenn die trockene Frage meines Vaters danach mir eine ordentliche Gänsehaut verschaffte. Ein komischer, aber berechtigter Gedanke.

Wenn es mich doch mal erwischen sollte, will ich meiner Familie daheim ersparen, sich neben der Trauer zu allem Überfluss auch noch mit solchen Dingen beschäftigen zu müssen. Hat man das alles einmal geregelt, muss man sich ja auch nicht vor jeder Tour neu darum kümmern.

Der größte Unsicherheitsfaktor ist allerdings das Laufen in weglosem Gelände. Das ist eine Sache, die man nicht auf die leichte Schulter nehmen sollte. In manchen Gegenden Norwegens gibt es keine Wege, und man kann daheim nur schwer nachverfolgen, wo genau der Wanderer zwischen den zwei Wegpunkten, die täglich per SPOT übermittelt werden, steckt. Oft ändert sich die Route beispielsweise aufgrund hoher Wasserstände in Flüssen. In manchen Gegenden braucht jemand, der nach einem sucht, nur zehn Meter entfernt vorbeizulaufen und sieht einen nicht, weil es Felsen oder Spalten gibt. Da ist es nahezu unmöglich, jemanden zu finden. Daher sollte man immer die norwegischen *fjellvettreglene*, die Fjellregeln, beachten:

- Bereite deine Tour gut vor und gib Bescheid, wohin du gehst.
- Passe die Tour an deine Fähigkeiten und an die äußeren Bedingungen an.
- Beachte Wetter- und Lawinenwarnungen.
- Sei auch auf kurzen Touren auf Unwetter und Kälte vorbereitet.
- Nimm immer die notwendige Ausrüstung mit, um dir selbst und anderen helfen zu können.
- Wähle eine sichere Route. Erkenne lawinengefährdetes Gelände und unsicheres Eis.
- Benutze Karte und Kompass, damit du immer weißt, wo du bist.
- Kehre rechtzeitig um – es ist keine Schande umzukehren.
- Spare deine Kräfte und suche Schutz, wenn es nötig ist.

Bekleidung in Signalfarben und die passende Ausrüstung für die entsprechende Gegend sollten meiner Meinung nach ebenfalls mit Bedacht ausgewählt werden. Auch ein sorgfältig zusammengestelltes Erste-Hilfe-Paket gehört dazu. Aber am wichtigsten ist etwas ganz anderes: die Vernunft und der Respekt vor der Natur. Die Route zu ändern oder umzukehren mag im Moment der Entscheidung bitter oder ärgerlich sein, aber unversehrt nach Hause zurückzukehren ist das Allerwichtigste.

Nun steht der kräftige und ziemlich fit aussehende Wandersmann auf und will sich einen Kaffee holen. Plötzlich weicht jegliche Farbe aus seinem Gesicht, er hält sich kurz krampfhaft an der Anrichte fest und taumelt zurück zu uns an den Tisch. Mit offenem Mund sehe ich, wie er sich schwer auf seinen Stuhl fallen lässt, den Kopf auf den Tisch legt und sich an die Brust fasst. Mein Puls rast, was passiert hier gerade? Ich sehe die Panik in den Augen seiner Freunde. Um uns herum hat noch niemand Notiz davon genommen, nach wie vor erklingen die Weingläser. Langsam realisieren wir den Ernst der Lage und winken eine Kellnerin heran. Der Mann erzählt energisch von seinen plötzlichen Herzproblemen, sodass nun auch der Nachbartisch aufmerksam wird. Alle fragen ihn aufgeregt, was sie machen sollen und wie es ihm geht. Leider spricht keiner der Freunde Englisch oder Schwedisch.

Ein älterer Herr vom Tisch gegenüber kommt zu uns und fragt, was los sei. »Unser Kumpel leidet unter Herzproblemen, keine Ahnung, was er hat!«, antworten die beiden Freunde mit panischer Stimme, während ich übersetze. Der Herr vom Nachbartisch stellt sich rasch als Herzchirurg vor – was für ein unglaublicher Zufall mitten in Lappland – und fängt an, den Mann nach seinen Beschwerden zu befragen. Unterdessen wird ein Hubschrauber gerufen, denn die nächsten Krankenhäuser befinden sich erst in Narvik oder Kiruna, für einen Krankenwagen bleibt bei solchen Entfernungen einfach keine Zeit. Ein Defibrillator wird herbeigeschafft, während ich hilflos danebensitze, manchmal etwas übersetze und ansonsten nur zusehen kann. Es könnte ein Schlaganfall sein, der Mann darf vorerst nicht bewegt werden. Sein Zustand verschlimmert sich, er muss sich erbrechen. Gemeinsam mit dem Arzt beschließen wir, ihn möglichst vorsichtig mitsamt seinem Stuhl in einen ruhigen Raum zu bringen, wo er behutsam auf ein Sofa gelegt werden kann.

Ich ziehe mich bestürzt zurück, biete aber vorher noch an, zur Verfügung zu stehen, wenn weitere Hilfe gebraucht wird. Betreten beobachte ich kurz darauf, wie der Hubschrauber landet und den Mann abholt. Die Situation hat mich ganz schön mitgenommen; verlorene Pakete und zu kleine Essensportionen sind mir nun ziemlich egal. Hoffentlich wird der Wanderer wieder gesund, denke ich, als ich zu Bas in die Gästeküche gehe und ihm von dem Vorfall berichte.

Am nächsten Tag stehe ich schon um halb acht in der Telefonzelle und wähle die Hotline des privaten Postdienstes, der mein Paket in Schweden offenbar transportiert. Rasch gebe ich die Sendungsnummer durch und warte auf die Antwort. »Das Paket konnte nicht weitertransportiert werden, da die Adresse nicht stimmte.« Mir entfährt nur ein ungläubiges »Bitte was?!«. Nun wird es kompliziert: Die hilfsbereite Mitarbeiterin erklärt, dass das Paket irgendwie in die Geschäftspost geraten sei, und dieser Zweig der privaten Post bediene die von Julia angegebene Adresse leider nicht – warum auch immer. Es sei deshalb automatisch zurück zum Absender nach Norwegen geschickt worden, und es gebe keine Möglichkeit, es irgendwie umzuleiten. Fassungslos hänge ich den Hörer ein und verlasse die Telefonzelle, um mich zu sammeln.

Dann rufe ich Julia an und berichte aufgelöst von meinem Telefonat mit der Post. Sie beruhigt mich, und zusammen entwickeln wir einen Plan. Julia will versuchen, das Paket so schnell wie möglich erneut gen Norden zu schicken. Diesmal aber ohne Umweg nach Schweden, sondern direkt zu Björn Klauer, der im norwegischen Innset – nur zwei Tageswanderungen von Abisko entfernt – seine Huskyfarm betreibt. Das habe ich vorsichtshalber schon mit Björn geklärt, als ich ihm gestern in einer E-Mail geschrieben habe, dass ich bald bei ihm vorbeikommen werde. Bis dahin werde ich mit Karten auskommen müssen, die ich in der Bibliothek gefunden und mir kopiert habe. Da das Paket bereits auf dem Rückweg ist, könnte das klappen. Nun muss Julia lediglich noch irgendwie den Paketversand regeln, ich kann derweil nur abwarten und auf gut Glück loslaufen. Plan B steht also – aber ich ärgere mich darüber, das Paket nicht direkt zu Björn schicken lassen zu haben. Das wäre nicht nur günstiger gewesen, sondern auch ohne die Zollformalitäten und die schwedische Post vonstattengegangen. Langsam beruhige ich mich wieder.

Am Nachmittag gehe ich zusammen mit Bas zum Supermarkt. Er ist schon ein spezieller Typ, mit seinem kräftigen Karohemd erinnert er mich an einen etwas abgerissenen Hobo, der umherreist, zwischendurch arbeitet und dabei die Welt entdeckt. Daheim in Holland ist Bas Handwerker und hat mit seinem Chef eine Vereinbarung: Wann immer es möglich ist, kann er sich freinehmen, um zu reisen – vor allem in Skandinavien. Er lässt sich stets treiben und möchte auf dieser Reise unbedingt den nahenden Winter erleben und die Polarlichter sehen.

Wir besorgen Dosenbier, und ich kaufe auch noch Schokolade, die bis zu Björn Klauer reichen soll. Im Hotel rufe ich dann erneut bei Julia an, um mich über mein Paket zu informieren. Tatsächlich hat sie es wieder einmal geschafft, das Problem zu lösen. Sobald das Paket bei ihr in Fagernes ist, schickt sie meine Sachen direkt wieder auf die Reise gen Norden. Julia hat einen guten Draht zur örtlichen Post und konnte alles in die Wege leiten. Obendrauf hat sie direkt bei der schwedischen Post einen Antrag auf Rückerstattung des Portos gestellt, was können wir auch für deren Inkompetenz? Mir fällt ein Stein vom Herzen, und ich bin Julia wieder unendlich dankbar für ihre Hilfe!

Erleichtert lasse ich mich mit Bas zusammen in der Gemeinschaftsküche nieder, und beim Bier erzählen wir uns gegenseitig von unseren Abenteuern. Ein junges Pärchen sitzt mit in der Küche, die beiden sind extra aus Italien mit dem Zug für ein paar Tage nach Lappland gereist, um Polarlichter zu sehen. Nun sind sie enttäuscht, weil sie morgen erfolglos wieder abreisen müssen, die Aurora Borealis hat sich bisher nicht gezeigt. Doch gegen 23 Uhr hören wir plötzlich euphorische Stimme von draußen: Polarlichter! Aus allen Türen strömen die Leute hinaus und blicken mit offenen Mündern und voller Begeisterung gebannt in den Himmel, wo grüne Schatten über uns tanzen. Mir verschlägt es den Atem, wie oft habe ich schon davon geträumt, und nun sehe ich sie zum ersten Mal! Es ist unglaublich, ein wahnsinniges Schauspiel findet vor unseren Augen statt! Und wenn man den Bildern glauben darf, die überall im Hotel hängen, bekommen wir gerade nur einen sehr bescheidenen Einblick in die Welt der Polarlichter. Ich möchte mir gar nicht ausmalen, wie es ist, wenn der Himmel komplett in grüne und rote Farben gehüllt ist. Für mich geht in diesem Moment jedenfalls ein Kindheitstraum in Erfüllung – ein großartiges Erlebnis, das mir für immer im Gedächtnis bleiben wird!

Mit gemischten Gefühlen verabschiede ich mich am nächsten Tag von Bas und verlasse Abisko gegen Mittag. Die Tage hier waren turbulent, für mich war es beinahe zu viel, ich bin es einfach nicht mehr gewohnt, so viele Menschen um mich herum zu haben. Dadurch herrscht immer auch automatisch eine merkwürdige Hektik, die ich unterwegs beim Wandern nie spüre. Da bin ich frei, bestimme selbst meinen Tagesablauf und werde nicht von Öffnungs- oder Essenszeiten gegängelt. Ich bin wirklich froh, dass es wieder weitergeht, und freue mich sehr, endlich Björn Klauer zu treffen. Vor allem das Buch über seine Wanderung durch Norwegen

1984/85 hat mich tief beeindruckt. Nur das verlorene Paket beunruhigt mich etwas, hoffentlich kommt es rechtzeitig bei Björn an.

Heute möchte ich bis zur Lappjord-Hütte kommen, die kurz hinter der Grenze in Norwegen liegt. Erst mal laufe ich parallel zur Bahnlinie und Landstraße und nehme die Etappe etwas auf die leichte Schulter, schließlich geht es doch auf den gut ausgebauten Wegen rasch voran. Sie wurden früher für den Bau der Eisenbahn benutzt und sind bequem zu laufen. Nur wird der Weg immer länger, es dauert eine Ewigkeit, bis ich wieder auf der Landstraße stehe, von der es laut Schild noch mindestens fünf Wanderstunden oder 13 Kilometer bis zur Hütte sein sollen. Obendrein ist es schon 15 Uhr, und es wird immer früher dunkel – das könnte ganz schön knapp werden.

Zum Glück komme ich auch hier gut voran und lasse Kilometer um Kilometer hinter mir. Der Weg führt direkt am nordwestlichen Ufer des riesigen, rund siebzig Kilometer langen Torneträsk-Sees entlang. Herbstliche Laubwälder machen das Vorankommen nicht leicht, die Blätter verwandeln den glitschigen Pfad immer wieder in eine Rutschbahn. Zwischen den Birken taucht die kleine Pålnoviken-Hütte des STF auf, in der man übernachten kann. Im Inneren ist es aber muffig und unordentlich, wenig einladend, um dort eine erholsame Nacht zu verbringen. Nach einer kurzen Pause an der Hütte geht es daher für mich weiter, und bereits einen Kilometer später erreiche ich die Grenze mit den markanten großen Grenzsteinen. Nun hat mich Norwegen endlich wieder, denke ich, als ich an der gelb angestrichenen Markierung vorbeiblicke und rund zweihundert Höhenmeter weiter oben auf dem Berg die Lappjord-Hütte im letzten Schein der Nachmittagssonne sehe. Nur noch diesen Anstieg erklimmen, dann ist es nach insgesamt sechs Stunden und weit über zwanzig Kilometern endlich geschafft.

Die Etappe nach Innset führt mich am nächsten Tag weiter durch eine fantastische Herbstlandschaft, die Zeit vergeht dabei wie im Fluge. Nur der Abstieg zum Altevatnet, einem 35 Kilometer langen Stausee, zieht sich etwas in die Länge. Kurz bevor ich an der Staumauer ankomme, verstehe ich, warum Björn diesen Ort für seine Huskyfarm gewählt hat. Der Blick hinab ins Tal ist spektakulär, die Birken strahlen alle in einem satten Gelb, und die Farm befindet sich direkt am großen tiefgrünen Abfluss des Stausees. Im Winter liegt mit dem Altevatnet eine achtzig Quadratkilometer große Startrampe direkt vor der Haustür, von der aus man die weiten Täler dieser Gegend mit dem Hundeschlitten erkunden kann.

Kurz darauf komme ich bei der Huskyfarm an und treffe direkt auf den Hausherrn, der gerade zum Briefkasten läuft. Mit seiner ruhigen, norddeutschen Art begrüßt mich der einen Kopf größere Björn und zeigt mir seine Farm. Ich bin aufgeregt, ihn endlich zu treffen und mit ihm zu reden. Er lebt hier seinen Traum und hat in mehr als zwanzig Jahren eine großartige Huskyfarm von Grund auf selbst aufgebaut. Als er 28 war, ist Björn nach Norwegen ausgewandert und hat sich hier seinen Platz gesucht. In Deutschland kennt man ihn vielleicht aus Fernsehreportagen über sein Leben hier oder durch seine Bücher, in denen es um Expeditionen mit Hundeschlitten geht. Erst vor ein paar Wochen ist er nach vier Monaten auf Expedition von Spitzbergen zurückgekehrt, wo er mit seinem Team auf der Suche nach Überresten der im Jahr 1912 verschollenen deutschen Schröder-Stranz-Expedition war. Jetzt steht er direkt vor mir, und als ich mich mit ihm unterhalte, merke ich sofort, wie er in Gedanken noch immer unterwegs auf Spitzbergen zu sein scheint. Die Nachbereitung läuft auf vollen Touren, er arbeitet gerade an einem Buch und an einem Dokumentarfilm über die Reise. Zudem muss er sich um seine Farm kümmern, die monatelang von Freunden betreut wurde. Gerade hat wieder das Hundetraining für den Winter begonnen. Zwei junge Helfer aus Deutschland, Madita und Felix, übernehmen in diesem Jahr die Arbeit gegen Kost und Logis. Bis zum Dezember müssen die Hunde fit für die kommende Tourensaison sein, eine Menge Arbeit wartet hier auf alle.

Für »Norge på langs«-Wanderer hat Björn stets ein offenes Ohr, denn er weiß aus eigener Erfahrung, was es heißt, sich dieser Herausforderung zu stellen. Das ist auch der Grund, warum NPL-Wanderer bei ihm kostenlos übernachten können. Ich beziehe in der oberen Etage des großen Gästehauses ein Zimmer, das ich mir mit Felix teile. Anschließend nehme ich eine Dusche und schaue mir danach ein lautes Spektakel an: die abendliche Fütterung der Hunde. Ein ohrenbetäubender Lärm breitet sich aus, dann bekommt jeder Hund eine Portion Spezialnahrung, die hier selbst hergestellt und in einem großen Kühlhaus gelagert wird. Neben dem Kühlhaus und der Futterküche befinden sich im Gästehaus auch noch eine Werkstatt für die Hundeschlitten und einige Räume, in denen sich bis an die Decke die sonstigen Ausrüstungsgegenstände wie Schlafsäcke oder warme Stiefel stapeln, die für die Touren benötigt werden.

Die Hunde bekommen die Portionen entsprechend ihrer Hierarchie in einer ganz speziellen Reihenfolge. Das Fressen ist in Bruchteilen einer Sekunde gierig verschlungen. Danach werden die Huskys mit Wasser versorgt, und der Hundekot wird eingesammelt – bei über siebzig Tieren dauert das eine ganze Weile. Aber alle packen mit an, auch die übrigen Urlaubsgäste. Schließlich wird zur Belohnung mit den anschmiegsamen Huskys gekuschelt. Es ist der Moment, in dem man die beschauliche und ruhige Abendstimmung genießen kann, die sich mittlerweile über die Farm und das Tal gelegt hat. Da das Wochenende ansteht, werde ich wohl mindestens bis Montag hierbleiben – wieder eine Verzögerung wegen des Pakets, aber das ist mir diesmal egal.

Alles hier ist neu und aufregend für mich, zudem steht das Training mit den Hunden an. Früh am Morgen stehe ich zusammen mit den anderen auf, um ihnen dabei zur Hand zu gehen. Es sind Ausfahrten mit dem Trainingswagen geplant, der wie ein Quad aussieht. Der *musher*, also derjenige, der das Gespann lenkt und die Kommandos gibt, steht hinten auf einem Trittbrett, davor gibt es einen Platz für Mitfahrer. Beim Anlegen der Geschirre stelle ich mich zuerst etwas ungeschickt an, zudem sind die Hunde sehr unruhig und können es kaum erwarten loszulegen. Ich lerne aber schnell die richtigen Handgriffe. Und dann geht es auch schon los, die Hunde zerren an den Leinen, ich sitze im Wagen, und wir drehen einige Trainingsrunden über Straßen, Schotterwege und kleine Pfade. Der Matsch spritzt auf, als es in einem Affenzahn um die Kurven und durch die Pfützen geht. Die Geschwindigkeit und die Lust der Hunde, einfach zu laufen, stecken mich sofort an. Bisher hatte ich mit Hunden nie etwas am Hut, aber das hier ändert die Sache grundlegend. Die Freude der Tiere an der Arbeit und die offene Zuneigung, die sie einem ohne Vorbehalt entgegenbringen, öffnen bei mir eine neue Tür. Am liebsten würde ich den ganzen Tag lang im Trainingswagen sitzen und durch die traumhafte Landschaft düsen. Wie muss sich das bloß im Winter anfühlen, wenn es bei klarer, eiskalter Luft quer durch eine herrliche Winterlandschaft geht?

Nach ein paar Runden mit verschiedenen Hundegespannen gibt es für uns alle ein Mittagessen, das Björns Frau Regina gekocht hat. Währenddessen schlagen die Hunde draußen plötzlich an, vielleicht weil eine Katze über den Hof gelaufen ist. Björn steht auf, stellt sich auf die Veranda, klatscht in die Hände und ruft kurz hinüber zu den Hunden. Wer der Chef des Rudels ist, wird schnell klar: Mit einem Mal sind die siebzig Hunde mucksmäuschenstill. Wie viel Arbeit und Geduld wohl erforderlich sind, damit die Tiere so gut auf sein Kommando hören? Aber bei minus vierzig Grad im Winter muss man sich hundertprozentig auf seine Hunde verlassen können!

Die gemeinsame Arbeit auf der Farm macht richtig Spaß. Wäre ich Anfang zwanzig – so wie Madita und Felix –, würde ich mich hier sofort als Hundetrainer bewerben. Später schauen wir uns alle gemeinsam einen ersten Fernsehbeitrag über Björns Expedition auf Spitzbergen an, bei der auch Regina dabei war. Ich muss mich kneifen, wir sitzen zusammen mit den beiden im Wohnzimmer auf der Couch, und im Fernsehen läuft ein Beitrag darüber, wie sie mit den Hunden, die wir eben noch gefüttert haben, auf einer spektakulären Expedition durch die Arktis ziehen und gegen die Elemente kämpfen.

Die Tage bei Björn und Regina sind die reinste Erholung, wie ein Urlaub von der Wanderung. Für die Gastfreundschaft zeige ich mich erkenntlich, indem ich mit anpacke. Ein riesiger Stapel Holz wartet darauf, noch vor dem Winter gespalten zu werden. Nach und nach wird der Holzstapel kleiner und der Haufen mit den Holzscheiten größer, eine monotone Arbeit in einer schönen Umgebung – das hat schon fast etwas Meditatives. Daneben gibt es natürlich auch das Hundetraining, und zusammen schwingen wir außerdem noch Spitzhacke und Schaufel, um einen Bachlauf zu vertiefen. Bei der Gelegenheit komme ich mit Björn ins Gespräch und unterhalte mich mit ihm über das Leben nördlich des Polarkreises. Schnell wird mir klar, dass vor allem harte Arbeit dazugehört, wenn man hier bestehen möchte. Es gibt immer etwas zu tun, und die Winter sind lang, da gilt es, die Sommermonate so gut wie möglich zu nutzen. Viel Feuerholz muss gemacht werden, Brot wird selbst gebacken, Gemüse gezogen und Marmelade eingekocht. Und die siebzig Hunde müssen nicht nur im Winter versorgt werden. Dass Regina oder Björn einmal nichts zu tun haben, kann ich jedenfalls nicht sehen, ganz im Gegenteil, bis spät in die Nacht brennt in Björns Arbeitszimmer das Licht.

Während wir gemeinsam vor uns hinschuften, entwickeln wir mal wieder einen Plan B, denn mein Paket scheint nicht so schnell hier aufzutauchen. Länger als bis zum Montag möchte ich jedoch ungern warten, der Winter kann nun jeden Tag den ersten Schnee bringen. Björn hat noch jede Menge Fertigessen von seiner Expedition auf Spitzbergen übrig, das er mir überlassen kann. Die fehlenden Landkarten kann ich mir von ihm sowie von den anderen Gästen ausleihen. Sobald das Paket hier eintrifft, wird Björn meine Karten weiter bis nach Máze in der Finnmark schicken, wo es im Supermarkt eine Post gibt. Ich plane, dort vorbeizulaufen, die Karten in Empfang zu nehmen und die geliehenen zurückzuschicken. Im Austausch für sein Expeditionsessen wird er sich vorher meine Real-Turmat-Gerichte aus dem Paket nehmen. Da er die gleichen für seine Gäste nutzt, wenn sie unterwegs sind, passt das hervorragend. Der Plan steht, so wird's gemacht – morgen geht es auf jeden Fall für mich weiter. *Det ordner seg!* wird langsam zum Motto meiner Tour, aber solange es funktioniert, kann ich mich damit gut arrangieren, auch wenn es oft gehörig an meinen Nerven zerrt!

Dann ruft uns Regina, wir lassen Spitzhacke und Schippe fallen und treffen uns alle im Gästehaus, wo es herrlich nach frischen Waffeln duftet. Zu zehnt nehmen wir an der langen Tafel Platz und lassen uns die köstlichen Waffeln mit viel Marmelade und *rømme* schmecken. Nun kommt doch ein wenig Wehmut auf, denn von daheim kenne ich diese langen Tafeln nur zu gut. Oft sitzen wir mit vielen Freunden und Nachbarn, mit Kind und Kegel gemeinsam im Garten, verbringen im Sommer gerne mal den ganzen Tag zusammen, grillen und genießen bei dem ein oder anderen kühlen Getränk einfach eine schöne Zeit. Schlagartig wird mir bewusst, wie sehr ich das gerade jetzt vermisse. Ich bin schon 112 Tage unterwegs und habe den ganzen Sommer daheim verpasst.

ICH LIEBE HERBSTTAGE
Innset – Kilpis

Noch vor dem morgendlichen Hundetraining bringt mich Felix mit dem Bulli hoch zur Staumauer des Altevatnet. Björn ist bereits in aller Frühe nach Deutschland abgereist, um erste Vorträge über seine Expedition auf Spitzbergen zu halten. Schon am Abend vorher habe ich mich nordisch kurz von ihm verabschiedet und mich herzlich bei allen bedankt. Der Urlaub auf der Huskyfarm ist nun leider vorbei, die »Arbeit« ruft mich zurück ins Fjell. Nach einem freundschaftlichen Handschlag mit Felix geht es also weiter, und meine Stimmung schwankt hin und her: Ich bin traurig, dass ich die Farm verlassen muss, um weiter voranzukommen. Am liebsten wäre ich geblieben, die Tage dort haben einen nachhaltigen Eindruck bei mir hinterlassen, und ich hoffe, irgendwann einmal zurückzukehren. Auf der anderen Seite freue ich mich aber auch auf die folgenden Tage, denn der Herbst zeigt sich weiterhin von seiner schönsten Seite, und das Ziel rückt mit jedem Schritt nordwärts näher. Der Weg wird mich die nächsten Tage durch den Øvre-Dividal-Nationalpark führen und stellt einen spektakulären Abschnitt meiner Wanderung dar, mit reißenden Flüssen und mächtigen Fjellgebieten. Sogar richtige Urwälder findet man hier in den tiefen Tälern. In ungefähr einer Woche werde ich dann das Dreiländereck zwischen Norwegen, Schweden und Finnland passieren und ins finnische Kilpisjärvi gelangen, wo ich meine Vorräte wieder aufstocken kann.

Zunächst folge ich dem Nordkalottleden, einem achthundert Kilometer langen Fernwanderweg, der im schwedischen Ritsem beginnt und weit durch Lappland bis hinauf ins norwegische Kautokeino führt. Meine Verfassung ist großartig, die Ruhetage haben in mir ungeahnte Kräfte geweckt, und rasch erreiche ich die nächste DNT-Hütte, Gaskashytta. Nach einer kurzen Pause laufe ich weiter, denn der Tag ist noch viel zu jung, um ihn jetzt schon zu beschließen. Also geht es weg vom Altevatnet und weiter hoch ins Fjell. Der Wind frischt auf, und ich laufe mit tief ins Gesicht gezogener Mütze unter einem blauen Himmel meinem Tagesziel entgegen. Die weiten Täler sind unglaublich schön und von solch einer rohen Wucht, dass sie mich immer wieder andächtig staunen lassen. Unterwegs treffe ich auf zwei deutsche Wanderer, die mir entgegenkommen und sich über meine Tour nur wundern können. Als wir uns kurz unterhalten und ich von meinem Startpunkt am Kap Lindesnes berichte, lachen sie laut auf und schütteln fassungslos und voller Anerkennung die Köpfe.

Am späten Nachmittag erreiche ich die Voumahytta, während graue Wolken aufziehen und die Landschaft noch dramatischer erscheinen lassen. In einer der Hütten hat sich bereits Michael aus Dänemark eingerichtet, ein zurückhaltender und ruhiger Wanderer mittleren Alters. Wir werden bis Kilpisjärvi die gleichen Etappen laufen, stelle ich während einer kurzen Unterhaltung fest, dann beziehe ich die andere Hütte und genieße die Ruhe. Der leise prasselnde Regen und der behaglich bollernde Ofen untermalen diese herrliche Stimmung.

Die Tage hier oben, weit nördlich des Polarkreises, haben zu dieser Jahreszeit ihren ganz eigenen Reiz. Die Landschaft und das Wetter erzeugen eine gewaltige Stimmung, wie ich sie noch nie zuvor erlebt habe. Es ist zwei Uhr nachmittags am fünften Tag, nachdem ich Innset verlassen habe, als ich mit meinem DNT-Standardschlüssel das Messingschloss der Gappohytta öffne. Morgens um neun Uhr bin ich an der großen Rostahytta losgelaufen, gut zwanzig Kilometer lagen vor mir, es herrschte kühles Herbstwetter. Die grauen Wolken hingen tief, und den ganzen Weg lang schubste mich der Wind umher. Mal erfasste er mich von hinten, dann blies es von vorn und so manches Mal auch unerwartet von der Seite. Die Böen versuchten, mir die ewig flatternde Regenhülle des Rucksacks zu entreißen, und bliesen mir stetig den Nieselregen mitten ins Gesicht. Der Weg führte mich durch eine Landschaft, die mich wieder einmal an die düstere Kulisse von Tolkiens Geschichten erinnerte. Am Wegesrand passierte ich tosende Wasserfälle, von Flechten übersäte Geröllhalden wiesen mir den Weg hinauf in felsige Höhen. Ich verschwand im feuchten Nebel, der sich wie zähe Watte über die Umgebung gelegt hatte, und erhaschte nur manchmal kurze Blicke auf die schroffen Berge um mich herum. Die Geräusche der aneinanderschlagenden Steine unter meinen Füßen verschluckte der Nebel, bevor sie sich im Tal ausbreiten konnten. Es schien, als hätte sich die ganze Welt gerade einen großen Kopfhörer aufgesetzt, der keine Geräusche an einen heranlässt. Weiter ging es durch die typischen offenen Täler dieser Gegend, die gänzlich in die verschiedensten Rot-, Gelb-, Braun- und Grüntöne und deren unendliche Schattierungen getaucht waren. Die Wolken hingen nach wie vor sehr tief, nur manchmal durchbrach die Sonne die Wolken, und vereinzelte Strahlen trafen auf den feuchten Boden. Eine ganz besondere, gedämpfte Stimmung, die leicht bedrohlich wirken kann, mir aber das Gefühl gab, ein Teil des Ganzen zu sein. Ich fühlte mich dort wohl, richtig lebendig und unendlich frei.

Ich werde heute keinem Menschen begegnen, das wurde mir schon am Morgen rasch klar. Ein gutes Stück hinter mir läuft Michael, der den gleichen Etappen folgt, ansonsten ist hier zu dieser Jahreszeit offenbar niemand unterwegs. Man merkt in dieser Umgebung schnell, wie klein und unbedeutend man selbst ist. Hier schwingt nicht der Mensch das Zepter, denn wenn die Natur keine Lust hast, zeigt sie einem schnell die kalte Schulter und bringt einen noch schneller in ernsthafte Schwierigkeiten. Man hat hier aber auch viel Platz, um seine Gedanken schweifen zu lassen, ihnen einfach melancholisch nachzuhängen: Wann habe ich zuletzt ferngesehen? Selbst ein Auto gefahren? Eine Stadt betreten? Eine Ampel benutzt? Was machen meine Familie und Freunde gerade daheim, wie geht es ihnen? Wie denken sie über meine Tour? Wie sprechen sie untereinander darüber? Was ist alles in Deutschland passiert, seit ich weg bin? Was wird sich nach der Tour vielleicht verändern? Hat der BVB gewonnen? Die verschiedensten Dinge kommen und gehen mir durch den Kopf. Ich bin immer wieder fasziniert davon, was er in solchen Situationen für Gedanken hervorbringt. Aber all diese Gedanken sind in diesem Moment eigentlich unwichtig, ich möchte hier mit keinem anderen Menschen tauschen. Mit wirklich niemandem! Trotz Nieselregen, fieser Kälte, böigem Wind und ständig laufender Nase. Was für eine eindrucksvolle Reise! Was für ein Luxus und was für eine großartige Erfahrung. Wie weit ich bereits gelaufen bin, es ist einfach unglaublich!

Ich betrete die Gappohytta und sehe vorsichtig und ohne Dreck hineinzutragen nach, ob der letzte Besucher vor dem Verlassen der Hütte noch Trinkwasser geholt und Anmachholz für den Ofen bereitgelegt hat – es sieht gut aus. Die Blecheimer in der Küche sind randvoll mit klarem Wasser gefüllt, und ausreichend Holz ist auch da. Genau so sollte jeder Wanderer eine Hütte des DNT hinterlassen, im Falle des Falles steht dann alles Notwendige direkt bereit, man muss nicht erst umständlich nach Holz und Trinkwasser suchen.

Schnell ziehe ich die nassen, dreckigen Stiefel und Klamotten aus und lasse sie im Vorraum liegen. Dann stelle ich den zerbeulten Wasserkessel auf den Kocher in der Küche, öffne das verschlossene Sicherheitsventil der Gasflasche und entzünde vorsichtig die Gasflamme. Als Nächstes entfache ich ein Feuer im gusseisernen Ofen in der Mitte des Raumes. Zwei große Scheite platziere ich rechts und links in der Brennkammer, in die Mitte packe ich Birkenrinde als Zunder, darüber kommen kleinere Holzscheite und Späne. Ich reiße ein Streichholz an, und schon bollert der Ofen los. Flammen züngeln zwischen dem Holz empor, und kurz darauf macht sich eine behagliche Wärme breit. Ich wechsle die Klamotten und erspare mir heute die Katzenwäsche am Bach, draußen ist es mir einfach zu ungemütlich dafür. Rasch hänge ich alle meine nassen Klamotten auf dem Holzgestell über dem Ofen auf, nehme die Einlegesohlen aus meinen nassen Stiefeln und stelle sie zum Trocken auf.

Das Wasser im Kessel brodelt bereits, Wasserdampf steigt auf, und schon steht ein weißer Porzellanpott mit dem roten DNT-Logo vor mir auf dem Tisch, es duftet nach frischem Kaffee. Ich verliere jedes Zeitgefühl, es scheint den ganzen Tag lang zu dämmern. Draußen heult der Wind und zerrt an der Hütte, Nieselregen klatscht ans Fenster. Auf dem Tisch brennen Kerzen, während ich gemütlich auf dem Sofa sitze und ein Buch lese, ein deutsches, das ich zufällig in dem kleinen Regal gefunden habe, in dem Würfelspiele, Zeitschriften und Bücher aufbewahrt werden.

Irgendwann kommt auch Michael an, schält sich abgekämpft aus seinen dreckigen Klamotten und bezieht die andere der beiden Schlafkammern, die je vier Betten haben. Bald darauf ist es draußen stockfinster, Wind und Regen nehmen weiter zu, nur wenn es unbedingt nötig wäre, würde ich jetzt noch vor die Tür treten. Gemeinsam mit Michael esse ich gegen 19 Uhr zu Abend, wobei ich aus einem der drei Fertiggerichte wählen kann, die ich noch übrig habe. Die Auswahl bei den Getränken ist ähnlich: Wasser, Tee oder Kaffee. Wollte ich etwas anderes trinken oder essen, hätte ich es mitbringen müssen. Wenn ich etwas vergessen habe, dann ist das meine eigene Schuld – dann habe ich einfach Pech. Die Tagesration an Schokolade, die eigentlich für den Weg geplant war, habe ich mir für den Abend aufgespart und esse ich nun zum Nachtisch. So einfach ist das, wenn man keine unendliche Auswahl im Kühlschrank oder in der Vorratskammer hat wie zu Hause, vor der man oft ratlos steht und nicht recht weiß, was man nun nehmen soll. Keine Qual der Wahl.

Vielleicht werde ich nachher noch den gewaltigen Sternenhimmel sehen, vielleicht die helle Milchstraße und sogar tanzende

Nordlichter. Vielleicht aber werde ich auch einfach nur klatschnass auf dem Weg zum Holz im zwanzig Meter entfernten Schuppen, in dem auch das Außenklo untergebracht ist. Ich starte den iPod, meinen kleinen Luxus während der Wanderung, und die markante Stimme von Eddie Vedder erklingt, er singt sein Lied »Society«. Der Text geht mir an langen Wandertagen oft durch den Kopf, dann summe ich ihn vor mich hin. Zum ersten Mal habe ich das Lied im Film »Into the Wild« gehört. Diese berührende Geschichte beruht auf einer wahren Begebenheit und handelt von dem jungen Amerikaner Christopher McCandless, der aus einer wohlhabenden Familie kam und nach seinem erfolgreichen Studium eine lange Reise durch die USA beginnt. Er spendet sein gesamtes Geld und entsagt allem materiellen Besitz. Er könnte sich beinahe alles leisten, entfernt sich aber freiwillig immer weiter von der Gesellschaft und geht unbeirrt und selbstbestimmt seinen eigenen Weg. Für viele Menschen, die vom Aussteigen träumen, ist er durch seine minimalistische Art zu reisen und seinen offenbar romantischen Blick auf die Welt zu einer Art Freiheitsikone geworden. Am Ende seiner Reise führt es Christopher schließlich nach Alaska, wo er sich am Ziel seiner Träume wähnt, dafür aber auch den höchsten aller Preise zahlt:

It's a mystery to me
We have a greed with which we have agreed
You think you have to want more than you need
Until you have it all you won't be free
When you want more than you have
You think you need
And when you think more than you want
Your thoughts begin to bleed
I think I need to find a bigger place
'cause when you have more than you think
You need more space

There's those thinking more or less, less is more
But if less is more how you're keeping score?
Means for every point you make your level drops
Kinda like it's starting from the top, you can't do that
Society, you're a crazy breed
I hope you're not lonely without me
Society, crazy and deep
I hope you're not lonely without me
Society, have mercy on me
I hope you're not angry if I disagree
Society, crazy and deep
I hope you're not lonely without me

So kitschig das Lied auch sein mag, es berührt mich immer wieder. Ist da nicht auch etwas dran? Ist manchmal nicht weniger mehr? Ich bin im Moment ziemlich froh, ohne viel Ballast umherzuziehen. Nur das, was ich tragen kann und vor allem will, umgibt mich. Mein gewohnter Alltag zu Hause ist ganz weit weg. Es zählt nicht, was morgen ist, und auch keiner der mittlerweile weit über hundert Tage vorher ist wichtig. Es zählt nur das Hier und Jetzt. Ich muss mich nicht ums Rasenmähen oder andere banale Dinge kümmern. Kein Strom, kein Radio, kein Fernsehen, kein Internet und kein Handy – nichts dergleichen verlangt hier ständig meine Aufmerksamkeit. Man hat keine Verpflichtungen anderen gegenüber, ist anscheinend nur sich selbst Rechenschaft schuldig. Es ist die totale Entschleunigung, und ein herrliches Gefühl der Ballastlosigkeit stellt sich ein. Kann es etwas Schöneres geben? Nur das behagliche Bollern des Ofens, etwas Warmes zu essen und zu trinken, ein trockenes Dach über dem Kopf – brauche ich wirklich mehr? Oder bin ich erst glücklich, wenn ich mir alles leisten kann?

Um halb zehn liege ich müde im Bett. Morgen will ich es bis nach Kilpisjärvi schaffen, eine lange Tagesetappe liegt vor mir, an deren Ende ich mich in Finnland befinden werde. Dort, an diesem

Zipfel Lapplands, treffen sich die Grenzen Norwegens, Schwedens und Finnlands am Treriksrøysa-Grenzstein. Ich liebe diese Herbsttage hier im hohen Norden mit ihren ganz besonderen Stimmungen. Manchmal kann es so einfach sein. Aber einige Fragen bleiben dennoch: Will ich daheim wirklich auf alles verzichten, und ist der totale Verzicht überhaupt erstrebenswert? Wird mich die Gesellschaft vermissen oder ich sie? Lebe ich meinen Traum, oder träume ich mein Leben?

Ein stechender Schmerz in meinem Knie holt mich unsanft in die Realität zurück. Kurz nachdem ich morgens aufgebrochen bin, habe ich den Weg verloren. Um die nächste Markierung in der Nebelsuppe zu finden, klettere ich, ohne groß nachzudenken, mit Schwung auf einen anderthalb Meter hohen Felsbrocken, der mit glatten Flechten übersät und durch den feuchten Nebel zusätzlich rutschig ist. Es kommt, wie es kommen muss: Mit einem Ruck verliere ich den Halt unter den Füßen und krache erst auf das Knie, dann auf die Hüfte und zu guter Letzt auf den Ellenbogen. Mir tut alles weh, ein pochender Schmerz durchzuckt mein Knie, und mir wird beinahe schwarz vor Augen. »Verdammte Scheiße!«, brülle ich lauthals, um den Schmerz in den Griff zu bekommen. »Verdammt, verdammt, verdammt! Ich bin so ein Idiot!« – meine Tiraden lassen nicht nach, ganz im Gegenteil, ich sitze fluchend auf dem Boden und muss mich sammeln. Anscheinend ist nichts Ernstes passiert, Jacke und Hose haben kein Loch, und auch Hüfte und Ellenbogen sind schon wieder okay. Nur der Schmerz im Knie lässt erst langsam nach. Das hätte auch ganz anders ausgehen können, Übermut ist hier nicht ratsam, ich darf eben nicht nur träumend und staunend in Gedanken versunken durch die tolle Gegend streifen. Eine Unachtsamkeit, und es kann mit meiner Wanderung, die mir gerade auf dieser Etappe so unglaublich viel Freude bereitet, ganz schnell vorbei sein. Zurück auf dem harten Fjellboden der Tatsachen entschließe ich mich, den Schmerz einfach zu ignorieren und ihn – wie beim Fußball nach einem hart geführten Zweikampf –, so gut es geht, einfach herauszulaufen. Keine Schwäche zeigen und mit breiter Brust voran, dem Gegner zeigen, dass einen das alles nicht anficht.

Ich gehe mit zusammengekniffenen Zähnen weiter durch eine Landschaft, die mir heute ziemlich feindselig gegenüberzustehen scheint. Es gibt zwar keine großen Anstiege, aber dafür niedrige Wolken und umso mehr glitschige Steine. Ich muss achtsam sein und besser aufpassen, das hat mir diese Aktion deutlich gezeigt.

Gegen elf Uhr habe ich Michael eingeholt, der heute Morgen lange vor mir aufgebrochen ist. Gemeinsam passieren wir die Goldahytta, die auf halbem Weg nach Kilpisjärvi liegt. Kurz darauf erreichen wir den großen gelben Grenzstein, den Treriksrøysa. Es ist der nördlichste Punkt Schwedens und der westlichste Finnlands. Im Sommer fährt ein Boot über einen großen See hierher und nimmt einem, wenn man möchte, die anstrengende Wanderung ab. Wir aber sind den langen Weg zu Fuß zum Grenzstein gegangen. Ein toller Moment, denn eine Grenze zu überschreiten ist für mich immer etwas Besonderes. Ich erinnere mich noch gut an die Urlaubsreisen nach Dänemark in meiner Kindheit, als Grenzkontrollen auf der Fahrt ins europäische Ausland normal waren, weil es noch keinen freien EU-Binnenverkehr gab und man immer leicht nervös dem Grenzbeamten seinen Ausweis reichen musste.

Von nun an geht es für einige Tage über finnisches Gebiet, die Grenzen verlaufen hier oben im Norden etwas merkwürdig, Norwegen umschließt sozusagen einige Teile seiner skandinavischen Nachbarn. Die Landschaft bleibt gleich, nur meine Uhr muss ich umstellen, denn in Finnland sind sie den Norwegern um eine Stunde voraus. Nachdem wir Fotos gemacht haben, legen wir zusammen noch eine längere Pause in einer Schutzhütte ganz in der Nähe ein. Durch die Zeitumstellung haben wir eine Stunde verloren, es wird heute für uns eher dunkel werden, und wir haben erst die Hälfte des Weges geschafft. Schließlich verabschieden wir uns voneinander, denn Michael hat ein anderes Wandertempo als ich. Für die restlichen Kilometer über einen teils rutschigen Pfad benötige ich rund zweieinhalb Stunden. Gegen Ende meldet sich mein Knie wieder häufiger, der dumpfe Schmerz wird erneut stärker.

Ein gutes Stück geht es noch über die Landstraße, dann stehe ich endlich nach einem langen Wandertag vor dem großen Kilpisjärvi Hikingcenter, das sich etwa fünf Kilometer außerhalb des eigentlichen Ortes befindet. In dem großen Hauptgebäude gibt es ein Restaurant und einen kleinen Souvenirladen. Daneben stehen einige Hütten und ein weiteres größeres Gebäude, in dem einzelne Zimmer und verschiedene Saunen untergebracht sind. Eine winzige Hütte wird meine Unterkunft für die nächsten beiden Nächte. Das Timing könnte nicht besser sein, denn in zwei Tagen schließt die Anlage bis zum nächsten März. Die Gebäude werden schon für den langen Winter vorbereitet, und es sind nur noch wenige Gäste hier.

Morgen möchte ich einen Ruhetag einlegen, neue Verpflegung im Supermarkt besorgen und mir auch ganz dringend Gedanken darüber machen, wie ich weiterlaufen möchte. Ich muss mir selbst eingestehen, dass mir der nächste Abschnitt große Sorgen bereitet. Meine entsprechenden Landkarten sind auf dem Postweg nach Máze, und die geliehenen Karten enden hier. Bereits vor der Tour war mir klar, dass ich von hier aus vor einer großen Herausforderung stehen würde. Das Reisadalen muss durchquert werden, ein tiefes Tal, das einem Canyon gleicht. Es gibt verschiedene, mehr oder weniger anspruchsvolle Möglichkeiten, wie es dort weitergehen könnte, je nachdem, wie das Wetter und die Verhältnisse sind. Ich bin jedoch nicht nur aufgrund der fehlenden Karten schlecht vorbereitet, auch vor der Tour habe ich nur sehr wenige Infos darüber gefunden, wie man das Reisadalen sicher und auf dem schnellsten Weg durchqueren kann. Einen markierten Wanderweg hinein ins Tal gibt es nur, wenn man einen größeren Umweg von zwei Tagen in Kauf nimmt. Und wie man wieder hinauskommt, werde ich selbst herausfinden müssen.

Für heute reicht es mir allerdings, ich kaufe eine Dose Bier und gehe in die Sauna, so wie es vermutlich alle Finnen nach einem langen Wandertag machen. Mein Knie fühlt sich nach den Saunagängen viel besser an, aber der Schmerz wird mich noch lange an meine Unachtsamkeit erinnern. Am Abend treffe ich Michael im Restaurant wieder, wo wir uns großzügig am Buffet bedienen und miteinander auf die vergangenen Tage anstoßen, schließlich haben wir die letzten Abende immer zusammen in denselben Hütten verbracht und uns viel unterhalten. Ein entspannter Abschluss einer wundervollen Etappe, ich bin hin- und hergerissen zwischen der beinahe epischen Natur der letzten Woche und den netten Annehmlichkeiten des Kilpisjärvi Hikingcenters. Aber selbst der geringe Trubel hier erdrückt mich schon, raubt mir fast den letzten Nerv. Wenn ich vor der Wahl stünde, würde ich nicht lange nachdenken. Nur muss auch die größte Freiheit ab und zu organisiert werden.

AUF INS GROSSE ABENTEUER
Kilpis – Badajávri

Der Tag beginnt mit einem straffen Programm. Im eigentlichen Ort Kilpisjärvi besorge ich morgens Lebensmittel für die kommenden zehn Tage, die günstigen finnischen Preise machen den großen Einkauf erfreulicherweise bezahlbar. Nur verstehe ich leider kein einziges Wort Finnisch und bin mir oft nicht so sicher, was da gerade in meinen Einkaufswagen wandert. In der kleinen Tankstelle nebenan erstehe ich drei Wanderkarten, die mir nützlich erscheinen. Dennoch ergibt sich je nach Strecke, die ich in den nächsten Tagen wählen werde, eine Lücke von bis zu hundert Kilometern, die ich ohne eine passende Karte durchqueren muss. Die Karten, die ich eigentlich bräuchte, gibt es hier nicht. Kein Mensch läuft normalerweise zum Wandern in dieser abgelegenen Gegend um Nábár herum. Schon den ganzen Morgen beschäftigt mich dieses Problem, und beim Gedanken daran rutscht mir immer wieder das Herz in die Hose, ich bekomme richtig Schiss vor dieser großen Aufgabe. Aber wenn ich das wiederum packe, kann mich nichts mehr aufhalten! Dann bin ich fast schon in Alta, von wo aus ich die restlichen Kilometer zum Nordkap notfalls auch bequem auf der Straße laufen kann. Ich muss also die Arschbacken zusammenkneifen und einen Weg finden, wie ich diese Herausforderung meistern kann.

Zurück im Hikingcenter, darf ich netterweise im Büro einen Computer benutzen. Schon am Morgen hatte ich Martin eine E-Mail in die Schweiz geschickt und ihm von meiner Unsicherheit und meiner schlechten Vorbereitung für diesen Abschnitt berichtet. Im Grunde ist der Plan ja ganz einfach: Ich laufe vier Tage lang bis zur Somashytta, die sich wieder in Norwegen befindet. Von dort aus kann ich entweder zwei Tage lang einen großen markierten Umweg hinab ins Reisadalen zur Nedrefosshytta nehmen, oder ich wähle den direkten unmarkierten Weg, den ich mir selbst suchen muss, der mir dafür aber einen ganzen Wandertag erspart. So weit, so gut. Entscheide ich mich für die direkte Route, stellt sich mir nur ein imposantes Hindernis in den Weg: Der letzte steile Abstieg ins Reisadalen zur Nedrefosshytta ist weder markiert, noch habe ich eine passende Beschreibung gefunden, wie andere NPLer dort hinab gelangt sind. Ich weiß nur, dass es irgendwie gehen muss, andere haben es schließlich auch geschafft. Auf der Wanderkarte macht es allerdings den Eindruck, als würde es beinahe senkrecht hinabgehen, die Höhenlinien verschmelzen fast zu einem einzigen braunen Strich auf der Karte. Sollte ich es auf eine der beiden Arten ins Reisadalen schaffen, stellt sich mir die nächste, noch viel schwierigere Frage: Wie gehe ich bloß von der Hütte aus weiter?

Zuerst muss ich dann wieder einen Weg aus dem steilen Tal hinausfinden, erneut ohne Anleitung oder Markierungen. Das wären auf direktem Wege nach Máze etwa siebzig unmarkierte Kilometer vom Reisadalen aus und noch einmal so viele Kilometer von dort aus über die Landstraße bis nach Alta. Die zweite Alternative wäre der direkte Weg vom Reisadalen nach Alta, was ungefähr hundert Kilometer durch das unmarkierte Fjell bedeuten würde. Es soll aber einfach zu gehen sein, wenn die Verhältnisse gut sind und man sich mit einem Kompass orientieren kann. Die dritte und letzte Alternative hieße, dem markierten Nordkalottleden aus dem Tal hinaus bis nach Kautokeino zu folgen, ein Umweg von weit über hundert Kilometern und einigen Tagen.

Eine E-Mail von Martin gibt meinen Plänen Struktur und nimmt mir ein wenig die Ängste davor, die richtige oder falsche Wahl zu treffen:

Hallo Simon!
Das Hoch hat dich nun wirklich im Stich gelassen, ist einiges südlicher geblieben. Na ja, ist ja nur Wetter. Das mit den Karten

ist sicher ärgerlich, aber ich kann dich trösten Simon, da ist nicht wirklich viel Hilfreiches drauf! Ich habe diese Karten, und eine habe ich sogar zurückgeschickt, weil hier weißer Adler auf weißem Grund herrscht. Orientierungsmäßig wäre die zweite Variante wahrscheinlich die einfachere gewesen, aber diese fällt ja nun vermutlich wegen der fehlenden Karten aus.

Von der Nedrefosshytta würdest du dann im Dreißig-Grad-Winkel, also so ziemlich nordöstlich, direkt nach Alta über das Nábár-Plateau gehen. Das würde dann rund hundert Kilometer offroad ohne Wege und Hütten bedeuten! Die Verhältnisse sollten hier mitspielen, und das Wetter sollte dafür auch gut sein! Laut einem andern NPLer war dies ein absolutes Highlight auf seiner Tour, landschaftlich gesehen, aber er hatte zwei Tage Nebel, was nicht ganz ohne sei. Es gibt sehr viele Seen auf diesem Fjell, welche quer zur Laufrichtung liegen, wenn du also nicht weit vorausiehst, bedeutet dies wohl häufig Umwege. Ich habe mal alles nachgerechnet, was Distanzen angeht. Falls du ein supergutes Wetterfenster von vier bis fünf Tagen haben solltest, das dir entspricht, kannst du auch von der Nedrefosshytta mit einem Kompasskurs von neunzig Grad Richtung Osten abgehen. Die Luftlinie nach Máze zeigt siebzig Kilometer und ein etwas hügeliges Gelände, erst vor Máze gibt es etwas Sumpf, aber hier hast du schon kleine Straßen. Gehst du etwas weiter südlich zur Reisavannhytta, wirst du weniger Distanz haben, aber es zeigt deutlich mehr Sumpf- und Moorgelände an.

Ich habe nirgends Infos über eine direkte Wegführung von der Nedrefosshytta nach Máze gefunden, auch nicht unter den anderen NPL-Läufern! Aber lass dich nicht unterkriegen, du wirst diese Etappen sicher schaffen, ob mit Karten oder nicht, ob mit schlechtem Wetter oder nicht. Du hast es bald geschafft, Simon!

Ich helfe dir sehr gerne, ich weiß ja aus eigener Erfahrung, worum es geht, zudem verfolge ich deine Schritte penibel, denn seit

gestern ist klar, dass ich 2015 den Rest packen werde! Ich darf mich also noch mal darauf freuen!!!
Deine Beschreibung auf dem Blog gestern war der Hammer, man kann alle Schritte toll mitverfolgen, bravo, Simon, sehr schön geschrieben. Lachen musste ich über den Vedder-Song, ein Zufall? Dies war mein Lieblingssong auf der Tour, der Film »Into the Wild« ist mein Lieblingsfilm, und ich denke, in uns allen steckt ein kleiner McCandless! Melde dich einfach wieder, wenn du Infos brauchst. Weiterhin alles Gute, und genieß den Trip, Simon! Ich denke, du wirst dich sicher richtig entscheiden, es wird ohne Zweifel vieles von der Wetterlage abhängen, aber eines ist ganz sicher:
In rund 10 bis 14 Tagen wirst du in Alta oder Lakselv sein! Und hier wirst du alle Schwierigkeiten von »Norge på langs« hinter dich gebracht haben. Was danach kommt, wird ein Kilometerlaufen zum Kap hoch sein, was zwar mühsam sein wird, aber einfach. Und vor allem wirst du das Ziel vor Augen haben! Du wirst das schaffen, und ich hoffe für dich, dass der Herbst dir diesen Weg noch so golden wie möglich gestalten wird.
God tur videre!
Martin aus der Schweiz

Mit einer gehörigen Portion Respekt starte ich am nächsten Tag ins Ungewisse, die größten Herausforderungen der gesamten Tour liegen vor mir. Ein paar Computerausdrucke sind das Einzige, was ich in Papierform für den Abschnitt ab dem Reisadalen im Gepäck habe. Über glitschige Holzplanken mache ich mich daran, den Saana-Berg zu umrunden, der wie ein umgedrehtes Boot steil aufragt und den Sámi ein Heiligtum ist.

Der morgendliche Nieselregen weicht den Boden stark auf und verwandelt alles in Matsch und Sumpf. Die Hinweisschilder in finnischer Sprache sorgen zunächst für reichlich Verwirrung, die Ortsangaben sind anders als auf der Karte geschrieben. Aber bald finde ich die ersten Wegmarkierungen, die mich weiter gen Norden führen werden. Der Wanderweg ist von Kilpisjärvi aus gut markiert, führt er doch über knapp 55 Kilometer direkt zum höchsten Berg Finnlands, dem 1328 Meter hohen Halti. Den werde ich aber nicht ansteuern, denn der Nordkalottleden, dem ich folge und der hier auf derselben Route verläuft, wird kurz vor dem Berg nach Osten abzweigen. Ich treffe auf einige Wanderer, die sich trotz des trüben Herbstwetters aufgemacht haben, um den Halti in einigen Tagen zu erklimmen. Die Tour ist ein finnischer Wanderklassiker.

Ich komme ganz gut voran, wenn man mal den Matsch außer Acht lässt. Langsam merke ich allerdings, wie sich der kurze Herbst so weit im Norden seinem Ende entgegenneigt. Es ist frisch geworden, und ohne Mütze und Handschuhe ist der Wind manchmal schon eisig, der Winter schickt seine ersten Vorboten. Die finnischen Hütten entlang der Wanderwege haben ein etwas anderes System als die in Norwegen oder Schweden. Es gibt stets zwei Bereiche in den Häusern. Für den einen benötigt man eine Reservierung und einen Schlüssel, den man sich vorab besorgen muss, ansonsten gelangt man nicht hinein. Der zweite Teil ist öffentlich und kann ohne Schlüssel kostenfrei benutzt werden, ist aber bei Weitem nicht so gemütlich wie die norwegischen Hütten, die meist fantastisch eingerichtet sind. Es gibt eine einfache Kochgelegenheit, einen Ofen, und man schläft auf einem Holzpodest, auf das man seine Isomatte und seinen Schlafsack legt. Einfach und funktional, ohne Schnickschnack oder einen Anflug von behaglicher Gemütlichkeit.

Der Tag verläuft bilderbuchmäßig, die weite Landschaft saugt mich einfach in sich auf. Meistens gibt es strahlend blauen Himmel, zwischendurch aber auch hin und wieder Schneeregen, die Luft um mich herum ist dann ganz plötzlich von glitzernden Schneeflocken erfüllt, als wäre ich gefangen in einem kleinen Schüttelglas. Am Nachmittag gelange ich in das wunderschöne

Guonjarvaggi-Tal. Die Finnen markieren ihre Wege hier mit kleinen eckigen Holzpfosten, oben orange gestrichen und mit einem kleinen Schild, auf dem »Kalottiretti« – Nordkalottleden – steht. Bald schon kommt die Kuonjarjoki-Hütte in Sicht, in der ich gegen 17 Uhr den Schlafraum betrete und auf drei Frauen mit ihren Hunden treffe. Sie rücken ihr Gepäck zusammen, während draußen das Wetter verrücktspielt und es einen Hagelschauer gibt. Am Bach versuche ich später, noch eine eiskalte Dusche zu nehmen, aber das Wasser ist so fürchterlich kalt, dass mir beinahe das Herz stehen bleibt. Ich werde mich nie daran gewöhnen und ein cooler Abenteurer sein, der sich ohne mit der Wimper zu zucken zum Baden in eiskalte Fluten stürzt. Zumindest nicht in diesem Leben.

Am nächsten Morgen schäle ich mich aus dem warmen Schlafsack, ein dringendes Bedürfnis macht sich bemerkbar. Als ich durch das Fenster nach draußen schaue, glaube ich, noch zu träumen: Dort wo es gestern herbstlich bunt war, ist jetzt alles weiß! Über Nacht ist tatsächlich der erste Schnee gefallen und hat wie Zuckerguss die Landschaft überzogen. Ich stapfe durch den Schnee zum Plumpsklo und muss mich fast kneifen, so früh hatte ich nicht damit gerechnet. Und auch ein bisschen Panik macht sich in mir breit, darauf war ich nicht vorbereitet, ich sehe meine Felle davonschwimmen: Bei Schnee werde ich auf gar keinen Fall ohne Karte über das Nábár-Plateau gehen, egal wie schön es dort sein soll. Nicht mit mir, dafür bin ich ein viel zu großer Angsthase!

Erst mal verdränge ich diese negativen Gedanken, und nach dem Frühstück geht es dick eingepackt hinaus in die weiße Pracht. Unglaublich, als ich im Mai losgelaufen bin, fand ich noch große Schneefelder im Fjell vor, und nun liegen das Frühjahr, der Sommer und bald auch der Herbst schon wieder hinter mir, der Winter steht vor der Tür, und die Pfützen tragen den ersten frischen Panzer aus dünnem Eis. Ich hätte es nicht gedacht, aber es macht mir heute großen Spaß zu wandern. Es sind ja nur ein paar Zentimeter Schnee gefallen, und in den niedrigeren Lagen sieht es noch so aus wie gestern, ich bin erleichtert und habe mich schnell an den ungewohnten Anblick gewöhnt. In meinem Kopf weckt der Schnee sofort die Assoziation, dass damit auch das Ende meiner Wanderung nicht mehr so fern ist. Das ist natürlich Quatsch, auch bei den Verhältnissen kann ich noch locker eine ganze Weile laufen, ich muss nur die Handbremse im Kopf irgendwie lösen!

In der Pitsusjärvi-Hütte wache ich am nächsten Tag mit einem merkwürdigen Gefühl auf. Draußen liegt wieder Schnee, mehr noch als gestern. Vier Monate bin ich nun unterwegs, und heute wollte ich eigentlich am Nordkap ankommen – an meinem 32. Geburtstag. Die große Party fällt wohl aus, ich rechne nicht mit einem Überraschungsbesuch meiner Freunde und meiner Familie, obwohl das schon eine großartige Aktion wäre! Aber eigentlich ist mir das auch ganz recht, ich habe überhaupt keine Lust auf Trubel und ein ständig klingelndes Telefon. Stattdessen sitze ich mit einem finnischen Pärchen und Pekka, einem anderen Wanderer, samt seinem kleinen drahtigen Hund am Frühstückstisch. So ein Geburtstag weitab vom Schuss und ohne Nabelschnur hinaus in die Welt ist herrlich entspannend. Natürlich wissen die anderen am Tisch schon von meiner »Norge på langs«-Wanderung, wir haben uns gestern ausführlich darüber unterhalten. Pekka hat sogar eine Karte dabei, die mir helfen könnte. Ich habe sie bereits abfotografiert, man weiß ja nie. Und nun sitzen wir hier bei schummrigem Kerzenlicht, und die drei Finnen singen mir ein kleines Geburtstagsständchen! Ich verstehe kein Wort, bin aber trotzdem sehr gerührt. Dann geht alles wieder seinen geruhsamen, normalen Gang, und ich räume mal wieder mein ganzes Hab und Gut in den Rucksack – zum ungefähr einhundertzwanzigsten Mal auf dieser Wanderung.

Draußen zeigt sich ein beeindruckendes Bild, alles um mich herum ist weiß, und der Himmel verschmilzt gänzlich mit der Landschaft. Es wird nicht einmal richtig hell, was für eine sonderbar gedämpfte Stimmung. Das kenne ich sonst nur, wenn man daheim allein durch die vorweihnachtliche Dunkelheit läuft und es ganz plötzlich und leise anfängt zu schneien, ein völlig neues Wandergefühl, und das pünktlich zu meinem Geburtstag! Zuerst stapfe ich einen flachen Berg hinauf, warm eingepackt und mit einem großen Grinsen im Gesicht. Der herannahende Winter erscheint mir plötzlich gar nicht mehr bedrohlich, sondern einfach als eine weitere große Herausforderung. Nur eine Sache stört mich: In meinem mittlerweile beachtlichen Bart verfängt sich der Schnee und gefriert zu kleinen Eisklümpchen.

Ich komme gut voran, auch wenn sich das Wetter nicht verbessert. So unwirklich habe ich das Fjell noch nie erlebt, eine ganz neue Dimension tut sich vor mir auf. Durch ein schroffes Tal voller Geröll steige ich neben einem reißenden Bach zur Kopmajoki-Hütte hinab. Von hier aus ist es entlang des großen Somajavri-Sees bis zur gleichnamigen Hütte auf der norwegischen Seite nicht mehr weit. Irgendwo in zwei Kilometern Entfernung muss dann auch der große Grenzstein an der finnisch-norwegischen Grenze liegen. Nach einer kurzen Pause in der ungemütlichen kalten Kopmajoki-Hütte geht es weiter, ich möchte meinen restlichen Geburtstag lieber drüben in der norwegischen Hütte verbringen.

Nach der Pause ist es ziemlich unangenehm, sich wieder auf den Weg zu machen, der eisige Wind pfeift mir direkt um die Ohren. Ich ziehe die Mütze tiefer ins Gesicht und bin froh darüber, seit mehr als 2000 Kilometern warme Handschuhe mit mir herumzuschleppen – jetzt kann ich sie wirklich gut gebrauchen! Nach einer halben Stunde taucht auch schon der große, oben gelb angestrichene Grenzstein vor mir auf. Ein erhabener Moment: Der letzte Grenzübertritt auf dem Weg zum Nordkap ist geschafft. Mein Bart ist voller Eis, als ich dort ankomme und stolz ein paar Fotos mache. Doch dann wird mir zu kalt, und ich laufe die wenigen Hundert Meter weiter zur norwegischen Somashytta.

Die Hütte ist sehr einfach gehalten, hat aber alles, was man braucht. Nur Gas und Kocher sollte man selbst mitbringen, beides ist nicht vorhanden. Nachdem ich den Ofen angeworfen habe, gehe ich zum etwas weiter entfernten breiten Bach, um Wasser zu holen. Sollte ich morgen auf direktem Weg zur Nedrefoss-Hütte laufen, müsste ich den Bach hier furten. Ich nutze die Gelegenheit, suche schon mal nach dem passenden Weg und markiere ihn vorsichtshalber mit einigen großen Steinen, dann mache ich mich mit dem schweren Wasserkanister auf den Weg zurück zur Hütte und döse erst einmal eine Weile im Bett vor mich hin. So ein ruhiger Geburtstag ohne den sonst üblichen Stress ist schon etwas Schönes! Lediglich ein Sámi stört am späten Nachmittag die Ruhe, sein Quad höre ich schon lange, bevor die Tür aufgeht und der Mann in der Stube steht. Er sucht nach einzelnen Rentieren, die sich vor der Wanderung zu den Winterweidegründen versteckt halten. Leider habe ich keine Rentiere gesehen, versuche ich dem älteren Mann zu erklären, der kein Englisch spricht. Mit Händen und Füßen versteht er mich dann schließlich doch, steigt wieder auf sein Quad und braust zusammen mit seinem Hund davon ins weite Fjell.

Dann habe ich die Hütte wieder für mich allein, es dämmert bereits und fängt erneut an zu schneien. Am Fenster, auf der Eckbank mit den Sprossen, ist es gemütlich, die Hütte ist schön warm, und mit der Kerze auf dem Tisch kommt sogar ein wenig feierliche Geburtstagsstimmung auf. Ich schaue auf meine Karte, die noch bis zum Reisadalen reicht. Warum mache ich mich eigentlich verrückt? So schlimm sieht das doch gar nicht aus – zumindest bis zum Abstieg ins Tal. Aber wenn ich erst mal dort bin, wird sich bestimmt auch dafür ein Weg finden. Ich bin nicht die letzten 123 Tage hierher gelaufen, um jetzt die Hosen gestrichen voll zu haben. Der Ehrgeiz packt mich, es wäre schon cool, wenn ich das schaffen würde. Kurz darauf habe ich das GPS-Gerät mit einigen Wegpunkten gefüttert – ich habe beschlossen, es morgen auf dem direkten Weg zur Nedrefosshytta zu versuchen. Mann oder Memme, manchmal helfen die doofen Sprüche.

Zum Abendessen gebe ich zur Feier des Tages einen extra großen Löffel Butter in mein leckeres Wildeintopf-Fertiggericht. Es ist reichlich ungewohnt, dass das Telefon heute nicht durchgehend klingelt, und auch meine Familie fehlt mir, aber so ist das eben, ich habe es mir selbst ausgesucht. Ansonsten vermisse ich nichts, schließlich habe ich doch das größte Geschenk überhaupt bekommen: Ich darf diese Wanderung unternehmen und fühle mich frei wie nie.

Nach der rauschenden Geburtstagsparty werde ich heute zeitig und ohne Kater wach. Als ich nach draußen in den Schnee schaue, kehren meine Zweifel zurück, aber kneifen gilt nicht. Bin ich nun ein krasser Abenteurer oder nicht? Dick eingepackt, stapfe ich los, der Schnee knirscht unter meinen Füßen. Rasch lasse ich die Furt hinter mir, den passenden Weg habe ich ja gestern schon erkundet. Die Orientierung fällt mir leicht, das Gelände ist sanft, und man kann weit über die Hügel hinweg bis zum Nábár-Plateau blicken. Dort wird allerdings noch einiges auf mich zukommen, es sieht von hier ziemlich grau, eiskalt und feindselig aus. Gut, dass diese Aufgabe, sollte ich mich wirklich dafür entscheiden, erst morgen auf dem Programm steht. Als ich meinen Weg fortsetze, streifen plötzlich einzelne Rentiere um mich herum.

Im weiten Ganesjohka-Tal wartet ein reißender Bach auf mich, den ich überqueren muss, aber die Geschwindigkeit, mit der das Wasser hier durch das ausgewaschene Bett zwischen den Felsen rauscht, flößt mir ungeheuren Respekt ein. Zufällig entdecke ich eine Stelle, bei der es mir möglich erscheint, schnell auf die andere Seite zu wechseln. Hier verjüngt sich der Bach, ist nur etwa zwei Meter breit und rauscht über eine Felskante einige Stufen hinab in ein riesiges tiefes Becken. Wenn ich meinen ganzen Mut zusammennehme, mache ich entlang der Kante zwei große Schritte und bin drüben. Ohne weiter darüber nachzudenken, suche ich mit meinen Trekkingstöcken Halt im reißenden Bach und setze den ersten Fuß ins eiskalte Wasser. Es reicht mir bis knapp über die Stiefel, und ich spüre sofort und ohne Vorwarnung seine Wucht. Zum Glück scheinen die Felsen am Bachgrund hier nicht allzu glitschig zu sein, also wage ich es, meinen zweiten Fuß hineinzusetzen. Noch ein schneller Schritt, und schon bin ich drüben. Kalter Schweiß läuft mir den Rücken hinunter, Adrenalin schießt mir durch den Körper, und mit leichter Euphorie erklimme ich den nächsten Bergrücken. Zwischen den krüppeligen Birken streifen immer wieder Rentiere umher und erschrecken mich zu Tode. Ich folge meinem GPS und komme gut voran – nur um kurz darauf festzustellen, dass ich den Umgang mit diesem Gerät wohl noch üben muss. Statt auf das GPS zu hören, habe ich mich zwischendurch an einem Bergrücken orientiert und mich etwas verstiegen.

Nach einer Ehrenrunde von zwei Kilometern gelange ich dann in den dichten Birkenwald, der mir den Weg ins tief eingeschnittene Reisadalen weist. Hinter jedem Baum in diesem dichten Dschungel aus niedrigen Sträuchern und matschigen Flächen vermute ich einen großen Bären oder ein Rudel hungriger Wölfe. Meine Fantasie geht offenbar mit mir durch, denn es sind bloß Rentiere, die mir auch hier im Wald immer wieder begegnen. Haben mir die nordischen Götter die Tiere als Geleitschutz gesandt? Keine Ahnung, ich schlage mich weiter durch das Gestrüpp und stehe plötzlich vor einem Abhang: Vor mir geht es mindestens fünfzig Meter steil hinab! Heilige Scheiße! Im Nebel möchte ich hier nicht durchstolpern. Ich laufe fluchend die Abbruchkante entlang, laut GPS ist die Hütte nur noch zwei Kilometer entfernt. Im Glauben, besonders clever zu sein, folge ich einem Bach in eine steile Klamm, um dann abermals vor einer schroff abfallenden Kante mit einem imposanten Wasserfall zu stehen. Geordnet ziehe ich mich aus der Klamm zurück, kämpfe mich den rutschigen Hang hinauf und orientiere mich doch lieber an der Abbruchkante.

Vor mir taucht erneut ein steiles Schuttfeld auf, das hinab in einen Wald führt, in dem sich die Hütte befinden muss. Vorsichtig lasse ich einen großen Stein die rund hundert Meter herabrollen. Der Stein rutscht eher, als dass er immer schneller nach unten rollt. Was soll's, ich habe ehrlich gesagt die Schnauze voll und keine Lust darauf, hier den restlichen Nachmittag suchend durchs Unterholz zu kriechen. Ich setze alles auf eine Karte und betrete das Schuttfeld. Dabei höre ich das Blut in meinen Ohren rauschen, während mein Mund ganz trocken ist. Schon nach dem ersten Schritt rutsche ich kurz weg, kann mich aber gleich wieder fangen. Ich merke, wie ich nach und nach die Kontrolle zurückgewinne, und rutsche fast wie ein Skifahrer den steilen Hang hinab. Unten steht abermals ein Rentier und beobachtet voller Neugier meinen Stunt. Völlig euphorisch erreiche ich den Wald, in dem sich die nahe Hütte befindet. Ich muss lachen. Schade, dass ich das nicht mit einer Helmkamera gefilmt habe. Das wäre sicher eines dieser coolen Internetvideos geworden, mit denen sich krasse Outdoorsportler so gerne selbst feiern – nur mit dem Unterschied, dass ich mir dabei fast in die Hosen gemacht habe.

Trotz Euphorie schwebe ich dann allerdings nicht gerade über die glitschigen Felsen im Wald, sondern lege mich der Länge nach hin und überschlage mich selten komisch mitsamt meinem Rucksack. Spätestens jetzt wäre das Video ein Hit. Nachdem ich nun wieder mit beiden Beinen auf dem Boden stehe, schüttele ich mich kurz und suche die große Nedrefosshytta, die sich am Ufer des Reisaelva in den Wald duckt. Die Hütte liegt idyllisch direkt am Fluss, auf der anderen Seite ragen steile Felsen über hundert Meter auf. Einfach fantastisch, man kann sogar mit dem Boot hierher gelangen.

In der Nedrefosshytta mache ich es mir gemütlich. Das Hüttenbuch berichtet von riesigen Lachsen, die man direkt an der Hütte aus dem Fluss holen kann. Ich lese zudem von einigen

NPL-Wanderern und anderen Verrückten: Zwei Jungs sind tatsächlich mit einem Handkarren, einer Art Offroad-Bollerwagen, in vier Tagen von hier bis nach Alta gelaufen. Wenn die es geschafft haben, hier einen Weg hinauszufinden, dann sollte ich das auch hinbekommen.

Den Nachmittag verbringe ich damit, mir die verbliebene Karte und die Computerausdrucke anzuschauen. Zum Glück ist mein GPS-Gerät mit einer topografischen Karte versehen, so habe ich wenigstens die Möglichkeit, mich auf dem winzigen Display mit dem Gelände des Nábár-Plateaus auseinanderzusetzen. Aus diesen Puzzlestückchen stelle ich mir eine Route zusammen, die mir logisch erscheint. Morgen will ich versuchen, einen gangbaren Weg aus diesem engen Canyon zu finden, um dann einem langen Rentierzaun zu folgen. Durch diese langen Zäune trennen die Sámi ihre Herden, manchmal die von einzelnen Besitzern oder auch die verschiedener Ortschaften. Die entsprechenden Wegpunkte für die morgige Etappe speichere ich im GPS ab. Mein Entschluss steht fest: Ich werde es auf direktem Wege nach Alta versuchen; weder habe ich Lust auf den langen Umweg über Kautokeino, noch möchte ich den Bogen über Máze laufen. Der Wintereinbruch mahnt mich zu einer gewissen Eile.

Meine Güte, es sind nur noch hundert Kilometer und vier Tage! Wenn ich mich zusammenreiße und keinen Blödsinn mache, kann ich schon bald wie ein König in Alta einmarschieren und meinen Erfolg feiern. Und dann habe ich »Norge på langs« fast geschafft, da kann mich auch der Winter nicht mehr ärgern, zur Not laufe ich von dort aus den Rest auf einer Arschbacke ab, immer die Landstraße entlang. Aber bis dahin heißt es, die Strecke von Iserlohn nach Köln ohne vernünftige Papierlandkarte zu bewältigen, was für eine Vorstellung. Es wird weder Wege noch Markierungen geben, und es wird dort vermutlich auch niemand unterwegs sein – abgesehen von mir, dem »Norge på langs«-Wanderer mit der gestrichen vollen Hose.

Am nächsten Morgen beginnt das große Abenteuer. Ich kontrolliere alles mehrmals und überprüfe auch, ob ich nichts in der Hütte vergessen habe. Im Hüttenbuch vermerke ich vorsichtshalber meinen Plan, denn ganz wohl ist mir bei der Sache noch immer nicht. Aber was soll schon passieren? Ich habe genügend Proviant im Rucksack, und wenn es ganz hart kommt, dann habe ich immer noch den Notfallsender dabei.

Mit einem Stoßgebet verabschiede ich mich von der Hütte und überquere auf einer Hängebrücke den Fluss. Mein Weg führt mich ein Stück flussaufwärts, dort habe ich auf der Karte einen weniger steil aussehenden Bereich gefunden. Mit ein wenig Glück und Geschick komme ich dann auf das Plateau und kann mich von dort aus Richtung Alta begeben. Das Reisadalen ist unfassbar schön, in dem engen Tal stehen direkt am Fluss riesige Kiefern, und von den steilen Berghängen rauschen schmale Wasserfälle hinab. Eine urwüchsige Natur voller Kraft, durch die ich hier andächtig wandere. Nach drei Kilometern am Fluss wird es für mich ernst, es geht kurz hinter dem steilen v-förmigen Bacheinschnitt des Imojohka einen Berghang hinauf und raus aus dem Tal. Der Weg durch den lichten Birkenwald ist immer noch steil, aber ich finde mich gut zurecht und komme ordentlich ins Schwitzen, während ich schnell an Höhe gewinne. Schon bald kann ich über das tiefe Tal hinweg in die Richtung blicken, aus der ich gestern gekommen bin. Mir fällt ein Stein vom Herzen, offenbar habe ich auf Anhieb den richtigen Weg gefunden. Zur Belohnung streiche ich immer wieder einige überreife Blaubeeren von den Sträuchern ab, die hier reichliche Früchte tragen. Bald sind meine Hände blau gefärbt, aber die vom Frost der Nacht noch leicht gefrorenen Beeren schmecken einfach himmlisch!

Nach einer kurzen Pause geht es ins weglose Fjell, zuerst gilt es den weiten Hügel Duorsi östlich zu umrunden. Meine Laune wird immer besser, ich fühle mich sicherer und genieße die klare kalte Luft in vollen Zügen. Wenig später gelange ich zu einem Rentierzaun, den die Sámi hier aufgestellt haben. Ich bin überrascht, in der Ferne ein kleines Camp von ihnen zu sehen, anscheinend suchen sie hier vor dem Winter nach ihren Tieren.

Ich lasse die Leute in Ruhe und folge dem Zaun in einigem Abstand. Mittlerweile hat ein leichter Graupelschauer eingesetzt, das Wetter ändert sich hier im Minutentakt. Es geht sanft bergan, ich folge der Weisung meines GPS zum nächsten Wegpunkt, den ich gestern einprogrammiert habe. Plötzlich bin ich umringt von Rentieren, die sich kurz darauf in einigem Abstand von mir gruppieren. Der Schnee rieselt, vereinzelte Sonnenstrahlen durchbrechen die Wolkendecke. Ich bleibe stehen und beobachte die Tiere. Was haben sie vor? Plötzlich lösen sich zwei große Rentierbullen aus der Gruppe, treten mit ihren imposanten Geweihen vor die anderen und stellen sich offenbar zum Kampf auf. Unter meiner Jacke und dem dicken Pullover läuft mir ein Schauer über den Rücken. Die Bullen scharren mit den Hufen, senken die Köpfe mit den Geweihen und gehen dann aufeinander los. Sie kämpfen miteinander, direkt vor meinen Augen. Völlig fasziniert stehe ich nur da und kann mein Glück kaum fassen: Ich bekomme eine Privatvorstellung der Rentiere geboten, was für ein erhabener Anblick in dieser rauen Umgebung mit der fast magischen Schneestimmung! So plötzlich, wie die Tiere aufgetaucht sind und gekämpft haben, so schnell sind sie auch wieder verschwunden. Ich habe den Eindruck, in einen Dokumentarfilm geraten zu sein – nur dass mich meine laufende Nase und die Kälte, die mir langsam in die Knochen kriecht, wieder daran erinnern, wo ich mich gerade befinde.

Ich folge dem Rentierzaun weiter hinein ins Fjell. Nach einer Weile sind die Steine unter meinen Füßen mit einer rutschigen Schneeschicht überzogen. Während ich meine Position überprüfe, stelle ich frustriert fest, dass ich viel zu weit nach Osten gelaufen bin – es gibt hier offenbar einen weiteren Rentierzaun, der in eine völlig andere Richtung führt. Mittlerweile ist es eiskalt geworden. Zudem bin ich etwas zu hoch aufgestiegen. Fluchend behalte ich jetzt das GPS in der Hand, peile den nächsten Wegpunkt an und gelange wieder in die richtige Richtung. Es ist schon später Nachmittag, und die Dämmerung setzt immer früher ein. Die dunklen Schneewolken mahnen mich außerdem dazu, nicht mehr allzu weit zu gehen, wenn ich mein Zelt nicht im Schneegestöber aufbauen möchte.

Kurz vor dem Mollejusgobejávri-See beschließe ich gegen 17 Uhr den ersten Wandertag. Das Zelt ist rasch aufgebaut, aber da die Heringe im Boden keinen Halt finden, muss ich einige große Gesteinsbrocken benutzen, um es einigermaßen abzuspannen. Schon bald rieselt Schnee herab und verbreitet im Zelt eine fast besinnliche Stimmung. Ich ziehe mir einen kuscheligen Pullover und die dicken Wollsocken an und verkrieche mich rasch im warmen Schlafsack. So eingemummelt bereite ich mir auch mein Abendessen zu und trinke dabei einen heißen Tee. Nach dem Abendessen mit viel Butter in meinem Fertiggericht gibt es noch einen Instantkaffee, während ich mein Tagebuch um die Erlebnisse des heutigen Tages ergänze. Wenn es so weitergeht, bin ich guter Dinge, es auf dem direkten Weg bis nach Alta zu schaffen. Um kurz nach acht Uhr habe ich alles erledigt und höre mir auf dem iPod noch ein Hörbuch an. Es ist schon ein komisches Gefühl: Mitten in Lappland steht verloren im Nichts ein winzig kleines Zelt, schwach erleuchtet von der Stirnlampe seines Bewohners. Aber das Gefühl ist weder bedrohlich, noch habe ich Angst, stattdessen fühle mich unendlich frei. Ich bin froh, diesen Weg eingeschlagen zu haben. Wenn ich das hier schaffe, habe ich eine enorme Herausforderung gemeistert, von der ich nie gedacht hätte, sie je zu bewältigen. Die vier Tage, die hier vor mir liegen, könnten zu etwas ganz Großem für mich werden.

Als ich am nächsten Morgen aufwache, höre ich schon, dass es draußen schneit. Der Blick hinaus aus dem Zelt verspricht kein gutes Wetter. Nach dem Frühstück verstaue ich das Zelt und packe meinen Rucksack, alles ist feucht und klamm. Die Kälte treibt mich an, endlich in Schwung zu kommen. Der Tagesbeginn verlangt mir einiges ab. Wolken verhüllen die Landschaft, und ich laufe immer wieder durch dichten Nebel. Ich kann mich kaum orientieren, sondern muss mich komplett auf das GPS und den Kompass verlassen. Ein merkwürdiges Gefühl. Ich laufe zwar einige Umwege, weil ich die Peilung zu den einzelnen Wegpunkten jedes Mal falsch interpretiere, aber trotz meines Zickzackkurses klappt es erstaunlich gut. Auf der Landkarte muss meine Route aussehen wie die Herzlinie auf dem EKG: voller Zacken und mit heftigen Ausschlägen.

Leider kann ich durch die schlechte Sicht einzelne Hindernisse nicht von vornherein umgehen, und so fluche ich in einem weiten Feld voller Blockwerk wie ein Rohrspatz, bevor ich es endlich hinter mir lassen kann. Zum Nachmittag verziehen sich die Wolken dann immer mehr, und ich erreiche das eigentliche Nábár-Plateau rund um den gleichnamigen Berg, der hier bis auf 918 Meter in die Höhe ragt. Um mich herum äsen unzählige Rentiere, ein einmaliger Anblick, wenn sie sich vor dem flachen Horizont mit ihrer Silhouette abheben. Der Blick in die Ferne ist gewaltig, ein beinahe episches Gefühl von Freiheit und Alleinsein breitet sich in mir aus. Im Umkreis von fünfzig Kilometern bin ich vermutlich der Einzige, der hier unterwegs ist – von den Rentieren mal ganz abgesehen. Wieder kommt mir Eddie Vedders Song in den Kopf. Im Moment fühle ich mich einfach großartig, ich vermisse nichts. Die Weite ist so unglaublich, man fühlt sich unendlich klein und unbedeutend hier. Aber einschüchternd ist dieses Empfinden keinesfalls, ganz im Gegenteil, es lehrt einem, Demut gegenüber der Natur zu haben. Voller tiefer Zufriedenheit stapfe ich ehrfürchtig durch die Ebene und bin der glücklichste Mensch der Welt! Martin werde ich ewig dankbar dafür sein, dass er mir Mut zugesprochen hat, diesen Weg einzuschlagen.

Zweifellos ist das bis jetzt der schönste Augenblick der Wanderung. Nach 125 Tagen bin ich vollkommen zufrieden und begreife nun so richtig die Dimension von »Norge på langs«! Es geht nicht um einen selbst und sein eigenes Ego, nein, vielmehr wird man von der Natur nach einer so langen Zeit einfach komplett in seine Einzelteile zerlegt und dann wieder völlig neu zusammengesetzt. Alles wird sozusagen neu miteinander verbunden und verkabelt, der Arbeitsspeicher wird komplett neu eingestellt, und das Betriebssystem bekommt ein faszinierendes Update. Dieser ganze Prozess macht mit einem etwas beinahe Magisches, das begreife ich hier in Nábár.

Wie soll ich das bloß irgendwann jemandem auch nur ansatzweise erklären können? Diese Empfindung ist so groß, dass dahinter irgendeine Macht stehen muss. Ich bin weit davon entfernt, ein sehr gläubiger oder spiritueller Mensch zu sein. Aber die Demut und Zufriedenheit, die sich gerade bei mir einstellt, muss ja irgendwo herkommen. Das kann mir niemand mit Naturgesetzen erklären, das muss man spüren, erleben, erfahren. Gegen 17 Uhr baue ich mein Zelt an einem kleinen Bach auf, der in den großen Badajávri mündet. Nábár hat mich neu geeicht, ich fühle mich unglaublich wohl dabei, hier an diesem Flüsschen mitten im Nirgendwo vollkommen auf mich allein gestellt zu sein.

ALTA!
Badajávri – Skaidi

Sonntagmorgen, halb acht: Ich wache ausgeschlafen auf. Draußen plätschert der Bach weiter beruhigend vor sich hin, und hier im Zelt ist es dank des warmen Schlafsacks sehr gemütlich. Beim Gedanken daran, heute vielleicht schon bis kurz vor Alta zu gelangen, schmeckt mir zur Abwechslung sogar das ungeliebte Müsli. Dann wandert mein kompletter Hausstand wieder in den Rucksack. Beim Einpacken frieren mir allerdings fast die Hände ab, ohne Handschuhe geht heute gar nichts.

Gestern Abend habe ich auf dem GPS-Gerät ein wenig an den Einstellungen herumgespielt und dabei auf der elektronischen Karte einen kleinen Pfad in maximal dreißig Kilometern Entfernung entdeckt, der auf ungefähr zwanzig Kilometer Länge von der nächsten Straße bis weit hinein ins Fjell führt. Rasch habe ich meine Route entsprechend angepasst. Wenn ich diesen Weg tatsächlich finde, dann bin ich morgen Abend in Alta. Beflügelt von dieser Aussicht, gehe ich los, rasch stellt sich das überragend gute Gefühl von gestern Nachmittag wieder ein. Um mich herum sehe ich wieder überall Rentiere, die friedlich äsend auf den nahenden Winter warten. Der Boden ist matschig und von vielen kleinen Bächen durchzogen, die ich überqueren muss. Eine kleine Herausforderung sind die vielen Seen; da es hier kaum Erhebungen gibt, kann ich von Weitem nicht abschätzen, wie groß sie sind. Nimmt man den falschen Weg, muss man unter Umständen einen größeren Umweg in Kauf nehmen. Die Weite und die Freiheit dieser Landschaft wirken sich wie eine Droge auf mich aus, alles ist so ruhig und fast schon andächtig. Nur ab und an gluckert ein kleiner Bach, ansonsten ist das Rascheln meiner Kleidung das einzige Geräusch. Immer wieder bleibe ich stehen und drehe mich ungläubig um die eigene Achse, ich kann kaum fassen, wo ich mich gerade befinde. Ein Sonntagmorgen, wie ich ihn mir nicht schöner vorstellen könnte!

Kurz darauf erreiche ich einen Rentierzaun, dem ich längere Zeit folge, bevor ich gegen Mittag eine Pause im Windschatten eines Felsens einlege. Leider wird mir schnell kalt, das Wetter lädt nicht gerade zum Verweilen ein. Weiter geht es also einen Bergrücken hinauf, von dem man eine spektakuläre Aussicht hat. Hier sind die Pfützen noch von der kalten Nacht mit dünnem Eis überzogen, das sofort klirrend zerspringt, wenn man es betritt.

Schon lange habe ich mir vorgenommen, ein möglichst großes Rentiergeweih von meiner Wanderung mit nach Hause zu bringen, so ein richtig großes mit vielen Verästelungen und einer riesigen Schaufel. Bislang war es mir zu kompliziert und zu schwer, die ganze Zeit so ein Geweih mitzuschleppen. Aber jetzt ist es mir egal, es sind nur noch maximal zwei Wochen bis zum Nordkap, und morgen Abend bin ich in Alta – es ist also die Zeit gekommen, mir ein schönes Exemplar zu suchen. Die Geweihe der Rentiere liegen einfach im Fjell herum, nachdem sie von den Tieren einmal im Jahr abgeworfen werden. Ich suche nicht direkt danach, sondern halte einfach entlang meines Weges Ausschau.

An der höchsten Stelle des Bergrückens angekommen, zeigt mir die Natur, wie bezaubernd schön sie hier ist. Vor mir erstrecken sich sanfte Hügel und Berge in gelben und hellen braunen Tönen, dazwischen liegt ein tiefblauer, lang gezogener See. Die Luft ist klar und eiskalt, die Sonne kommt strahlend heraus, vermag es aber nicht mehr, mich richtig aufzuwärmen. Ich stelle mich auf einen großen Felsen, um die Aussicht zu genießen, als plötzlich um mich herum unendlich viele kleine Eiskristalle durch die Luft tanzen. Es funkelt und glitzert überall – ein märchenhafter Moment!

Es geht weiter durch eine weite Ebene, an deren Ende sich der Weg befinden muss, der mich bis zur Straße nach Alta führen soll. Die magische Stimmung begleitet mich weiter, ich kriege mich kaum ein vor lauter Glücksgefühlen. Wenig später entdecke ich ein prächtiges Geweih, das mitten vor mir auf dem Fjellboden liegt. Es ist groß und entspricht genau meiner Vorstellung von einem perfekten Souvenir. Mit einer Schnur befestige ich das sperrige Ding außen an meinem Rucksack. Meine ganz persönliche Trophäe, der Pokal, der mich immer an die große Herausforderung und die raue Schönheit der Gegend rund um Nábár erinnern wird. Auf einem Hügel in einiger Entfernung zeichnet sich bald darauf der Weg ab, den ich finden wollte. Von nun an kann ich ihm folgen, es ist eine selten frequentierte Quad-Spur, die offenbar von den Sámi benutzt wird, wenn sie nach ihren Rentieren schauen wollen. Mir fällt ein riesiger Stein vom Herzen, ich habe das Gefühl, der Ball würde auf dem Elfmeterpunkt liegen und müsste von mir nur noch verwandelt werden. Ich folge dem Weg über weite Terrassen aus losem Kiesboden und bin unglaublich stolz auf mich, es geschafft zu haben.

Ein kleiner Bergzug in der Ferne soll, wie ich beim Blick auf das GPS sehe, mein Tagesziel sein. Wenn ich Glück habe, kann ich von dort aus sogar schon Alta erkennen und vielleicht auch das Meer, wie zuletzt vor 127 Tagen am Kap Lindesnes. Diese Aussicht treibt mich an, nach einer kurzen Pause laufe ich Kilometer um Kilometer weiter und komme meinem Tagesziel immer näher. Noch einmal muss ich einen breiten Bach überqueren, aber die Furt bereitet mir keine Probleme, nichts kann mich heute mehr bremsen. Langsam verschwindet die Sonne hinter den Bergen, die flachen Strahlen haben kaum noch Kraft, es wird rasch kalt. Ich lege noch einen Zahn zu, der Kilometerstand auf dem GPS zeigt für heute schon weit mehr als 25 Kilometer an.

Plötzlich bleibt mein Blick an einem merkwürdigen rot-türkisen Würfel in einiger Entfernung hängen. Was zum Henker ist denn das? Ein Zelt? Oder spielen mir meine Sinne jetzt einen Streich? Neugierig gehe ich näher heran und erkenne, was es ist: das abgetrennte türkise Hinterteil eines alten VW-Bullis ohne Fahrwerk.

Direkt nach der Fahrerkabine wurde es abgeschnitten und mit einem roten Blech zugeschweißt. Über die Heckklappe kann man nach innen gelangen, und ein kleines rundes Loch im Dach verrät mir, dass es wohl auch mal einen Ofen gab. Dieses außergewöhnliche Gebilde ist wahrscheinlich ein Unterschlupf für Sámi, die hier im Fjell unterwegs sind. Sofort kommt mir das Bild vom »Magic Bus« in den Kopf, vor dem Christopher McCandless in Alaska für sein letztes Foto gesessen hat.

Ich muss allerdings rasch weiter, sonst wird es richtig kalt und dunkel, bevor ich mein Zelt aufgebaut habe. Als ich schließlich oben auf dem Bergzug ankomme, muss ich trotzdem kurz innehalten, mich auf meine Trekkingstöcke stützen und den Blick genießen: auf das Meer, den türkisfarbenen Altafjord! Ein paar Freudentränen rinnen mir über die Wangen, mit meinen Handschuhen wische ich sie beiseite. Ich kann es kaum fassen: Alta, Alter! Und das zu Fuß! Unglaublich! »Wenn du Alta erreicht hast, dann hast du ›Norge på langs‹ geschafft«, so geht ein Spruch unter NPL-Wanderern.

Kopfschüttelnd und voller Vorfreude auf morgen schalte ich mein Handy an, vielleicht habe ich ja hier oben schon Empfang. Tatsächlich erscheinen kurz darauf einige Balken auf dem Display, die die Signalstärke angeben. Dann spuckt mein Telefon die ersten Nachrichten aus – die vielen Gratulationen zu meinem Geburtstag haben endlich ihren Weg zu mir gefunden. Die Glückwünsche rühren mich so sehr, dass mir sofort wieder die Tränen kommen. Es ist schön zu lesen, dass meine Familie und Freunde meine Reise gebannt verfolgen und mir die Daumen für mein großes Ziel drücken. Ich muss mich richtig zusammenreißen, um weiterzugehen und mir endlich einen Zeltplatz zu suchen, sonst bricht die eisige Nacht herein, bevor ich eine passende Stelle gefunden habe.

Ein wenig weiter bietet sich oberhalb eines kleinen Sees eine geeignete Stelle zum Zelten an, die Handgriffe sitzen trotz meines Gefühlschaos, sodass mein Lager im Handumdrehen aufgebaut ist. Die Sonne ist bereits lange hinter den Bergen verschwunden, als ich im letzten Dämmerlicht noch rasch am See Trinkwasser hole. Es ist bitterkalt, der klare Himmel gibt die ersten Sterne und den hellen Mond preis. Ich will nur noch in den warmen Schlafsack und mir beim Abendessen und einem heißen Tee alle Glückwünsche in Ruhe durchlesen. Es dauert eine Weile, bis ich mich wieder aufgewärmt und meine Emotionen im Griff habe. Meine Gedanken lassen sich nur schwer ordnen, alles rast in meinem Kopf.

Nach einer Weile stört meine Blase die nachdenkliche Stimmung, ich muss dringend nach draußen und den Tee wegbringen. Es kostet einiges an Überwindung, aus dem gemütlichen Schlafsack zu krabbeln und nach draußen zu gehen. Als ich den Reißverschluss des Vorzeltes mit einem Surren öffne, stockt mir der Atem: Eiskalte Luft strömt mir direkt ins Gesicht, und über den Schatten der Berge erhellen grüne Nordlichter das sternenklare Himmelszelt. Sofort ziehe ich hektisch alle dicken Klamotten an, die ich finden kann, und stürze nach draußen. Schnell ist der Tee weggebracht, und ich starre ungläubig in die Nacht. Nach den wundervollen letzten Tagen ist das die absolute Krönung.

Es ist so kalt, dass ich umherhüpfe, um überhaupt etwas warm zu bleiben. Ich habe für solche Temperaturen einfach nicht die passende Kleidung dabei, um länger und in aller Ruhe draußen Nordlichter zu beobachten. Ich zittere am ganzen Körper, versuche Fotos zu machen und bekomme den Mund vor lauter Staunen nicht mehr zu. Das ist die Belohnung dafür, dass ich mich der Herausforderung Nábár und Reisadalen gestellt habe! Der funkelnde Sternenhimmel und die Nordlichter jagen mir eine Gänsehaut nach der anderen über die Arme! Irgendwann bin ich so durchgefroren, dass es nicht mehr anders geht und ich mich in den Schlafsack zwingen muss. Was für ein Tag!

Um sieben Uhr wache ich am nächsten Morgen auf, und es ist saukalt. Die Sonne geht langsam über den Bergen auf und schickt die ersten Strahlen auf mein von Raureif überzogenes Zelt. Feine

Eiskristalle haben sich unter dem Außenzelt gebildet und funkeln auf, bevor ihnen die Sonne den Garaus macht. Meine Stiefel sind in der Apside zu Steinen aus Leder und Gummi gefroren, in meinem Wasserbeutel hat sich Eis gebildet. Die Nacht war richtig kalt, aber in meinem dicken Daunenschlafsack ist es immer noch schön warm. Mit der Mütze auf dem Kopf mache ich mich daran, Wasser für einen heißen Tee und das Müsli aufzukochen. Als ich endlich den Tee in den klammen Händen halte, steigt die orangene Sonne über den Hügeln empor und sorgt für eine unglaublich schöne Morgenstimmung. Feiner Dunst erhebt sich vom gefrorenen Fjellboden, und langsam verschwindet der Reif von der der Sonne zugewandten Seite meines Zeltes. Was für eine Gnade, das erleben zu dürfen! Ich bin total überwältigt und kann mich dieser Stimmung einfach nicht entziehen, ganz egal, wie oft ich sie auf dieser Tour schon erlebt habe. In diesem Moment gibt es nichts Schöneres, als im Schlafsack zu liegen, Tee zu trinken und dabei den kompletten »Into the Wild«-Soundtrack von Eddie Vedder zum Frühstück zu hören.

Kaum ist der letzte Ton verklungen, hat mich der Weitwanderalltag wieder, und ich mache mich daran, mein Zeug einzupacken. Als ich in die gefrorenen Stiefel steige, ist der Spaß endgültig vorbei, denn meine Füße sind ganz schnell taub vor Kälte. Als hätte ich schwere Taucherschuhe an, laufe ich vorsichtig in der Morgensonne los. Als erstes Zeichen der nahen Zivilisation entdecke ich kurz darauf einen Pick-up am Wegesrand, der Besitzer hat ihn vermutlich hier abgestellt, um dann ins Fjell zu laufen. Der Weg führt mich immer weiter hinab zur Landstraße, bald schon verschwindet die offene Fjelllandschaft, und es geht in einen lichten Kiefernwald. Der Weg wird breiter und verästelt sich immer mehr. Weit kann die Straße nicht mehr entfernt sein, Hinweisschilder und erste Hütten kommen in Sicht. Kurz vor Mittag ist es dann geschafft: Ich habe wieder Asphalt unter meinen Füßen! Was für unfassbare Tage liegen seit Kilpisjärvi hinter mir, und jetzt geht es tatsächlich nach Alta, ich habe die große Herausforderung gemeistert! Das Gefühl ist grandios, es gilt nur noch, nach Alta hineinzulaufen und eine passende Unterkunft zu finden, mindestens ein Ruhetag und ein ausgiebiger Besuch am Pizzabuffet warten auf mich!

Die Euphorie wird allerdings gleich wieder von meinen schmerzenden Füßen ausgebremst, der Asphalt zeigt schnell seine Wirkung und erinnert mich daran, dass es ein langer und harter Weg bis hierher war. Es dauert eine Ewigkeit, bis ich kurz vor Alta den Campingplatz am Fluss erreiche. Die Hotels in der Stadt wären zwar schön, übersteigen jedoch mit ihren Zimmerpreisen mein Budget um ein Vielfaches. Der große Alta-River-Campingplatz liegt etwas außerhalb und macht einen guten Eindruck auf mich. Es dauert eine Weile, bis ich auf dem Gelände, das wie ausgestorben wirkt, jemanden finde. Die finnische Betreiberin Sirpa gibt mir ein gemütliches Zimmer in einem kleinen Häuschen mit Blick auf den Fluss. Von Sirpa kann ich mir auch ein Fahrrad ausleihen, um zum Einkaufen direkt in die Stadt zu radeln. In Alta gibt es fast 12 000 Einwohner, und ich bin verwirrt: Die vielen Autos und das für hiesige Verhältnisse riesige Einkaufszentrum mit mehreren Etagen stressen mich total.

Ich finde mich komplett verloren im großen Supermarkt wieder, alles um mich herum scheint sich zu drehen, und ich kann mich nicht zwischen den zwanzig Pizza- und fünfzig Käsesorten entscheiden. Gestern wäre ich noch froh über irgendeine Pizza gewesen, jetzt machen mich die riesige Auswahl und der Überfluss total fertig. Irgendwie wähle ich ein paar Sachen aus und sehe zu, das Stadtzentrum fluchtartig wieder zu verlassen, um mich in mein kleines Zimmer zurückzuziehen. Ich will nur noch meine Ruhe haben und allein sein, den ganzen Rummel ertrage ich heute noch nicht. Mit einer großen Portion Kartoffelsalat, einer Pizza, Chips und Cola beschließe ich den Abend. Ich habe es tatsächlich zu Fuß nach Alta geschafft, wie krass!

Schon früh bin ich am nächsten Morgen wach. Das Frühstück fällt ähnlich üppig aus wie das gestrige Abendessen. Von Sirpa kann ich mir einen Laptop leihen, und so versorge ich meinen Blog mit einem ausführlichen Eintrag und vielen Bildern. Voller Stolz berichte ich davon, dass es nur noch 250 Kilometer bis zum Nordkap sind. Von Kai erhalte ich eine nette E-Mail, er hat mich zwischendurch immer mal wieder über die Neuigkeiten aus unserem Freundeskreis auf dem Laufenden gehalten. Er scheint völlig fasziniert von meiner Wanderung zu sein, ermahnt mich immer wieder auf seine Art zum Weitermachen und bringt mich in jeder E-Mail zum Schmunzeln, so wie auch diesmal:

Wenn du nicht mindestens einen Reisebericht schreibst, der auch gebunden wird, haue ich dir persönlich eine rein (und da du mittlerweile ein Windbeutel geworden bist, befürchte ich auch kein schweres Echo). Das sind beinahe 3000 Kilometer Laufstrecke! Man liest es zwar, kann es aber kaum glauben. Zum Glück hat dich dein Glaube an dich schon so weit getragen, meinen allerhöchsten Respekt dafür! Statt eines Autos warten übrigens 24 Huskywelpen auf dich in deinem Garten, du wirst schon was damit anzufangen wissen. Ach so, alles Gute noch einmal zum Geburtstag und auf ein baldiges Bierchen zusammen.

Da ich auf dem besten Wege bin, unsere Bartwette zu gewinnen, hat Kai sich die letzten Wochen intensiv mit der Anreise zum Nordkap beschäftigt, und sein Chef hat ihm schon grünes Licht gegeben. Aber leider wird es jetzt doch nichts mit einem Treffen am Ziel, eine freudige Nachricht macht unsere Pläne zunichte: Kai wird Papa und hat gerade wichtigere Dinge im Kopf. Wir vertagen deshalb das Bier auf einen späteren Zeitpunkt, wenn ich wieder zu Hause bin. Immerhin ist die Namensfindung für den Nachwuchs schon auf einem sehr guten Weg, derzeit ist Godehard der Favorit, wieder muss ich schmunzeln.

Irgendwie kommt mir in den Sinn, jetzt, da ich es fast geschafft habe, mal die Lokalzeitungen zu Hause über meine Wanderung zu informieren. Und dann schreibe ich noch eine E-Mail ans Radio, ich würde über WDR 2 zu gerne meine Leute daheim mit einem Lied grüßen und mich für ihre Unterstützung bedanken. Anschließend rufe ich noch den kleinen Laden in Máze an, in dem meine Landkarten liegen. Ich erkläre am Telefon, dass ich die Karten nicht mehr brauche und auch nicht abholen kann. Das sei kein Problem, entgegnet mir der Besitzer, er schicke sie einfach an Julia zurück, ich solle ihm die Adresse per E-Mail zusenden. Die armen Landkarten sind dann ungefähr schon viermal kreuz und quer durch ganz Norwegen gereist, ohne dass ich sie auch nur einmal in der Hand gehabt hatte. Zu guter Letzt sende ich noch eine Nachricht an Matthias, der mich vor einiger Zeit über Instagram angeschrieben hat. Zusammen mit seiner Frau Steffi ist er vor Kurzem nach Lakselv ausgewandert, einem kleinen Städtchen, das auf dem Weg zum Nordkap liegt. Er hat mich zu sich eingeladen, falls ich in der Nähe sein sollte. In ein paar Tagen ist es so weit, also warne ich ihn besser schon mal vor, dass ich demnächst bei ihm auf der Matte stehe.

Nachdem ich das alles erledigt habe, fahre ich wieder mit dem Rad in die Stadt. Mir gehen die Speicherkarten für die Kamera aus, und außerdem wartet das Pizzabuffet sehnsüchtig auf mich. Auch meine Fahrt nach Hause rückt nun plötzlich ins Blickfeld. Ich muss mich dringend bei Hurtigruten wegen der Schiffspassage von Honningsvåg nach Bergen melden. Beim Stichwort Hurtigruten setzt mein Verstand dann etwas aus: Ich brauche dringend frische Klamotten für die Rückreise! Was sollen die sonst an Bord von mir denken? Ich kann doch dort nicht wie ein Landstreicher auftauchen! Und so betrete ich wieder den großen Konsumtempel in der Stadt und irre verloren durch die unzähligen Geschäfte. Irgendwann komme ich zu Sinnen und ärgere mich über meine völlig absurden Gedanken. Der Konsum um mich herum ist einfach zu viel in diesem Moment. Es ist doch völlig egal, wie ich dort auf dem Schiff aussehe – schließlich habe ich dann »Norge på langs« hinter mir! Außerdem steht bei Fahrten mit den Schiffen der Hurtigruten die faszinierende Landschaft Norwegens im Vordergrund, nicht irgendwelche Dresscodes zum Abendessen.

Draußen dämmert es bereits, als ich endlich, mit neuen Speicherkarten in der Tasche, das ersehnte Pizzabuffet vor mir habe. Während des Essens verliere ich jegliches Zeitgefühl, keine Ahnung, wie viele Pizzastücke ich verdrücke. Um mich herum sind alle fröhlich und unterhalten sich angeregt. Gerne würde auch ich zusammen mit jemandem meinen Erfolg feiern, aber so komme ich mir irgendwie fremd vor und fühle mich deplatziert. Ich bin mit der Situation überfordert. Mein Platz ist nicht hier, die vielen Leute und die Hektik mit der lauten Kaufhausmusik um mich herum machen mich wahnsinnig. Ich will nur noch raus aus der Stadt, wieder im Matsch stehen und mir den Allerwertesten abfrieren.

Eigentlich wollte ich noch etwas länger in Alta bleiben, aber heute Morgen treibt es mich nur noch weg. Ich habe das Gefühl, die Stadt, die nur doppelt so groß wie mein Heimatdorf Hennen ist, engt mich total ein. Beim Bezahlen erlebe ich eine Überraschung, denn Sirpa und ihr Mann berechnen mir nur eine statt der tatsächlichen zwei Nächte. Sie finden es toll, dass ich zu Fuß hierher gelaufen bin, und mögen offenbar Verrückte wie mich. Wieder kann ich mich nur vielmals für die Hilfe und das Entgegenkommen bedanken. Solche Momente sind die Anerkennung für meine Leistung, die mir oft gar nicht so groß erscheint, bei den Skandinaviern aber auf höchsten Respekt stößt.

Ich habe vor, in den nächsten Tagen bis nach Skaidi zu wandern. Dafür werde ich eine ganze Weile einfach der E6 folgen. Ab dem Stokkedalen wird es dann einen parallel verlaufenden Weg geben, der mich von der ungeliebten Landstraße wegholt. Ich laufe zunächst durch die Wohngebiete rund um Alta, bevor ich gegen Mittag zur E6 gelange. Der Asphalt setzt mir wieder zu, aber das Schild »Nordkapp – 229 km« lässt mich lächeln. Ich beschließe, ab jetzt vor jedem Schild, das die Entfernung zum Nordkap angibt, zu posieren und ein Foto zu machen.

Kurz darauf erreiche ich das Örtchen Rafsbotn, wo es einen kleinen Laden gibt, an dem ich natürlich nicht vorbeigehen kann, ohne eine Pause in der Kaffee-Ecke einzulegen. Bei einer Cola und einem klebrigen Puddingteilchen schaue ich kurz nach meinen E-Mails. Hurtigruten fragt nach, mit welchem Schiff ich zurückfahren möchte. Ich kann mich für das modernste oder aber für das älteste Schiff der Flotte entscheiden, beide legen an aufeinanderfolgenden Tagen in Honningsvåg ab, rund um das Datum, das ich für meine Rückreise angegeben habe. Ich entscheide mich für die beinahe fünfzig Jahre alte MS Lofoten, die am 15. Oktober in See stechen wird. Diese Wahl ist jedenfalls konsequent, ich bin ja auch eher der Old-School-Typ und finde es charmant, mit der alten und gemütlichen Lady wieder gen Süden zu dampfen. Dafür spricht außerdem, dass mir mein Kumpel Ulrich geschrieben hat. Er ist am 18. Oktober in Trondheim und will von dort zu einer herbstlichen Wandertour aufbrechen. Die MS Lofoten legt zufälligerweise genau an diesem Tag früh am Morgen in Trondheim an. Es wäre unglaublich schön, Ulrich dort zu treffen und vielleicht zusammen mit ihm an Bord zu frühstücken. Die Liegezeit von ein paar Stunden im Hafen gäbe das problemlos her. Ulrich hat mir mit seiner »Norge på langs«-Idee diese ganze Wanderung erst eingebrockt, so würde sich in Trondheim der Kreis gewissermaßen schließen.

Eine weitere E-Mail erscheint auf meinem Handydisplay. Eine Redakteurin von WDR 2 hat sich gemeldet, sie will mir meinen Musikwunsch am nächsten Samstag sehr gerne erfüllen. Außerdem findet sie meine Wanderung spannend und würde sich freuen, dazu ein kurzes Interview mit mir zu führen, um ein paar O-Töne für die Sendung einzufangen. Das Problem ist nur, dass ich heute vermutlich nur noch hier im Ort Handyempfang haben werde und langsam zusehen muss, noch ein paar Kilometer weiterzukommen. Also rufe ich die Redakteurin kurzerhand in Köln an, erreiche sie jedoch nicht. Sie würde mich aber schnell zurückrufen, sobald sie wieder in der Redaktion ist, wird mir gesagt.

Als mein Handy klingelt, bin ich gerade kurz hinter dem Dorf. Die Redakteurin will mir schnell ein paar Fragen stellen, meine Antworten aufzeichnen und daraus dann einen kleinen Beitrag zusammenschneiden. Die Szene ist völlig surreal: Ich stehe 220 Kilometer vom Nordkap entfernt mit einem herrlichen Blick auf den Altafjord direkt an der E6, neben mir donnern laute Lkw vorbei, und ich telefoniere mit einem Radiosender in Köln für ein Interview, das erst in ein paar Tagen ausgestrahlt wird. Immer wieder muss ich unterbrechen und laut ins Telefon rufen: »Einen kleinen Augenblick bitte, da kommen wieder ein paar Autos!« oder »Wir müssen kurz den nächsten Lkw abwarten!«. Aber nach ein paar Minuten haben wir es geschafft, und ich bin echt gespannt auf die Reaktionen, wenn das Interview ausgestrahlt wird. Jetzt muss ich aber endlich ein paar Kilometer laufen, schließlich bin ich noch nicht am Ziel.

Es fängt bereits an zu dämmern, als ich direkt an der E6, inmitten alter Autoreifen und zwischen allerlei Gerümpel, am Leirbotvatnet mein Zelt aufschlage. Dieser Platz hat nichts mit der Romantik von Fernwanderungen im Fjell zu tun, von der ich vorhin im Interview noch so geschwärmt habe.

Am nächsten Tag herrscht trübes Wetter, und ich sehe zu, dass ich schnell Strecke mache. Nach einer Weile kommt mir ein VW-Bulli mit deutschem Kennzeichen entgegen, steigt in die Bremsen und wendet kurz hinter mir ziemlich halsbrecherisch auf der Straße. Der Fahrer springt heraus und will wissen, was ich hier zu Fuß mitten im Nirgendwo mache. Während ich ihm von meiner Wanderung erzähle, steht er nur kopfschüttelnd vor mir. Ungläubiges Staunen sehe ich in seinem Gesicht, aber er habe schon von solchen Leuten gehört, er war gerade am Nordkap und habe da ähnlich Verrückte getroffen. Er berichtet mir auch von einer gewaltigen Rentierherde, die einige Kilometer weiter ein ganzes Tal bevölkert – Rentiere, wohin man auch blickt. Und schon steigt er wieder in seinen Bulli, wünscht mir viel Erfolg für die letzten Kilometer und braust davon.

Kurz darauf gelange ich glücklicherweise auf einen Schotterweg, der parallel zur Landstraße verläuft. So komme ich viel bequemer voran, und meine Füße schmerzen nicht mehr so sehr. Es fällt ein unangenehmer Nieselregen, und es wird kalt. Die Straße und mein Schotterweg führen kilometerweit geradeaus durch das weite Stokkedalen bis nach Sennalandet. Ich bin müde, mein Kopf ist vor lauter Gedanken ganz träge, und auch meine Beine sind total schwer. Bekomme ich jetzt eine Art Post-Nábár-Depression, oder wehrt sich alles in mir gegen die Ankunft am Ziel? Mir fällt es unglaublich schwer, mich zum Weitergehen zu motivieren. Ich muss mich missmutig dazu zwingen, alles in mir ist von einer merkwürdigen Abschiedsstimmung erfüllt, die mir das nahende Ende der Wanderung schmerzlich vor Augen führt. Die letzten Tage bis zum Nordkap werden meine Geduld und Ausdauer in jeder Hinsicht noch einmal ganz schön auf die Probe stellen, geschenkt bekommt man bei »Norge på langs« jedenfalls nichts, man muss sich bis zum Schluss alles hart erarbeiten.

In Sennalandet wechsle ich die Talseite und folge einer Hochspannungsleitung, die mich in einem weiten Bogen von der Landstraße wegführt. Über einen schmalen Pfad geht es entlang des Voggeneselva durch die wolkenverhangene Landschaft. Meine Stimmung sinkt weiter, irgendwie ist mir heute die Lust am Wandern vergangen, ich laufe nur noch auf Autopilot weiter. Doch dann kommt nach einigen Kilometern die E6 wieder in Sicht, und wie angekündigt, ist das Tal bis zum Horizont mit Rentieren bevölkert. Eine gewaltige Herde steht in der baumlosen Ebene auf dem Weg zu den Winterweidegründen, es müssen Tausende Tiere sein!

In der Nähe der Landstraße sehe ich auch ein paar Gebäude und verschieden große Gehege. Meine Neugier ist geweckt, die dunklen Gedanken lichten sich ein wenig. Zahlreiche Autos stehen dort, und das Knattern von einigen Quad-Motoren ist zu hören. Ich laufe zu den Gehegen, um mir das Spektakel anzusehen. Auf einer Verladerampe spielen ein paar kleine Kinder, und als ich näher komme, sehe ich auch, womit sie spielen: Dort hängen frisch geschlachtete und bereits abgezogene Rentiere, überall liegen Köpfe, Geweihe und Eingeweide herum, der Boden der Rampe ist mit rotem Blut getränkt. Mittendrin spielen die Kinder – sie sind nicht älter als fünf, sechs Jahre – mit den toten Tieren, als wäre es das Normalste auf der Welt. Sie wachsen hier auf und kennen das wirkliche Leben, wissen, woher ihr Fleisch auf dem Teller kommt und wie es draußen in der Natur zugeht, das steht fest. Ich grüße sie freundlich und nähere mich mit respektvollem Abstand den Gehegen mit den Tieren, die wild im Kreis umherlaufen. Überall sind Sámi und beäugen mich skeptisch, während ich ihnen wiederum gebannt bei ihrer Arbeit zuschaue. Wie moderne Cowboys lehnen sie mit einem Lasso in der Hand am Zaun oder sitzen breitbeinig auf ihrem motorisierten Pferd, dem Quad. In den verschiedenen Gattern werden die Tiere offenbar kontrolliert und markiert, einige werden auch direkt herausgezogen und an Ort und Stelle geschlachtet. Ein Sámi fährt ein frisch geschlachtetes Tier mit seinem Quad weg, auf einem Zaun hängt ein gerade abgezogenes Fell. Das ist also der sagenumwobene Rentiertrieb der Sámi! Ein unglaubliches Schauspiel, so etwas habe ich noch nie gesehen! Nur aus Erzählungen oder von Bildern kenne ich das, was gerade um mich herum passiert. Der Anblick hat etwas Archaisches und Rohes an sich, das durch die düstere Stimmung der grauen Wolken am Himmel noch verstärkt wird.

Ich bin total fasziniert und gehe langsam weiter, kann mich kaum von der Szenerie lösen. Ein paar Kilometer muss ich heute trotz meiner mentalen Erschöpfung noch hinter mich bringen. In der Nähe, direkt an einem Fluss, befindet sich Duottarsion, eine Siedlung der Sámi, an der ich mein Zelt aufschlagen möchte. Die Straße verläuft schnurgerade, und rechts von mir sehe ich im Tal immer noch unzählige Rentiere, die friedlich und ruhig in der Dämmerung äsen. Nach mehr als dreißig Kilometer Fußmarsch reicht es mir für heute. Ich überquere die Brücke über den Fluss, da es auf der anderen Seite direkt am Ufer einige gute Zeltplätze gibt. Von dort erblicke ich eine kleine Kapelle aus Holz, die hier seltsam deplatziert wirkt. Auf einem Hügel dahinter sehe ich einige kleine Häuser, in deren Fenstern Licht brennt. Das leise Gebell eines Hundes kommt von irgendwoher. Schon bald ist es dunkel, nur noch die vorbeirauschenden Lkw mit ihren starken Scheinwerfern stören die Ruhe.

Auch am nächsten Tag habe ich Schwierigkeiten, in Tritt zu kommen. Die Nacht war wenig erholsam, unzählige Male haben mich vorbeidonnernde Lkw aus dem Schlaf gerissen. Nichtsdestotrotz möchte ich heute Skaidi erreichen, eine kleine Siedlung, die etwa 25 Kilometer weiter nördlich liegt. Dort gibt es ein Motel sowie einen kleinen Laden an der Landstraße, die sich in dem Ort aufteilt und entweder weiter zum Nordkap oder nach Hammerfest führt. Es gibt auch eine Alternative zur Landstraße, ich muss nur einer Hochspannungsleitung folgen, die unweit der Straße einen Höhenzug entlangführt.

Die Aussicht auf ein vernünftiges Bett und eine Cola treibt mich den Tag über an. Die ganze Zeit fällt ein leichter Nieselregen, meine Brille beschlägt, und ich schwitze unter meinem Regenzeug. Zwischendurch verliere ich fast jeglichen Antrieb und muss mich zwingen, weiterzugehen. Am liebsten würde ich mich einfach nur hinsetzen und darauf warten, dass mich jemand abholt. Keine Ahnung, warum, aber irgendwie bin ich seit gestern richtig schlecht drauf, mir erscheint alles sinnlos, und ich bin total genervt vom Wetter, dem matschigen Weg und überhaupt: Was mache ich hier bloß? Ich dachte, ich hätte diese Phasen schon lange überwunden und würde debil grinsend die letzten Kilometer zum Nordkap laufen, aber irgendwie beutelt mich gerade jetzt, so kurz vor dem Ziel, eine richtig heftige Sinnkrise.

Gegen 15 Uhr kommt endlich Skaidi in Sicht, ich quäle mich den morastigen Weg hinab zur Landstraße und mache der Ordnung halber noch ein Foto mit dem Straßenschild »Nordkapp – 157 km«. Dann will ich nur noch zur Tankstelle und mich nach einem Zimmer im Motel erkundigen, so durchnässt, wie ich bin, will ich auf gar keinen Fall im Zelt schlafen.

In dieser Gegend gibt es nicht so viele Orte, wo man sich zum Essen treffen kann, und so ist das kleine Restaurant in dem Komplex von Tankstelle und Motel gut gefüllt, als ich eintrete. Um mich herum bildet sich sofort eine Pfütze auf dem Boden, und selbst hier blicken mich einige Leute ziemlich schräg an – na ja, mit dem Rentiergeweih am Rucksack und meinem roten Vollbart sehe ich selbst für hiesige Verhältnisse wie ein verrückter Waldschrat aus. Ich frage nach einem Zimmer, bin aber einfach nur genervt von allem und ziehe ein völlig frustriertes Gesicht. Ich gehe heute keinen Meter mehr weiter, ich will nur noch eine heiße Dusche und etwas zu essen.

»Wir haben noch genau ein Zimmer, das liegt bei 770 Kronen, das kannst du haben«, höre ich und werde aus meinen verlorenen Gedanken gerissen. Mir entgleiten endgültig die Gesichtszüge: »Bitte was?! 770 Kronen? Habe ich mich verhört? Ist das ein Witz?« Der Kassierer meint es allerdings ernst, es gibt kein günstigeres Zimmer mehr, ich kann es nehmen oder nicht, und das Frühstück kostet natürlich extra. Ich überrede ihn dazu, bei seinem Chef nach einem »Norge på langs«-Rabatt zu fragen, aber auch dieses Telefonat bringt nichts. Das teure Zimmer oder keins. Kurz ringe ich mit mir, doch dann reiche ich ihm widerwillig meine Kreditkarte. Ich will einfach nicht mehr – nur noch ins Zimmer und endlich meine Ruhe!

IM TUNNEL
Skaidi – Honningsvåg

Früh am Morgen kann ich nicht mehr schlafen und wälze mich im Bett umher. Der Endspurt zum Nordkap wühlt mich mehr auf, als ich mir eingestehen will. Auch der trostlose Blick aus dem Fenster auf den örtlichen Bauhof erhellt nicht gerade meine Stimmung. Der Mann im Restaurant spendiert mir wenigstens einen Kaffee, sodass sich langsam wieder meine Lebensgeister melden. Wenig später stehe ich nach der teuersten Übernachtung der gesamten Tour vor der Tankstelle auf der nassen Landstraße, der ich bis nach Olderfjord folgen will. Dort bin ich mit Matze verabredet, der mich mit dem Auto abholen wird. Ich möchte die Nacht gerne bei Steffi und Matze in Stabbursnes verbringen, rund fünfzig Kilometer weiter südlich.

Im Nieselregen laufe ich die Straße entlang, während ich in Gedanken daheim bin. Heute soll auf WDR 2 mein Interview ausgestrahlt werden, und auch in der örtlichen Tageszeitung wird ein erster kleiner Bericht über meine Wanderung erscheinen. Und dann ist da noch das große »Oktoberfest«, das wir seit ein paar Jahren zusammen mit Freunden und Nachbarn veranstalten. Weit über hundert Leute kommen dann zu uns und feiern ausgelassen rund ums Haus eine große Party, zu der ich eigentlich gerne wieder zu Hause sein wollte. Jetzt aber dämmert mir, dass es vielleicht doch ein wenig zu viel gewesen wäre, heute dort zu sein. Vermutlich müsste ich jedem Einzelnen unzählige Fragen beantworten, alles immer wieder erzählen und würde in meinem mittlerweile sehr schlanken Zustand wohl eh nach zwei großen Bieren direkt ins Bett fallen.

Da ich heute Abend bei Steffi und Matze bin, lasse ich das Telefon eingeschaltet und bin gespannt wie ein Flitzebogen auf das Interview und den Bericht, die Reaktionen darauf lassen auch nicht lange auf sich warten: »Samstagmorgen, 10.13 Uhr, WDR 2 – schon den Simon dat erste Mal im Äther!«, schreibt mir mein ehemaliger Chef per Facebook. Und auch eine E-Mail meiner Eltern erreicht mich, in der sie berichten, dass ich tatsächlich mit einem Titelfoto in der Zeitung bin und auch im Lokalteil ein großer Bericht erschienen ist. Völlig verrückt, jetzt weiß vermutlich halb Iserlohn von meiner Wanderung. Ich erhalte auch eine E-Mail vom WDR 2 mit dem Beitrag im Anhang. Immer wieder höre ich mir ungläubig das kurze Interview an und bin mit meinen Gedanken daheim. Was die Leute wohl jetzt von mir und meiner Tour denken?

Ich verliere mich im Grübeln, laufe langsam die Straße im Autopilot entlang. Irgendwie ist seit Alta die Luft raus, es stellen sich eigentlich keine Hindernisse mehr in den Weg, es ist, abgesehen von dem Rentiertrieb, nur noch ein stupides Kilometerfressen. Aber vielleicht hilft ja gerade dieses ruhige Dahinlaufen dabei, in Ruhe über all das nachzudenken, was ich bis jetzt schon geschafft habe. Kurz werde ich aus meinen Gedanken gerissen, als neben mir ein bärtiger und schwer bepackter Radfahrer anhält. Er stellt sich als Juri vor, ist Kroate und auf dem Weg zum Nordkap, wir haben also dasselbe Ziel. Schnell machen wir ein gemeinsames Foto, gratulieren uns gegenseitig zu unseren Touren, und dann ist er wieder weg, schließlich muss er morgen ankommen, weil die Rückreise bereits organisiert ist.

Gegen 15 Uhr habe ich es dann geschafft, ein Bulli kommt mir entgegen und hält an. Matze springt heraus und begrüßt mich freudig. Schnell habe ich mein Gepäck verstaut, und wir fahren auf der Küstenstraße den spiegelglatten Porsangerfjord entlang nach Stabbursnes. Ich hatte Matze vorher von unserem Oktoberfest daheim erzählt, nun hat er mir zur Begrüßung ein Weißbier mitgebracht, das er extra im Vinmonopolet in Lakselv bestellen musste. Im Supermarkt gibt es lediglich alkoholische Getränke mit weniger als 4,75 Volumenprozent, alles darüber hinaus ist nur in den staatlichen Vinmonopolet-Geschäften erhältlich. Als ob das etwas am Alkoholkonsum ändern würde, die Grenze zu Finnland ist nah, und eine beliebte Wochenendbeschäftigung hier oben ist die *harry tur*, um dort einzukaufen. Der Begriff geht auf den damaligen Landwirtschaftsminister zurück, der diese Ausflüge über die Grenze nach Schweden oder Finnland als *harry tur* – »geschmacklose Touren zum Schaden der Nation«, um es mal vorsichtig zu sagen – bezeichnete und so ein grandioses Eigentor schoss. Die Norweger fanden den Begriff irgendwie gut, und von da an hießen die Touren also schlicht *harry tur*.

Wir verlassen die Straße und biegen auf einen kurzen Weg ein, der zu mehreren Blockhäusern führt. Hier wohnen Steffi und Matze bei Marit Holm, die eine große Tierarztpraxis in Lakselv betreibt. Steffi arbeitet dort als Tierärztin, während Matze noch auf der Suche nach der passenden Arbeit hier im hohen Norden ist. Die beiden sind ungefähr so alt wie ich und erst vor einigen Wochen hierher gezogen – ganz schön weit weg von der hessischen Heimat.

Vor dem ersten Haus, in dem Marit wohnt, ist ein umzäunter Bereich, in dem sich kleine bunte Hundehäuschen befinden. Bestimmt ein Dutzend großer Schlittenhunde läuft dort umher und beobachtet uns neugierig. Vor dem Haus steht ein Land Rover Defender, und es sieht hier aus wie im Paradies für Outdoorfreunde: Blockhütten, Geländewagen und Hunde gibt es hier ebenso wie ein Quad sowie einen Snowscooter. Hier lässt es sich gut aushalten, denke ich, als wir zum zweiten großen Blockhaus gehen, wo ich Steffi kennenlerne. Ich staune nicht schlecht über den großen, aus Wohnzimmer und Küche bestehenden Bereich mit seiner hohen Decke bis hinauf zum Dach und fühle mich gleich wohl. Der bestimmt drei Meter lange Esstisch ist aus dickem Holz, auf den Sitzbänken liegen Robben- und Hundefelle. An den Wänden erblicke ich großformatige Fotografien, die offenbar im grönländischen Winter aufgenommen wurden und fröhliche Leute in dicken Daunenklamotten zeigen. Neben dem Ofen biegen sich die Holzplanken eines Regals unter der schweren Last unzähliger Bücher, die sich vornehmlich mit Abenteuern und Polargeschichte beschäftigen. Genau so würde ich auch gerne wohnen wollen, wenn ich es mir aussuchen könnte!

Am Tisch sitzen Steffi und Sandrine, die gerade zu Besuch ist und ebenfalls in Marits Praxis arbeitet. Wir trinken Tee und Kaffee, während der Nachmittag wie im Fluge vergeht. Dabei erfahre ich, warum es hier so aussieht: Marit ist eine begeisterte *friluftsliv*-Frau und hat bereits unzählige Expeditionen und Abenteuer mitgemacht. Zudem hat sie lange Zeit als Tierärztin auf Grönland gelebt. Auch den »Finnmarksløpet«, das nördlichste Schlittenhunderennen der Welt, hat sie schon als leitende Tierärztin betreut. Hier in Stabbursnes züchtet sie Grönlandhunde, die sie für lange Touren mit dem Hundeschlitten in der Finnmarksvidda nutzt. Und Marit hat ein Abenteuer erlebt, das für mich einfach unglaublich klingt: Sie hat sich 1995 zusammen mit Lars Monsen auf den Weg gemacht und Alaska der Länge nach zu Fuß durchquert! Innerhalb von zehn Monaten legten sie 3000 Kilometer zurück, von False Pass auf den Aleuten bis hinauf nach Kaktovik an der Beaufortsee. Marit war damals gerade 21 Jahre alt und hatte auf eine Anzeige geantwortet, die Lars in die Zeitung gesetzt hatte, um eine Partnerin für dieses Abenteuer zu finden. Vierzig Frauen meldeten sich bei Lars, aber Marit überzeugte ihn am meisten. Und so zogen sie gemeinsam durch Alaska und waren eine Weile sogar, soweit ich weiß, ein Paar. Das Buch zu dieser Reise zeigt Bilder, die ich kaum fassen kann – was für ein wahnsinniger Trip durch die Wildnis!

Dann steht Marit in der Tür. Sie ist ziemlich sportlich, aber wenn man sie so sieht, kann man kaum glauben, welche Kräfte in dieser zierlichen Frau schlummern. Zusammen gehen wir zu den Hunden – sie sind unglaublich kräftig und tragen Inuit-Namen wie Aputsiaq oder Amaroq – und versorgen sie mit ihrem Abendessen. Sie sind viel größer als die Huskys von Björn Klauer. Wenn sie sich auf die Hinterläufe stellen, können sie mir locker die Pfoten auf die Schultern legen. Es macht Spaß, mit den Hunden zu arbeiten, schnell gewöhne ich mich wieder an sie. Irgendwann möchte ich einmal eine große Tour zusammen mit solchen Tieren machen, sie faszinieren mich immer mehr mit ihrer immensen Kraft und dem starken Willen.

Nachdem die Hunde mit Futter und Streicheleinheiten versorgt sind, ist für uns Zeit zum Abendessen. Marit und Sandrine verabschieden sich, und ich gehe kurz duschen. Im Bad gibt es eine Waage, deren Zeiger sich beim Draufstellen in der Nähe der achtzig Kilogramm einpendelt. Ungläubig starre ich auf die Zahl – ich bin nur noch eine halbe Portion, über zwanzig Kilo sind weg. Nach dem Duschen schreibe ich Marc eine SMS, unsere Wette um das niedrigere Gewicht scheint sich zu meinen Gunsten zu entwickeln, obwohl ich insgeheim weiß, dass ich gegen Marc niemals gewinnen kann. Ich wünsche ihm noch viel Spaß und einen guten Appetit bei Weißbier und Leberkäsesemmeln heute Abend auf dem Oktoberfest – den kleinen Seitenhieb kann ich mir nicht verkneifen, so viel Zeit zum Frotzeln muss sein. Dann sitzen Steffi, Matze und ich am Tisch und lassen es uns bei einigen Fischburgern, frischem Salat und kaltem Bier gut gehen.

Am nächsten Morgen steht früh das Hundetraining auf dem Programm. Man braucht mich gar nicht lange bitten, und ich verschiebe das Weiterlaufen auf den Nachmittag. Ich schlüpfe also in einen der warm gefütterten Arbeitsoveralls, und schon kann es losgehen. Die Hunde sind ganz aufgeregt und können es kaum erwarten, lautes Gebell erfüllt die klare Morgenluft. Wir sind zu viert: Steffi und Matze werden mit dem Trainingswagen, den ich schon bei Björn Klauer kennengelernt habe, vorneweg fahren, und ich darf gleich hinter Marit auf dem schweren Quad Platz nehmen, das die Hunde offenbar problemlos ziehen können. Als wir die Hunde anleinen und ihnen ihr Geschirr überstreifen, merke ich erst, wie viel Kraft die Tiere wirklich haben. Ich kann einen der Hunde anfangs kaum halten, er macht mit mir, was er will. Erst als Marit energisch zupackt, können wir das Geschirr anlegen. Nachdem alle Hunde angeleint sind, starten wir. Es geht ein kurzes Stück die Straße entlang und dann ins Fjell, das hier direkt hinter der Haustür beginnt. Die Hunde sind kaum zu bremsen, und ich bekomme das Grinsen gar nicht mehr aus dem Gesicht. Es weht mir ein kalter Fahrtwind um die Nase, und ich muss aufpassen, dass ich nicht rücklings vom Quad geschüttelt werde. Während der Fahrt unterhalte ich mich mit Marit, berichte ihr von der Begegnung mit Trond Strømdahl, seinem coolen Auftritt und dem Satz, den er mir mit auf den Weg gegeben hat: »Hab Spaß da draußen!«

Marit muss herzhaft lachen, sie kennt Trond von ihrer gemeinsamen Zeit mit Lars Monsen und auch seine lässige Art, anscheinend war er schon früher so. Ein toller Zufall, dass sich hier in Stabbursnes wieder einmal der Kreis schließt. Ich bin so dankbar, all diese Menschen kennengelernt zu haben, sie machen diese Reise zu etwas ganz Besonderem. Ich hätte mir vor meiner Wanderung nie im Leben vorstellen können, mich auf einem Quad an eine waschechte Profi-Abenteurerin zu klammern – die noch dazu mit Lars Monsen zehn Monate lang durch Alaska gelaufen ist – und einfach nur den Moment zu genießen. Diese Augenblicke sind unbezahlbar!

Nach der Trainingsrunde und dem Abschirren der Hunde machen wir noch gemeinsam ein Foto, dann muss ich auch schon weiter. Matze fährt mich zurück zu der Stelle, an der er mich gestern eingesammelt hat. Das große Rentiergeweih lasse ich bei ihm im Bulli. Wir haben uns für den Tag verabredet, an dem ich das Nordkap erreichen werde, und wollen das letzte Stück gemeinsam laufen, dann kann Matze auch noch ein paar Fotos vom großen Augenblick machen.

Für mich brechen nun endgültig die letzten Wandertage an. Es geht über die schmale Porsanger-Halbinsel weiter bis hinauf zum Nordkaptunnel. Ab jetzt kann ich dem Fernwanderweg E1 folgen, der hier in diesem Bereich gerade neu markiert wurde und über 7000 Kilometer vom Nordkap bis nach Salerno in Italien verläuft. Da ich erst am Nachmittag losgekommen bin, laufe ich nicht mehr allzu weit und schlage mein Zelt am Njallabogejavri auf, wo ich ganz in Ruhe und nur für mich den Blick auf den Smørfjord und den grandiosen Sonnenuntergang genießen kann. Bei einem kalten Bier, das mir Matze noch in die Hand gedrückt hat, beschließe ich den Tag in meiner warmen »Daunentüte«.

Das Einpacken am nächsten Morgen macht wenig Freude, es ist saukalt, und beim Zusammenlegen meines klitschnassen Zeltes friere ich mir beinahe die Finger ab. Der eisige Hauch des Winters hat während der Nacht Raureif auf die niedrigen Pflanzen und Moose um mich herum gezaubert. Und auch mein Zelt blieb nicht verschont, die Morgensonne vermag es kaum noch zu trocknen. Den ganzen Tag folge ich entweder einem Fahrweg oder den langen Rentierzäunen, die hier die Weidegründe aufteilen. Das Wetter ist ungemütlich, mit tief hängenden Wolken und ständigem Nieselregen. Nach einer Weile komme ich zu der einfachen offenen Stohpojohka-Hütte, die Wanderer hier nutzen können. Drinnen ist es zwar kalt und ungemütlich, aber allemal besser, als draußen meine Pause zu verbringen. Nach einer Tafel Schokolade geht es wieder hinaus, um weiter dem Rentierzaun durch das lang gezogene schmale Tal zu folgen.

Der Nachmittag verschmilzt zu einer einzigen langen Dämmerung. Nach einem kurzen Aufstieg kann ich über die schmalen Täler um mich herum blicken: Sie sehen so aus, als hätte Odin persönlich mit seinem Speer Gungnir lange tiefe Furchen in den felsigen Boden gezogen. Und über allem zeigt sich ein orangener Feuerball, dessen Strahlen es hier und da durch die Wolken schaffen – die Sonne, die sich langsam vom grauen Himmel verabschiedet.

Ich folge weiter einem Rentierzaun, an dessen Holzpfosten die roten Markierungen des DNT angebracht sind. Plötzlich erregt eine merkwürdige Gestalt meine Aufmerksamkeit, was um alles in der Welt ist das? Hier gibt es doch niemanden! Als ich näher herankomme, muss ich mich erst mal ratlos am Kopf kratzen. Da steht ein Rentier, das sich an einem Durchlass im Zaun offenbar mit seinem Geweih im Netz verfangen hat. Normalerweise versperren diese Netze den Durchgang, hier muss es sich aber irgendwie gelöst und komplett um das Geweih des Tieres gewickelt haben. Das Rentier kommt nicht mehr weg und ist ziemlich erschöpft vom Kampf mit den Schnüren, es macht beinahe den Eindruck, als hätte es bereits aufgegeben. Eine Schlinge des Netzes hat sich zudem so um das Maul gelegt, dass es kaum fressen kann.

Jetzt wäre ein wenig Sámiblut in meinen Adern hilfreich, dann würde ich das Tier einfach bei den Hörnern packen und mit meinem riesigen Jagdmesser befreien. Ich bin aber weder ein erfahrener Sámi noch geübt im Umgang mit verzweifelten Rentieren. Trotzdem kann ich das arme Geschöpf nicht einfach seinem Schicksal überlassen. Also setze ich meinen Rucksack ab und rede beruhigend auf das Tier ein, dann hole ich mein kleines Schweizer Taschenmesser heraus und gehe vorsichtig auf das Rentier zu, das nun verschreckt mit den Hufen scharrt. Ich packe den Teil des Netzes, der das Tier an den Pfosten bindet, und schneide ihn beherzt durch. Sofort schnellt der Kopf nach oben, und das Rentier springt verängstigt zur Seite. Ich weiche ebenfalls mit einem schnellen Satz zurück und habe Angst, von dem Tier angegriffen zu werden. Irgendwie sind wir beide ganz schön nervös, doch als das Rentier mich so verloren anblickt, kann ich mir ein kurzes Schmunzeln nicht verkneifen – das grüne Netz hat sich zu einer Art Turban um das Geweih gelegt, sodass es aussieht, als hätte Marge Simpson dem Tier ihre Frisur überlassen. Leider ist es so verängstigt, dass es entweder immer wieder vor mir zurückweicht oder mit gesenktem Kopf auf mich zustürmt. Es bleibt mir also nichts anderes übrig, als es seinem Schicksal zu überlassen. Immerhin kann es sich jetzt wieder frei bewegen und etwas fressen, jedenfalls macht es mir den Anschein.

Nachdem ich ihm Glück gewünscht habe, laufe ich weiter. Die Dämmerung schreitet voran, und ich gelange erst jetzt zum höchsten Punkt des Tages. Kurz danach suche ich mir einen Platz für die Nacht. Das Zelt ist vom Morgen leider noch klatschnass, und der Gedanke daran, jetzt in das triefende Innere zu kriechen, ist nicht sonderlich verlockend. Die Sonne verschwindet am Horizont, es wird rasch kalt, und ein leichter Regen setzt ein. Ich bin froh, dass ich mich in meinen warmen Schlafsack kuscheln kann. Schon bald nach dem Abendessen verabschiede ich mich ins Reich der Träume, draußen ist es stockfinster, dabei ist es noch nicht einmal 21 Uhr.

Mitten in der Nacht wache ich auf einmal auf, weil mein Magen knurrt und mich nicht mehr weiterschlafen lässt. Erst eine ganze Tafel Schokolade kann ihn wieder besänftigen. Die Kälte erhöht den Kalorienbedarf merklich, nicht nur das Wandern verbraucht viel Energie, die ich immer wieder in Form von Schokolade nachschiebe.

Am nächsten Morgen liege ich in einer nassen Tropfsteinhöhle, der ich so schnell wie möglich entkommen möchte. Und so stehe ich schon bald wieder am Rentierzaun, der mir den Weg weiter nach Norden weist. Ich komme gut voran, bis ich plötzlich auf einer Anhöhe stoppe: Der Blick ist atemberaubend, vor mir erstrecken sich tiefblaue Fjordarme, die weit in die Halbinsel hineinreichen. Und auch die Insel Magerøya kann ich sehen, auf der sich mein Ziel befindet, das Nordkap. Als ich weitergehen will, finde ich keine Markierungen mehr, ganz egal, wo ich auch suche, sie sind verschwunden. Ich krame das GPS-Gerät hervor und überprüfe meine Position. Kurz muss ich überlegen, aber dann entschließe ich mich dazu, den Weg einfach hinter mir zu lassen und querfeldein zu gehen. Man kann sich hier eigentlich nicht verlaufen, die Halbinsel ist an dieser Stelle kaum zehn Kilometer breit. Zudem hat dieser neue Plan einen Vorteil, denn mit viel Glück und etwas Ausdauer kann ich es heute bis kurz vor den Nordkaptunnel schaffen. Es macht Spaß, so zu laufen, und ich finde auf Anhieb eine gute Route, die mich zum tief ausgewaschenen Tal des Lafjordelva bringt, der hier vom Lafjordvatnet bis hinab in den Auster-Lafjord führt. Ich gehe aber erst weiter, nachdem ich per Selbstauslöser ein Foto mit mir vor dem beeindruckenden Tal geschossen habe. Ich will diesen letzten Abschnitt auf meiner Wanderung einfach nur noch genießen.

Um kurz nach 16 Uhr stehe ich vor dem schmalen Tal, das bis hinab zum Nordkaptunnel führt. Über dem Tal thront der 491 Meter hohe Fisketind, der wie die Rückenflosse einer Forelle geformt ist. Ich laufe bis zum Fisketindvatnet und steige aus dem Tal auf, um einen möglichst schönen Zeltplatz zu finden. Da ich nun schon so nah am Nordkaptunnel bin, müsste ich eigentlich von oben bis hinüber nach Honningsvåg schauen können. Der kleine Ort ist das Zentrum der Insel Magerøya, von hier aus fahren die Busse mit den Passagieren der Hurtigruten zum Nordkap ab.

Nach einer Weile habe ich einen guten Platz ausfindig gemacht, von dem aus ich in der Ferne tatsächlich die Lichter von Honningsvåg sehen kann. Und auch der Porsangerfjord lässt sich von hier aus gut überblicken. Ein langer Tag neigt sich dem Ende zu, ein Gefühl tiefer Zufriedenheit durchströmt mich. Morgen geht es nach 135 Tagen tatsächlich durch den Nordkaptunnel, eine unwirkliche Vorstellung.

Rasch bricht die Dunkelheit herein, und nun sehe ich die Stadt, die ich morgen hoffentlich erreichen werde, noch deutlicher am Horizont. Es ist bitterkalt, sodass ich bald darauf dick eingepackt im Schlafsack liege. Um 19 Uhr ist eigentlich alles gelaufen, ich habe mein Tagesziel erreicht, mein Zelt steht an einem schönen Platz, und auch das Abendessen habe ich bereits hinter mir. Die

Abende können ganz schön lang sein, wenn man nichts zu tun hat, als sich auszuruhen, also schreibe ich noch etwas über die Erlebnisse des Tages und lasse mich danach von einem Hörbuch berieseln.

Wie üblich will ich mich gegen 21 Uhr schlafen legen und muss nur noch einmal kurz nach draußen, um den Tee wegzubringen. Als ich den Reißverschluss der Apsis öffne, bietet sich mir ein Schauspiel, das ich nie wieder in meinem Leben vergessen werde. Der ganze Himmel ist erfüllt von grünen Schleiern, die so hell sind, dass sogar der Boden gut zu erkennen ist. Schnell springe ich aus dem Schlafsack und schlüpfe in alle Klamotten, die ich zu fassen bekomme. Ich stehe mit offenem Mund vor dem Zelt und habe ungläubig den Kopf in den Nacken gelegt. Alles um mich herum ist vom magischen Grün der Götter erhellt.

Für die Wikinger waren Polarlichter ein Zeichen dafür, dass irgendwo auf der Welt eine Schlacht geschlagen wurde. Die Walküren ritten nach dem Kampf über den Himmel, um die Helden auszuwählen, die von nun an an Odins Tafel speisen durften. Das Licht des Mondes spiegelte sich in ihren schimmernden Rüstungen und ist als funkelndes Nordlicht am Himmel zu sehen. Meine Schlacht ist genau genommen auch schon geschlagen, die großen Gefechte liegen hinter mir, eigentlich könnte ich jetzt nach Hause aufbrechen. Schon lange trage ich mich mit dem Gedanken, nur bis kurz vor das Nordkap zu laufen – denn irgendwie ist es nicht mehr das Ziel, das es für mich zu erreichen gilt. Vielmehr ist für mich die ganze Reise ein einziges Ziel geworden. Sicherlich ist das Nordkap das große symbolische Ziel meiner Reise, aber eigentlich habe ich schon jetzt alles erreicht, was ich mir vorgenommen hatte. Was soll da noch kommen? Zwischen den Touristen zu stehen, für die der Besuch dieses Ortes der Traum schlechthin ist, kann da nur eine Enttäuschung werden. Ich kann die Touristen natürlich total verstehen, aber nach all der Wanderei erscheint mir das Nordkap nicht mehr wichtig.

Andere Momente – solche wie dieser gerade – sind für mich zum eigentlichen Ziel geworden. Dieses unglaubliche Gefühl der Freiheit, einfach nur den Augenblick zu genießen, ganz egal, ob man nun bis zum Knie im Schlamm steckt oder sich den Allerwertesten abfriert, während man mit offenem Mund Polarlichter beobachtet, das macht es für mich aus. Und so stehe ich fast eine Stunde vor dem Zelt, bin ein einziger Eiszapfen und zugleich einfach nur glücklich!

Am nächsten Morgen wache ich zeitig auf, denn ich möchte den Sonnenaufgang nicht verpassen. Abermals ist draußen alles mit funkelndem Raureif überzogen, als ich den Zelteingang öffne und mit einem heißen Tee in den Händen die Sonne am Horizont emporsteigen sehe. Das Zusammenpacken nach dem Frühstück ist wieder ziemlich unangenehm, alles ist feucht und kalt wie nie zuvor auf der Wanderung.

Nach meinem Aufbruch finde ich rasch einen kleinen Fahrweg, der von der Straße hier hinaufführt. Also folge ich dem Weg bis zur Straße, die mich nach zwei weiteren Kilometern zum Portal des Nordkaptunnels bringt. Schon von Weitem sehe ich das dunkle Loch, umrahmt von einem Ring aus Beton, liegt es am Fuß einer Felswand. Die ersten Schilder weisen auf den Tunnel hin, eines davon warnt vor Nebel im Inneren, der sich wie eine Wolkenschicht bilden kann. Der Tunnel wird mich hinüber zur Insel Magerøya führen, auf der das Nordkap liegt. Das Hinweisschild »Nordkapptunnelen – 6870 m – 212 m. u. h.« lässt mich ehrfürchtig innehalten. Für fast sieben Kilometer werde ich also in dem dunklen Schlund verschwinden, der mich mit einem Gefälle von bis zu zehn Prozent weit unter den Meeresspiegel bringen wird. Der tiefste Punkt liegt 212 Meter unter der Oberfläche, es ist für mich eine absurde Vorstellung, dort durchzulaufen. Der Tunnel gehört jedoch zur »Norge på langs«-Wanderung dazu – jedenfalls wenn das Ziel das Nordkap ist. Ob es überhaupt erlaubt ist, zu Fuß dort unterwegs zu sein, darüber habe ich mir ehrlicherweise keine großen Gedanken gemacht. Es findet sich auch kein Verbotsschild am Tunnel, vermutlich kommen eh nur die wenigen NPLer auf die Idee, den Tunnel per pedes zu durchqueren. Und kein Wanderer würde sich an ein Verbot halten, wenn er weit über 2500 Kilometer hierher gewandert ist, das ist den Norwegern wohl klar.

Nachdem ich das Portal passiert habe, kommt mir Jules Vernes »Reise zum Mittelpunkt der Erde« in den Sinn. Die orangefarbene Beleuchtung erhellt den Weg etwas, und am Eingang ertönt immer wieder ein schriller Ton, der vermutlich Tiere davon abhalten soll, hineinzulaufen. Ich winke noch mal in die Überwachungskamera und gehe entlang des schmalen Seitenstreifens weiter. Gelegentlich fährt ein Auto an mir vorbei, dessen donnerndes Geräusch ich schon lange vorher höre. Dann ist es wieder still, nur die großen Ventilatoren der Belüftungsanlage surren weiter vor sich hin. Die schummrige Beleuchtung gibt mir das Gefühl, einen Abendspaziergang zu machen, und nach jedem Kilometer zeigen große Leuchtschilder an, wie tief man schon vorgedrungen ist. Es geht steil hinab, der Aufstieg nach dem tiefsten Punkt wird sicher nicht ohne werden. Der Tunnel ist innen nicht verkleidet, sondern, wie in Norwegen üblich, direkt aus dem Fels gebrochen, wodurch man den Eindruck hat, durch eine große feuchte Höhle zu laufen. Immer wieder komme ich an großen Kavernen vorbei, die entweder als Nothaltebucht dienen oder einen Schutzraum mit Telefon beherbergen. Ab und an führen dunkle Gänge hinein in den Fels, deren Zweck sich mir nicht erschließt. Sie sind einfach leer, und ich muss sofort an »Snøhulemannen« Sverre Nøkling denken, über den ich einmal in einer älteren Zeitung gelesen habe. Er lebt seit über dreißig Jahren draußen in der norwegischen Natur, in Höhlen – im Winter sogar in Schneehöhlen –, und zieht auf der Suche nach Nahrung und Schutz vor den Elementen umher. Wer sehen möchte, wie es ist, für eine lange Zeit draußen zu leben, der sollte sich mal die Videos und den Film über den »Schneehöhlenmann« anschauen; die Realität sieht nicht mehr ganz so romantisch aus, wenn man sich im Winter das Salz zum Kochen vom Straßenrand klaubt.

Für mich geht es indes immer tiefer hinab, ich komme gut voran und gewöhne mich langsam an die etwas gespenstische Atmosphäre. Wie viele Leute können schon von sich behaupten, durch diesen Tunnel gelaufen zu sein? Er weckt auch Gedanken an die Heimat, denn ein wenig erinnert mich dieser Abschnitt an ein Bergwerk im Ruhrgebiet. Vor einigen Jahren hatte ich das Glück, zusammen mit einigen Freunden von der Kolpingsfamilie in der Zeche Prosper hinab zum Grubengold einfahren zu dürfen. Der Begriff »Maloche« bekam dort für mich eine ganz neue Dimension. In den breiten Stollen, die zu den Kohleflözen führten, sah es teilweise genauso roh und feucht aus wie hier im Tunnel.

Dann erreiche ich den tiefsten Punkt, es ist ziemlich frisch, die kalte Luft sammelt sich hier. Aber das wird sich schnell ändern, der Anstieg zurück an die Oberfläche ist, wie erwartet, ganz schön steil, sodass ich tüchtig ins Schwitzen komme. Ich bin nun schon weit über eine Stunde im Tunnel, und die anfängliche Euphorie hat sich mittlerweile etwas gelegt. Frische Luft und Tageslicht erscheinen mir plötzlich unglaublich kostbar. Ich lege einen Zahn zu, und bald darauf wird der Tunnel wieder flacher. Nach einer leichten Kurve sehe ich das Tageslicht, die helle Öffnung zieht mich geradezu magisch an. Wie groß muss die Freude eines Bergmanns sein, wenn er nach der langen Schicht in über tausend Meter Tiefe wieder aus der Grube ausfährt und das Tageslicht erblickt?

Ein wenig erleichtert bin ich schon, als ich das nördliche Tunnelportal passiere und auf Magerøya stehe. Die frische Seeluft füllt meine Lungen, und ich bin dem Nordkap erneut ein spektakuläres Stück näher gekommen. An der ehemaligen Mautstation lege ich eine kurze Rast ein. Der 1999 eröffnete Tunnel ist bereits seit 2012 abbezahlt, nun kann man ihn ohne Gebühr befahren, und die Stationen sind größtenteils abgebaut worden. Ich muss mich bald entscheiden, ob ich auf der markierten Strecke des DNT direkt zum Nordkap laufen will oder ob ich es langsam angehen lasse und erst mal nach Honningsvåg in die Jugendherberge wandere. Mein Schiff, das mich Richtung Süden zurückbringt, legt erst am 15. Oktober ab, heute ist der 9., ich habe also mehr als genug Zeit für die restlichen 45 Kilometer. Ich muss gar nicht lange überlegen und werde am Nachmittag noch die 16 Kilometer über die Landstraße nach Honningsvåg laufen, wo ich mir morgen einen entspannten Ruhetag gönne.

Drei zähe Stunden auf der Landstraße und einen weiteren, vier Kilometer langen Tunnel später erreiche ich das Städtchen mit seinen nicht mal 2500 Einwohnern, das sich hier rund um eine kleine Bucht erstreckt. Das Zentrum liegt auf der anderen Seite der Bucht, hier auf dieser Seite gibt es nur einige Industrie- und Fischereibetriebe. Und auch die große Jugendherberge, die ich kurz darauf betrete, liegt direkt neben einem riesigen Fischereiunternehmen. Anscheinend wird sie vor allem von den vielen Arbeitern, die in der Nähe ein großes Bauprojekt vorantreiben, als Unterkunft genutzt. Ich bekomme ein Mehrbettzimmer, das ich dank der wenigen anderen Gäste, die nicht zum Arbeiten hier sind, für mich allein habe. Dann gehe ich zum nahe gelegenen Supermarkt und werde mal wieder erschlagen vom Angebot. Mittlerweile kaufe ich einfach immer dasselbe, so erspare ich mir die mühsame Auswahl. In der Jugendherberge spüle ich schließlich unter der heißen Dusche den Staub und Schmutz der letzten Tage ab und gönne mir ein ausgiebiges Abendessen.

Ich bin in Honningsvåg, wer hätte das vor einem halben Jahr gedacht, als ich auf meiner Abschiedsparty mit einem Bier in der Hand vor der Landkarte stand, auf der einzelne Nadeln die geplante Route markierten – es ist wie ein ferner Traum.

STÜRMISCH DEM ZIEL ENTGEGEN
Honningsvåg – Nordkap

Ich bin schon um sieben Uhr wach und gehe frühstücken. Die Nacht war unruhig, ich habe kaum geschlafen, weil mir zu viele Gedanken auf einmal durch den Kopf gegangen sind und für ein Chaos gesorgt haben, das ich nur schwer ordnen konnte. So sitze ich also schon zeitig mit den Arbeitern der Frühschicht in dem riesigen Frühstückssaal und versuche, mir für heute einen Plan zurechtzulegen. Ich will erst morgen zum Nordkap aufbrechen, so bin ich am Samstag dort. Wer möchte, kann dann über die Webcam des Besucherzentrums live mitverfolgen, wie ich am Ziel ankomme.

Draußen ist es immer noch dämmrig, als ich am öffentlichen Computer der Jugendherberge einige E-Mails schreibe und die Rückreise organisiere. Danach mache ich mich auf den Weg in das Städtchen Honningsvåg, um mich dort ein wenig umzusehen. Ich stöbere durch die wenigen Geschäfte und sehe beim Herumspazieren ein Schiff der Hurtigruten, das im Hafen festgemacht hat. Während der Liegezeit darf man auch an Bord gehen, um dort zum Beispiel einen Kaffee zu trinken. Ich nutze die Gelegenheit, sehe mich an Bord der *MS Finnmarken* ein wenig um und bekomme so einen ersten Eindruck davon, was mich auf der Rückreise erwarten wird.

Der Tag vergeht langsam und gemächlich, meine innere Unruhe legt sich ein wenig. Ich verabrede mich noch mit Matze für Samstag, er möchte mich ja die letzten Kilometer begleiten und kann so auch ein paar Fotos von mir während dieses feierlichen Moments machen. Dann schlendere ich zurück in die Jugendherberge, um schon mal meine Sachen zu packen, schließlich geht es morgen los. Der sprichwörtliche Sturm auf das Nordkap steht an, denn genau das weist der Wetterbericht in der Rezeption für den morgigen Freitag aus: Es gibt eine Sturmwarnung.

Etwa 31 Kilometer sind es noch bis zum Ziel, eine Strecke, die ich gemütlich in zwei Tagen zurücklegen möchte. Es ist frisch geworden, und vom Sturm ist noch nicht viel zu spüren, als ich Honningsvåg bei Sonnenschein in Richtung Nordkap verlasse. Doch gleich am kleinen Flugplatz, der direkt an der aufgewühlten See liegt, bekomme ich die erste volle Breitseite ab. Ich folge der Straße, die direkt an einer Bucht entlangführt und an deren Ende der Campingplatz von Skipsfjord liegt. Die Windböen reißen mir plötzlich die Regenhülle vom Rucksack, die sofort ein Spielball des Windes wird und vor mir über die Straße tanzt. Ich laufe los und bekomme sie gerade noch zu fassen, fast wäre sie direkt in den Wellen gelandet, die schon weiße Schaumkronen tragen und vom Sturm künden, der nun immer stärker wird.

Ich lasse den Campingplatz hinter mir – die Saison ist schon lange zu Ende, alles ist verlassen. Die große Anlage und das Hotel nebenan zeigen, was hier im Sommer los sein muss, wenn unzählige Touristen ankommen, um das Nordkap zu besuchen und die Mitternachtssonne zu bestaunen. Von nun an geht es bergauf, denn die Straße verlässt das Meer und steigt steil an. Ich folge ihr weiter, und mit jedem Meter, den ich an Höhe gewinne, wird mir mulmiger. Die Windböen schütteln mich durch, zerren an mir. Längst ist es kein Spaß mehr. Nur ab und zu kommt mal ein Auto vorbei. Die Fahrer verlangsamen dann stets das Tempo und gucken mich verständnislos an. Nach einigen Serpentinen erreiche ich den höchsten Punkt des Tages und befinde mich rund 250 Meter höher als das tosende Meer, das ich beim Blick zurück noch erkennen kann. Die Straße führt nun als schmales Band durch eine winterliche Landschaft, um mich herum ist alles von leichtem Schnee bedeckt. Ich ziehe die Kapuze fester, der Sturm wirft mich beinahe um, und die Windgeräusche, die meine Kleidung bei jeder neuen Böe macht, sind ohrenbetäubend.

Langsam krieche ich die Straße entlang, während an mir die Busse vorbeifahren, die die Touristen der Hurtigruten vom Hafen in Honningsvåg zum Nordkap bringen. Inzwischen laufe ich so schräg wie ein Betrunkener, der reichlich getankt hat. Ich muss mich richtig gegen den Wind anlehnen, und sobald eine Böe kurz nachlässt, verliere ich beinahe augenblicklich das Gleichgewicht, nur um sofort von der nächsten Böe wieder in die andere Richtung geworfen zu werden. Wie ein angeschlagener Boxer taumele ich die Straße entlang, kämpfe mich voran. Das erste Auto hält an, und der Fahrer fragt mich, ob ich die Wettervorhersage kennen würde. Ich bejahe dies und brülle durch den Sturm, dass ich »Norge på langs« wandere und so kurz vor dem Ziel sicher nicht aufgeben werde.

Beim Weiterlaufen frage ich mich, wie wohl die Nacht werden wird. Es gibt hier keinen offenen Campingplatz oder so etwas. Und darauf zu vertrauen, dass ich im kleinen Dörfchen Skarsvåg eine Zuflucht für die Nacht finde, fällt mir schwer. Mit meinem leichten Zelt brauche ich gar nicht erst zu versuchen, einen gemütlichen letzten Campingabend zu verbringen. Noch ehe ich einen Platz gefunden hätte und das Zelt aufbauen könnte, wäre es schon ein Spielball der Elemente. Der Sturm würde sich einen Spaß daraus machen, es hin und her zu werfen und schließlich in Stücke zu reißen. Keine schöne Vorstellung, dabei im Inneren zu liegen und auf den sicheren Verlust der Behausung zu warten. Aber diesen Gedanken verdränge ich erst mal, schließlich habe ich mehr als genug damit zu tun, mich auf den Beinen zu halten.

Am Abzweig zum Fischerdörfchen Gjesvær hält neben mir ein großer Campingbulli mit einem hohen Aufbau und schwankt im starken Wind hin und her. Das deutsche Paar ist auf dem Weg zum Nordkap und fragt, ob mit mir alles in Ordnung sei. Wir müssen uns anschreien, und auch dann kann man sein eigenes Wort kaum verstehen. Ich brülle ihnen zu, dass alles okay sei, und bitte sie, auf dem Rückweg vom Nordkap wieder anzuhalten, wenn ich mich dann immer noch auf der Straße befände, vielleicht würde ich dann mit ihnen zurück nach Honningsvåg fahren. Bis dahin will ich es aber weiter probieren. Ein gebrülltes und zugleich kaum zu verstehendes »Alles klar!« erreicht meine Ohren unter der Mütze und der flatternden Kapuze, dann sehe ich die Rücklichter und werde wieder hin und her geworfen. Es sind nur noch 19 Kilometer zum Nordkap, aber in diesem Sturm könnte es kaum weiter entfernt sein. Kurz bevor ich das einsame Dorf Skarsvåg erreiche, hält ein verrosteter roter Bulli neben mir, ein älteres norwegisches Paar gibt mir unmissverständlich zu verstehen, mich für verrückt zu halten und keinen Schritt weitergehen zu lassen. Mittlerweile bin ich vom eisigen Wind und dem Schneeregen komplett durchgefroren, meine Klamotten sind durchnässt.

Die seitliche Schiebetür öffnet sich, und ich werde fast gegen meinen Willen in den Laderaum verfrachtet. Aber in diesem Moment setzt auch bei mir die Vernunft wieder ein. Wem will ich hier eigentlich etwas beweisen? Und ist es das wert? Ich sitze zwischen Autoreifen und Werkzeug, während der Bulli bedenklich über die Straße schwankt. Unterwegs berichte ich von meiner Wanderung, die so kurz vor dem Abschluss steht. Das Paar will mir eine Unterkunft in Skarsvåg besorgen und ruft dort einige Leute an. Der Campingplatz ist allerdings schon lange geschlossen, und ich will niemandem zur Last fallen, deshalb steht mein Entschluss fest: Ich werde zurück nach Honningsvåg trampen und erneut in der Jugendherberge übernachten. Von dort aus werde ich Matze anrufen, der mich morgen wieder hierher fahren soll, damit ich den Rest des Weges anpacken kann. Die beiden sind sichtlich erleichtert über meine Entscheidung. Sie würden mich auch zurückfahren, haben aber hier noch einiges zu erledigen. Kein Problem, zumindest der Campingbulli wird ja irgendwann kommen und mich mitnehmen. Sie entlassen mich also am Abzweig nach Skarsvåg, und ich bedanke mich dafür, dass sie mich zur Besinnung gebracht haben.

Ein paar Minuten später hält ein Audi mit Mutter und Tochter an, die in Honningsvåg wohnen, mich ebenfalls für völlig verrückt halten und mir eine Mitfahrgelegenheit anbieten. Sie hatten mich schon früher auf der Straße gesehen und gedacht, dass ich wohl den Verstand verloren hätte. Nun bringen sie mich zurück zur Jugendherberge, wo ich ein zweites Mal an der Rezeption einchecke. Mit einem süffisanten »Hab ich's dir doch gleich gesagt«-Lächeln werde ich begrüßt und erneut willkommen geheißen. Ich bin klatschnass, total durchgefroren, frustriert und will nur noch unter die heiße Dusche.

Wieder finde ich in der Nacht kaum Schlaf, es ist zum Verrücktwerden. Heute also ist der Tag, auf den ich so lange hingearbeitet habe. Um sieben Uhr sitze ich abermals im Frühstücksraum und versuche, meine Aufregung in den Griff zu bekommen. Ich habe diesmal gleich bis Dienstag eingecheckt, werde also die restlichen Tage hier oben auf jeden Fall in der Jugendherberge verbringen. Bevor Matze kommt, packe ich alle meine Sachen ein letztes Mal ein – ziemlich merkwürdig und eigentlich total überflüssig, schließlich werde ich doch am Abend wieder hier sein. Aber ich will es richtig zu Ende bringen, mit allen Dingen auf dem Rücken, die mich durch ganz Norwegen hierher begleitet haben. Dann trifft Matze ein, wir laden meinen Rucksack in seinen Bulli und machen uns auf den Weg. Der Sturm ist etwas abgeflaut, aber der Schnee fällt immer noch und hat die Straße weiß überzogen. Es ist toll, mit jemandem diesen Moment zu teilen und nicht ganz allein zu sein. Ich kann nur schwer beschreiben, was ich empfinde, Wehmut und Vorfreude mischen sich zu einem Gefühlschaos. Immer wieder überlege ich, wie es wäre, nicht zum Nordkap zu gehen und einfach umzukehren, ohne das große Ziel zu erreichen. Als wir dort ankommen, wo ich gestern von der Straße gepflückt wurde, schaut mich Matze fragend an: »Was machen wir nun?«

Das Wetter sieht immer noch schrecklich ungemütlich aus, der Schnee ist mittlerweile in Schneeregen übergegangen, und die Straße ist gefährlich glatt. Ich fälle eine Entscheidung, die mir nach all dem Ehrgeiz während der langen Wanderung unglaublich schwerfällt: »Ach weißt du, Matze, scheiß drauf – wir fahren bis zum Parkplatz, wo der Wanderweg zum Knivskjellodden beginnt, lassen den Bulli stehen und gehen gemeinsam die letzten paar Kilometer zum Nordkap. Ich habe ehrlicherweise überhaupt keine Lust, bei dem Wetter von hier aus die fünf Kilometer bis zum Parkplatz neben dem Bulli herzulaufen!«

Mit diesen Worten ist es beschlossene Sache, ich werde mir fünf Kilometer sparen, aber ich finde, das ist in Ordnung, immerhin bin ich viele Umwege gelaufen und einige Strecken aus Doofheit sogar zweimal. Da will ich jetzt nicht päpstlicher sein als der Papst. Auch wenn es mir einen kurzen Augenblick richtig schwerfällt, als der Bulli sich wieder in Bewegung setzt.

Zügig erreichen wir den Parkplatz, und nach dem Aussteigen ziehen wir unsere warmen Mützen und die Handschuhe an. Ich schultere meinen schweren Rucksack, auf dessen orangefarbener Regenhülle ich mit einem dicken Filzstift die Daten meiner Tour geschrieben habe. Dann stapfen wir im Schneegestöber los, immer der verschneiten Straße folgend. Schon bald kommt das Plateau des Nordkaps in Sicht, und in der Ferne zeichnen sich die großen Gebäude des Besucherzentrums ab. Das Wetter ist überhaupt nicht feierlich, angemessen wäre jetzt strahlender Sonnenschein, aber so ist das eben. Und irgendwie passt es auch zum Start am Kap Lindesnes, als es ebenso ungemütlich und regnerisch war. Langsam nähern wir uns den Gebäuden, neben mir hält ein Kombi mit vier Norwegern, die mich aus dem Wagen heraus nach meiner Wanderung fragen und mir überschwänglich gratulieren. Ein richtig tolles Gefühl! Dann laufen wir weiter und nähern uns der

Schranke, an der die Touristen normalerweise den Eintritt zum Besucherzentrum bezahlen müssen. Heute, bei diesem Wetter, steht sie allerdings offen. Beim Anblick des Ortsschildes mit der Aufschrift »Nordkapp« bekomme ich eine Gänsehaut am ganzen Körper – kaum zu glauben, aber ich werde es gleich geschafft haben.

Busse mit Passagieren der Hurtigruten-Schiffe brausen an uns vorbei und laden die Besucher aus, für die es einer der Höhepunkte ihrer Reise ist, hierherzukommen. Langsam umrunden wir die Gebäude, dann sehe ich den großen Erdball aus Metall, das Symbol für das Nordkap schlechthin. Wir werden umringt von den vielen Leuten aus den Bussen, niemand nimmt großartig Notiz von mir, alle stürmen nur zum berühmten Wahrzeichen und wollen ihr obligatorisches Foto von sich und der Statue machen. Das Schauspiel ist fast schon komisch, ich komme mir mal wieder seltsam fehl am Platz vor. Eine Weile schaue ich dem Treiben zu, ich will niemanden stören oder mich auf eines der Urlaubsfotos mogeln. Die Menschen haben ja nur wenig Zeit, das Wetter ist ungemütlich, und der Bus fährt sicher auch bald wieder zurück zum Schiff. Ich wiederum bin nicht in Eile, auf die paar Minuten kommt es nun wirklich nicht mehr an. Ich will den Augenblick für mich genießen.

Erst als der Ansturm etwas abschwillt, nähere ich mich vorsichtig dem riesigen Globus aus Stahl, der auf einem großen Betonfundament ruht. Eine kleine Treppe führt hinauf, keine große Hürde mehr nach der langen Wanderung. Und dann stehe ich am 12. Oktober 2013, 140 Tage nach meinem Start am Kap Lindesnes, inmitten von einigen Touristen tatsächlich am Schlusspunkt meiner Wanderung: dem Nordkap! Aber das eigentliche Ziel meiner Träume habe ich schon viel früher erreicht.

EPILOG
Honningsvåg – Iserlohn

Es ist schon eine ganze Weile ins Land gegangen, seitdem mich meine Freunde in Hennen am Bahnhof in Empfang genommen und in einer Art Triumphmarsch durchs Dorf nach Hause begleitet haben. Die Ankunft zu Hause war emotional. Meine Familie voller Stolz und Erleichterung wieder in die Arme zu schließen war ein ganz besonders schöner Moment für mich! Alle hatten sich eingefunden, meine Eltern, meine Schwester und meine Oma natürlich und zudem viele Freunde. Wir saßen lange zusammen im Garten, und ich wollte einfach nur den Augenblick genießen, die Zeit anhalten. Ich hatte es tatsächlich bis hinauf zum Nordkap geschafft und mir meinen großen Traum erfüllt.

In den folgenden Tagen und Wochen stürzte das normale Leben wieder auf mich ein, es standen unvermeidliche Behördengänge und ein langes Interview mit der Lokalzeitung auf dem Programm. Es hatten viel mehr Menschen meine Wanderung verfolgt, als ich für möglich hielt. Alle waren voll des Lobes darüber, dass ich meinen großen Plan in die Tat umgesetzt hatte. Oft wurde ich dann gefragt, ob ich mich schon wieder eingelebt hätte. Ich musste dann immer kurz überlegen, was ich sagen sollte. Entweder ein simples »Na klar, muss ja, es kann ja nicht immer so weitergehen« oder ein klares »Nein, nach so einer Tour ist nichts mehr wie vorher«. Ein wenig kam es dabei auf meine Stimmung an, aber die Antwort für mich persönlich ist nach wie vor ein deutliches Nein.

Allein der Straßenverkehr, vor allem auf der Autobahn, treibt mich fast in den Wahnsinn. Mit Warp-Geschwindigkeit fliegen die Autos an einem vorbei, jeder will der Schnellste sein, und Rücksicht, so scheint es, ist eher dem Zufall geschuldet und nicht der Absicht.

Ich muss dann immer daran denken, wie ich nach meiner Ankunft am Nordkap von den ganzen Glückwünschen überwältigt wurde und mich in Honningsvåg tatsächlich auf der *MS Lofoten* einschiffte, um in die Heimat zurückzukehren. Das Schiff der Hurtigruten mit seiner angenehm altmodischen und traditionellen Art begeisterte mich sofort, als ich es betrat. An Bord ging es sehr entspannt zu, und ich fühlte mich auf Anhieb wohl. Es war meine erste längere Seereise, und ich musste erst mal schauen, ob ich überhaupt Seemannsbeine habe.

Nachdem ich meine Kabine bezogen hatte, machte ich es mir mit einem Kaffee im Panoramasalon gemütlich. Der heranhende Winter hatte die Berge der Lofoten und der Vesterålen bereits mit Puderzucker bestäubt, und die Sonne strahlte mit dem blauen Himmel um die Wette. Dennoch war die klare Luft draußen an Deck schon ziemlich kühl, die ersten Vorboten des Winters waren nicht zu übersehen.

Für mich war diese Art zu reisen zunächst noch etwas ungewohnt, ich hatte viel Zeit zum Entspannen, zum Nachdenken, und reichlich tolles Essen gab es obendrein! Aber irgendwie fiel mir der Abschied vom Wandern und von den Chili-con-Carne-Fertiggerichten im kalten Zelt doch sehr viel schwerer als gedacht.

Wir fuhren mit der rüstigen *MS Lofoten* durch eine einzige Postkartenlandschaft. Die norwegische Küste war zu dieser Jahreszeit unfassbar schön und dramatisch. Nach der vielen Zeit im Fjell waren das Meer und die salzige Luft ein Genuss. Ständig zogen im Wechsel kleine Fischerboote, bunte Dörfer und schneebedeckte Berge an uns vorbei. Das Schiff lief kleinere und größere Häfen an, in denen Passagiere von Bord gingen und neue hinzustiegen und in denen die unterschiedlichste Fracht offen an Deck mit einem altmodischen Kran verladen wurde: von zwei Paletten Fisch bis hin zu einer kleinen Jacht. Auch wenn es meine erste längere Seefahrt war, wusste ich von Anfang an, dass es für mich die schönste Seereise der Welt werden würde.

In Trondheim ging dann tatsächlich mein Kumpel Ulrich an Bord, um mit mir gemeinsam zu frühstücken. Auf seinen Besuch hatte ich mich sehr gefreut, und es war unglaublich spannend, ihm aus erster Hand von meinen Erlebnissen zu berichten. Als das Schiff wieder ablegte, brach er zu einer Tour in die wunderbare Landschaft Trollheimens auf – ich wäre nur allzu gerne wieder mit ihm losgezogen ...

Später habe ich im Salon einen ersten Vortrag über meine Tour gehalten, wobei es mir schon ziemlich ungewohnt vorkam, darüber in der Vergangenheitsform zu sprechen. Trotzdem war es eine schöne Erfahrung, von meiner Wanderung zu erzählen, insbesondere weil ich den Vortrag in einer bunten Mischung aus Deutsch, Norwegisch und Englisch hielt. Und die Rückmeldung der übrigen Passagiere war überaus positiv, meine große Begeisterung für Norwegen muss doch recht ansteckend gewesen sein. Viel Eindruck konnte ich zudem mit meinem großen Rentiergeweih schinden, das von allen bestaunt wurde.

Als ich in Bergen von Bord der *MS Lofoten* ging, um am nächsten Morgen mit der Bahn weiter nach Oslo zu reisen, beschlich mich ein komisches Gefühl. Selten habe ich mich so fehl am Platz gefühlt wie in dem Moment, als ich nach so langer Zeit wieder eine derart große Stadt betrat. Ich lief an einem Samstagnachmittag mitten durch die Fußgängerzone. Mit meinem langen roten Bart, dem riesigen abgewetzten Rucksack und vor allem dem Rentiergeweih in der Hand starrten mich alle wie einen Außerirdischen an. Die modisch gekleideten Leute wuselten eilig umher, Autos hupten, und ich stand auf dem Weg zu meiner Unterkunft verloren an den Ampeln.

Irgendwie war das schade, denn Bergen ist normalerweise eine wunderbare Stadt mit vielen Sehenswürdigkeiten und einer ganz ungezwungenen Atmosphäre. Ich lief jedoch völlig verloren durch die Gassen, wollte einfach nur noch ganz weit weg, fort von dem Trubel und den fragenden Blicken.

In letzter Zeit war ich auch des Öfteren wieder in der Dortmunder Innenstadt unterwegs. Die Menschenmassen, die sich an einem normalen Samstag über den Westenhellweg schieben, treiben mich schier in den Wahnsinn – der ganze Shoppingtrubel und die Hektik machen mich nervös. Auch auf dem Weg ins Westfalenstadion in der überfüllten U-Bahn bekomme ich ein beklemmendes Gefühl. Das ist für mich in dieser Form völlig neu und war mir vor meiner langen Wanderung gänzlich unbekannt.

Doch im Stadion ist alles anders: Ich gehe schon sehr lange zur Borussia, und es ist immer wieder atemberaubend, im Stadion anzukommen, aus dem Mundloch auf die Tribüne zu treten und meinen angestammten Platz im Block 81 der Südtribüne einzunehmen. 25 000 höchst unterschiedliche Menschen, vom Amtsrichter bis hin zum einfachen Arbeiter, stehen bei einem Spiel dicht gedrängt und in den gemeinsamen Farben vereint auf dieser einen Tribüne. Um mich herum, im gesamten Stadion, befinden sich dann 80 000 Fans. Es geht so eine gewaltige Kraft und Stimmung von diesem Stadion aus und von den Menschen, die es am Spieltag zum Leben erwecken, dass es einfach nur unfassbar mitreißend ist, die Atmosphäre zu spüren und ein Teil des Ganzen zu sein. Man kann die Emotionen rund um das Spiel so intensiv fühlen und ausleben wie kaum irgendwo sonst.

Genau diese wuchtige Intensität empfinde ich auch, wenn ich an die Reisen in den Norden denke. Für Außenstehende mag es oft unverständlich klingen, freiwillig mit einem dreißig Kilogramm schweren Rucksack und seit vier Wochen ungewaschenen Klamotten bei Nieselregen und Temperaturen um die null Grad allein durch eine Gegend zu laufen, in der sich im großen Umkreis nichts weiter als Natur und Rentiere befinden. In dem gesamten Bezirk der Finnmark in Nordnorwegen leben weniger Leute, als hier in Dortmund alle zwei Wochen ins Stadion pilgern!

Schlagartig wird mir dann wieder bewusst, wie sehr ich die Stille, die Weite und die Natur im hohen Norden genossen habe.

In diesen Momenten kehre ich in Gedanken voller Sehnsucht in meinen gelebten Traum zurück, in die raue Natur Norwegens und in die vermutlich »richtige« Welt. Aber was ist die wirkliche Welt für mich? Ist mein Platz hier im Herzen Europas, in einer der spannendsten, aber auch am dichtesten bevölkerten Gegenden Europas, oder liegt er einige Tausend Kilometer weiter nördlich, in den Weiten des hohen Nordens, in denen ich mich so wohl wie beinahe nirgendwo anders fühle? Ich glaube, ich habe meinen Platz gefunden, meine Entscheidung getroffen. Es könnte alles so einfach sein.

Detaillierte Ausrüstungsliste zur Tour:
www.simonpatur.de/npl-ausruestung-2013